金融法学文库

刘志云 主编

我国P2P网贷平台非法集资风险的法律规制研究

FINANCIAL LAW

阳建勋 著

法律出版社 LAW PRESS·CHINA

本书系教育部人文社会科学研究规划基金项目（15YJA820034）的最终成果
本书受厦门大学法学院出版资助

本书撰稿人：
阳建勋　赵一旭

总 序

金融作为现代经济的核心,具有优化资源配置,调节经济运行之功效,其资本运作的良善甚至关乎社会稳定的实现。基于此,金融业的发展成为各国政府关注的重中之重,而通过制度供给促进金融业的良好发展也成为普遍并可行的路径。在此背景下,金融法研究趁势而起,成为近世之显学。其兴起虽晚,却生机勃勃,在深入汲取相关部门法的理论积淀的同时,也广泛容纳各种跨学科知识与方法,并探求自身内省性之品格,最终成就如今的这个底蕴深厚、逻辑自洽的新兴学科体系。

我国金融法的产生和发展伴生于改革开放的推进,经济体制转型的既有进路,型构了中国金融法制变迁之现实。虽然西方先验逻辑提供的立法技术素不匮乏,但我们真正所要面对的,却是如何让成熟的技术真正地契合本国的现实国情,发挥其应有的功效。内生金融交易秩序的制度根基的缺乏,曾使中国金融法制在本土化复归的路途中一再迷失。同时在另一方面,全球化的推进,又敦促着中国必须及时完成经济转型,早日实现我国金融市场与国际金融市场的有效对接,从而更是加剧了国内金融法制的发展困境。对于从事金融法研究的学者而言,任务艰巨如斯,前路漫漫,任重而道远。当然,恰逢这一转型之历史路口的吾辈,能直面历史之转折,兢兢业业,矢志科研;鉴前世之兴衰,考当今之得失;博观而约取,厚积而薄发。显然,从另一个视角观之,这是一种幸运。

“千淘万漉虽辛苦,吹尽狂沙始到金。”厦门大学法学院是全国较早开展金融法教学和科研的单位之一。早在2005年,便开始挂靠其他专业博士点招收“金融法”方向的博士研究生;2006年,在厦门大学获得法学一级学科硕士、博士学位授予权的基础上,设立经济法博士点,金融法研究成为主要招生方向之一;2010年12月,厦门大学法学院正式成立金融法研究中心。近年来,金融研究中心的学术团队承担了大量的国家级与省部级科研项目,并相继出版与发表大量的学术专著与专业论文,在国内开始产生一定的影响。而今,金融法研究中心日益壮大,已经形成一支老中青相结合的优秀学术团队,并成为我国金融法高层次专门人才的重要培养基地之一。

“非学无以广才,非志无以成学。”为了进一步推动金融法研究中心的学科建设以及促进国内金融法研究的繁荣,我们于2014年起决定编辑出版连续性的《厦门大学金融法学文库》。期以“前沿意识、精品理念”为指导,以系列学术专著、译著的形式,集中展现我国金融法领域的专题研究成果,促进学术繁荣和理论争鸣。“盖文章,经国之大业,不朽之盛事。年寿有时而尽,荣乐止乎其身,二者必至之常期,未若文章之无穷。是以古之作者,寄身于翰墨,见意于篇籍,不假良史之名,不托飞驰之势,而声名自传于后。”诚如斯言,我们期以本文库作为思想传播之媒介,学术交流之平台,博学审问,慎思笃行,自由争辩,自察自省,通过严肃认真的学术讨论和学术批评,推动金融法研究的不断创新。

在法律出版社的支持下,2016年伊始,《厦门大学金融法学文库》正式更名为包容性更大的《金融法学文库》。本文库稿件来源不限于金融法研究中心的学者、校友,而以最大的诚意广泛征集海内外金融法专著、译著。当然,我们亦知,就整个金融法学研究而言,本文库仅为沧海一粟。庙廊之才,非一木之枝,希望能与学界同仁相濡相闻,砥砺共进。

是为序。

刘志云

2016年7月22日

目录

绪 论

一、研究背景与研究意义

自2007年拍拍贷上线以来，P2P网贷在我国获得了长足的发展。[①] 据网贷之家发布的《2014年中国网络借贷行业年报》，截至2014年年底，我国有网贷平台1575家，网贷行业历史累计成交量超过3829亿元，2014年累计成交量高达2528亿元；累计问题平台达到367家，其中2014年全年问题平台达到275家，是2013年的3.6倍。[②] 网贷之家《2015年中国网络借贷行业年报》显示，截至2015年12月底，网贷行业运营平台达2595家，比2014年年底增加了1020家；2015年全年网贷成交量达到9823.04亿元，比2014年全年网贷成交量增长了288.57%；问题平台达到896家，是2014年的3.26倍。[③] 在网贷行业迅猛发展的同时，诈骗、"跑路"和提现困难的问题平台频现。2014年7月，涉案金额1.2亿元的"东方创投案"一审判决，被告人非法吸收公

---

① "P2P网贷"是对个人与个人之间的网络借贷的简称。本书第一章第一节阐述了P2P网贷的涵义。

② 参见《2014年中国网络借贷行业年报》，https://www.wdzj.com/news/baogao/16305.html，2018年10月15日访问。

③ 参见《2015年中国网络借贷行业年报》，https://www.wdzj.com/news/baogao/25661.html，2019年3月5日访问。

众存款罪成立而被判处有期徒刑和罚金。2015 年 12 月 8 日,新华网发布消息,e 租宝及其关联公司涉嫌违法经营活动接受有关部门调查,震惊我国互联网金融行业的 e 租宝案爆发。我国互联网金融市场随即进入风险专项整治期。

在加强互联网金融风险专项整治的背景下,我国 P2P 网贷行业在 2018 年经历了新一轮的平台爆雷潮。据《经济观察报》报道,自 2018 年年初到 7 月底,"P2P 行业中出现问题的平台已经超过了 800 家,仅 6、7 月份爆雷的 P2P 就已超过 100 家。而在这些名单中,响亮的大型平台也越来越多。从 6 月中旬被称为'民间四大高额返利平台'之一的唐小僧爆雷;7 月份,牛板金、投之家、钱爸爸、银豆网等知名平台相继爆雷,道口贷、爱投资等平台也出现逾期,涉及金额与投资者众多"。[①] 其中,唐小僧平台的累计交易额高达 750 亿元。2018 年 7 月 9 日,杭州市公安局上城分局发布通告,称多多理财涉嫌非法吸收公众存款罪立案侦查。2018 年 7 月 14 日,深圳市公安局南山分局发布公告,称投之家平台涉嫌非法集资诈骗罪立案侦查。

导致本轮网贷平台爆雷潮的原因是多方面的。从宏观上看,网贷平台爆雷是以往网贷市场累积风险的集中爆发。宏观经济下行的压力,使国家极为重视对金融风险的防范和化解,作为供给侧改革一个重要环节的金融去杠杆,就是防范和化解金融风险的重要举措,而自 2013 年互联网金融元年以来累积的互联网金融风险则是互联网时代防范和化解金融风险面临的新挑战。互联网金融风险专项整治和金融去杠杆,是这一轮网贷平台爆雷潮的大背景。P2P 网贷风险专项整治是本次互联网金融风险专项整治的重点之一。金融去杠杆使 P2P 网贷行业面临更为严峻的市场资金紧张局面,一些网贷平台出现了延期兑付、停止运营、提现困难等现象,甚至有的网贷机构高管"跑路"或失联。从微观上看,网贷平台爆雷是网贷市场机制失灵的典型表现,充分暴露了市场机制的唯利性、被动性和滞后性等缺陷。市场机制的这些缺陷在新兴的互联网金融领域不仅没有被消除或缓解,反而有被放大或加剧的可能。例如,网贷机构高管的纷纷失联或"跑路"就充分反

---

① 胡中彬、张颖馨:《P2P 浴火:爆雷潮与挤兑潮交织》,载《经济观察报》2018 年 7 月 23 日,第 1 版。

映了网贷机构的设立者及管理层较之于一般企业设立者及管理者存在更为严峻的道德风险。从制度视角看,我国 P2P 网贷市场风险规制的制度供给严重滞后于网贷业的实际需求,政府在鼓励互联网金融业发展的同时,对互联网金融领域的市场失灵与道德风险认识不足,更缺乏应对互联网金融市场失灵与道德风险的制度建设。例如,在 P2P 网贷行业领域,平台市场准入制度在防范和化解这些道德风险方面存在重大的不足之处。

P2P 网贷是互联网时代的重大金融创新,既给金融业发展带来了重大机遇,如有利于减少融资成本,提高融资效率;也对金融业提出了重大挑战,如互联金融市场中的金融受众大大增加,金融风险与互联网风险交织在一起,这极大地增加了维护互联网金融市场安全的难度。互联网金融中的自由市场与社会正义、金融安全与金融效率之间的矛盾较之于传统的金融市场发展到了一个新的高度。我国 P2P 网贷行业频繁发生的"跑路"事件所凸显的非法集资风险,就是上述矛盾的集中体现。而以传统金融业为规范对象的以往金融法律制度明显滞后于金融创新实践,难以满足新的现实需求。面对日新月异而又纷繁复杂的现实生活挑战,法律的局限性彰显无遗。法律如何在生活的洪流之上架起稳固的桥梁,如何伴随着现实生活不断成长呢?卡多佐以为,"无论是静止不变,还是变动不居,如果不加以调剂或不加以制约,都同样具有破坏力。法律如同人类,要活下去,必须寻觅某些妥协的途径"。① 面对来势凶猛的互联网金融创新的洪流,金融法如何在传统金融市场与虚拟的互联网金融市场之间、虚拟的互联网金融市场内部架起安全而便捷的桥梁,以平衡自由市场与社会正义、金融安全与金融效率之间的矛盾呢?毋庸置疑,防范和化解 P2P 网贷平台的非法集资风险就是架桥工作的重要环节。这是互联网金融时代金融法理论研究面临的重大理论课题。

总之,我国 P2P 网贷行业在不断发展的同时,也累积了巨大的风险,尤其是其蕴含的非法集资风险给投资者造成了相当大的损失,成为影响我国金融安全与社会稳定的重大隐患。研究如何防范和化解 P2P 网贷平台的

---

① [美]本杰明·N. 卡多佐:《法律的成长——法律科学的悖论》,董炯、彭冰译,中国法制出版社 2002 年版,第 4 页。

非法集资风险,对于规范我国 P2P 网贷行业发展,促进互联网金融创新,保护投资者合法权益,维护金融安全和社会稳定等具有重要的现实意义。

二、国内外研究状况述评

P2P 网贷是通过互联网平台促成陌生的投资者与融资者达成协议的直接金融模式。这一重大的互联网金融创新,给各国金融法律带来了巨大挑战,受到了国内外理论界的广泛关注。

自 2005 年第一家网贷平台 Zopa 在英国产生以来,尽管国外 P2P 行业得到了迅速发展,但是西方国家的理论界和监管部门对于 P2P 网贷的法律属性及如何规制其蕴含的风险等并未取得一致认识。有人认为,P2P 网贷是“常规银行系统之外的充当信用中介的实体或活动”,从而将其纳入了影子银行的范畴。[①] 有人认为,P2P 网贷是借贷型的众筹,属于美国证券法上的“投资合同”。[②] 事实上,美国两家最大的网贷平台 Lending Club 和 Prosper 分别在 2008 年和 2009 年向美国证券交易委员会(the U. S. Securities and Exchange Commission,SEC)进行了注册。有人认为,P2P 网贷的风险主要是借款人的违约风险与借款人隐私受到侵犯的风险,网贷平台的贷款人可能受到陌生的不诚信的借款人欺诈,而要求借款人在网贷平台上充分披露其个人信息尽管可以提高借款成功的概率,但是借款人隐私受到侵犯的危险随之增大。[③] 在 2008 年全球金融危机期间,美国的网贷平台 Prosper 的借款人违约风险集中爆发,违约率一度高达 1/3,美国的 SEC 不得不关闭其网站,并要求其注册及加大信息公开力度之后才允许其重新运营。不过,也有人认为,SEC 的监管阻碍了 P2P 网贷产业的发展且对消费者利益保护不力,而网络借贷产业对消费者通过网络平台快速借贷具有重

---

① See Bradford, C. Steven, “The New Federal Crowdfunding Exemption: Promise Unfulfilled”, *Securities Regulation Law Journal*, Vol. 40, No. 3, Fall 2012, pp. 199 - 206.

② See Andrew Fink, “Protecting The Crowd and Raising Capital through The JOBS Act”, Available at SSRN: https://ssrn.com/abstract=2046051, 2014 - 05 - 06.

③ See Andrew Verstein, “The Misregulation of Person-to-Person Lending”, *University of California, Davis*, Vol. 45, No. 2, 2011, pp. 447 - 529.

要益处，对该产业的规制应当以便利消费者借贷和保护消费者权益为宗旨。[①] 美国 2010 年的《多德—弗兰克法》已经规定金融消费者保护局监管网络借贷行为。在英国，P2P 网络贷款被纳入了广义上的众筹加以监管。英国行为金融监管局（Financial Conduct Authority，FCA）发布的《众筹监管规则》将众筹分为 P2P 网络借贷型众筹和股权投资型众筹，并制定了不同的监管标准。如对网贷平台机构的最低资本要求、网贷平台的信息披露及报告义务、争议解决方式及投资者补偿等问题进行了规定。英美等国的上述立法表明，P2P 网贷对传统金融监管体制和监管方式提出了挑战，如何依据本国国情确定 P2P 网贷平台的监管机构及监管方式是各国完善 P2P 运行的制度环境所必须解决的重大问题之一。

国外相关研究主要涉及两个法律问题：一是 P2P 网贷的法律性质；二是 P2P 网贷的监管立法。前者对于后者具有决定性的影响。如在英国，P2P 网贷被作为网络借贷型众筹加以监管。美国并没有将投资型众筹区分为借贷型众筹与股权型众筹，而是将其统归于证券法调整。因为投资型众筹的投资者以营利为目的，属于美国 1933 年《证券法》第 2 节（a）款（1）项规定的“投资合同”（Fink，2012）。事实上，美国两家最大的网贷平台 Lending Club 和 Prosper 分别在 2008 年和 2009 年向美国证券交易委员会（SEC）进行了注册。然而，美国 2012 年《促进创业企业融资法案》（简称 JOBS 法案）试图从发行总额限制、投资者总额限制、发行人信息披露义务及众筹集资门户的注册要求等方面建立众筹豁免规则，引起了较大争议。美国 SEC 前主席玛丽·夏皮罗警告，豁免规则会增加资本市场的欺诈行为，损害市场信心，进而提高融资成本。美国证券法专家 Hazen（2013）对豁免规则中的较少信息披露要求提出了批评，指出豁免规则是以“小的东西往往是好的”这一信条为基础，但是小的东西也可能伴随着欺诈，而且网络平台投资者之间的关联性增加了欺诈的可能性，网上投资者要求更多的而

① See Guzik，Samuel，“SEC Crowdfunding Rulemaking Under the Jobs Act—An Opportunity Lost?” Available at SSRN：https://ssrn.com/abstract=2393897，2019-05-30.

非更少的投资者保护,即使是合格投资者也有可能沦为欺诈的牺牲品。[①]豁免规则的支持者 Bradford(2012)认为,对众筹发行人的信息披露要求、对经纪人与集资门户确保单个投资者不超过投资总额限制的要求等,使豁免规则过于复杂且成本高,以至于豁免规则变成了一项未曾实现的承诺。[②]Guzik(2014)认为,豁免规则有助于促进资本市场效率,需要 SEC 进一步落实,但是 SEC 的建议规则增加了不合理成本,使国会通过 JOBS 法案减少众筹发行人信息披露范围的目的落空。[③] 美国的一些州已经采取措施避免这一目的的落空。如依据《堪萨斯州投资法》,众筹的发行与交易均无须履行信息披露义务。

国内关于 P2P 网贷的研究主要从以下几个视角展开:

一是我国 P2P 网贷的涵义及市场属性。理论界从众筹视角研究 P2P 网贷的涵义,将其归于借贷型众筹的范畴,并从互联网金融创新角度研究了 P2P 网贷的属性。如封延会、贾晓燕等认为,网贷平台提供的是一种居间服务,不涉及金融牌照问题,在法律属性上属于自然人借贷合同和居间合同,依据私法自治理念无须加以规制。[④] 该观点突出了 P2P 网贷拓宽投资渠道、降低投资门槛的功能,体现了普惠金融的理念。冯果教授与蒋莎莎等指出,网贷平台是民间借贷的网络化,尤其是我国部分 P2P 网贷呈现出异化趋势,产生于西方国家的充当借贷信息中介的线上 P2P 网贷模式在我国发生了较大变化,出现了大量提供金融担保、进行债权拆分、实行期限转换与金额错配等多种变形的线下模式,从而指出了我国 P2P 网贷独有的市场风险。[⑤]

---

① See Thomas L. Hazen, "Crowdfunding or Fraud funding-Social Networks and the Securities Laws-Why the Specially Tailored Exemption Must Be Conditioned on Meaningful Disclosure", *North Carolina Law Review*, Vol. 90, 2012, pp. 1736 – 1769.

② See Bradford, C. Steven, "The New Federal Crowdfunding Exemption: Promise Unfulfilled", *Securities Regulation Law Journal*, Vol. 40, No. 3, Fall 2012, pp. 199 – 206.

③ See Guzik, Samuel, "SEC Crowdfunding Rulemaking Under the Jobs Act—An Opportunity Lost?" Available at SSRN: https://ssrn.com/abstract = 2393897, 2019 – 05 – 30.

④ 参见封延会、贾晓燕:《"人人贷"的法律监管分析——兼谈中国的影子银行问题》,载《华东经济管理》2012 年第 9 期。

⑤ 参见冯果、蒋莎莎:《论我国网络贷款平台的异化及其监管》,载《法商研究》2013 年第 5 期。

二是P2P网贷的法律地位。不时发生的P2P网贷平台“跑路”事件,凸显了P2P网贷平台的非法集资风险,使P2P网贷的法律地位成为理论界必须回应的重大现实难题。如彭冰教授认为,依据现行法律,我国所有的P2P网贷都构成非法集资活动,但是社会对其有合理的现实需求,只要其不触及犯罪底线和控制风险,应当允许其在一定范围内自由发展,同时对其进行适度监管。① 肖凯教授从众筹视角分析了P2P网贷的“小额、众人、募资”等特点,认为其主要法律风险在于如何防止非法集资。② 杨东教授认为,P2P网贷与股权众筹及第三方支付是我国互联网金融的三种代表性业态,作为信息技术在金融领域创新性应用结果的互联网金融本身具有提高金融市场透明度,改善金融信息不对称,降低融资成本,分散金融风险等功能。但是以管制型金融立法为基础的我国金融体制,使互联网金融在我国仅践行着金融脱媒的功能,在改善信息不对称及降低信用风险等方面并无助益。以P2P为例,符合合同法债权转让和居间合同规定的,可以被认为是民间借贷的网络化;P2P若采用专业放贷、承诺回报或公开宣传等形式,则会被认定非法吸收公众存款。③

三是P2P网贷的风险及其监管。冯果教授与蒋莎莎等研究了P2P网贷平台在我国异化为另类金融机构所隐含的道德与法律风险,建议确立以中国银监会为主导的监管框架,通过实施市场准入监管、业务活动监管、资金监管、利率监管等措施来规范P2P网络贷款平台的发展。④ 吴弘教授与宋怡欣博士从利率市场化视角研究了P2P金融监管模式,认为我国现存的涉众型监管范式干扰了市场的利率机制,为发挥P2P推动利率市场化的功能,中国银监会应当提高P2P准入门槛,限制低收入群体和投资杠杆化以

① 参见彭冰:《P2P网贷与非法集资》,载《金融监管研究》2014年第6期。

② 参见肖凯:《论众筹融资的法律属性及其与非法集资的关系》,载《华东政法大学学报》2014年第5期。

③ 参见杨东:《互联网金融的法律规制——基于信息工具的视角》,载《中国社会科学》2015年第4期。

④ 参见冯果、蒋莎莎:《论我国网络贷款平台的异化及其监管》,载《法商研究》2013年第5期。

控制风险,借助大数据平台实现从外部监管到行业自律的转变。① 赖丽华分析了我国《网贷管理暂行办法》存在的重大缺陷,建议对P2P网贷平台机构实行实缴制的最低注册资本制度,严格禁止有重大不良记录人员成为控股股东和实际控制人,实行企业高管的任职资格准入制度,控制网贷利率和平台收费,建立第三方担保机构信息披露制度等。②

四是对国外P2P网贷法律制度的比较与借鉴。郭雳教授将"crowdfunding"译为"汇群集资",从美国证券监管再平衡视角分析了JOBS法案中的新型注册豁免——汇群集资豁免,认为其立法目的是促进中小公司的成长,只不过其制度效果有待观察。③ 刘宏光博士结合我国证券法修订背景下的注册制改革,研究了美国JOBS法案中的小额证券发行豁免制度,指出该制度体现了便利资本形成与投资者保护之间的再平衡,提出了完善我国小额证券发行豁免制度的建议。④ 郑仁荣博士全面分析了英国《众筹监管规则》中关于P2P网贷监管的审慎性标准、客户资金规则、破产后平台的借款返还规定与法定义务、取消权、信息披露与报告、争端解决机制等相关规定。⑤ 毛智琪博士与杨东教授研究了日本2014年5月通过的《金融商品交易法等部分修改法案》中的小额证券发行豁免制度,指出筹资者以及平台等如何进行信息披露是本次法案的修改重点,其对我国的借鉴意义是对投资者进行分类限制,控制投资风险,合理调整筹资者的信息披露义务。⑥

由上可见,我国理论界对于P2P网贷法律属性的界定及其规制对策同

---

① 参见宋怡欣、吴弘:《P2P金融监管模式研究:以利率市场化为视角》,载《法律科学》2016年第6期。

② 参见赖丽华:《我国网络借贷监管制度的缺陷、危害及其完善路径》,载《南昌大学学报》(人文社会科学版)2016年第6期。

③ 参见郭雳:《创寻制度"乔布斯"(JOBS)红利——美国证券监管再平衡探析》,载《证券市场导报》2012年第5期。

④ 参见刘宏光:《小额发行注册豁免制度研究——美国后JOBS法案时代的经验与启示》,载《政治与法律》2016年第11期。

⑤ 参见郑仁荣:《英国借贷众筹平台的法律规制及对我国的启示》,载《行政与法》2016年第3期。

⑥ 参见毛智琪、杨东:《日本众筹融资立法新动态及借鉴》,载《证券市场导报》2015年第4期。

国外理论界与监管部门一样存在较大的争议。一方面，我国理论界比较关注美国、欧盟及其成员国 P2P 网贷的监管立法，期望借鉴这些立法完善我国 P2P 网贷监管制度；另一方面，我国理论界对 P2P 网贷的研究又具有比较浓厚的本土特色。P2P 网贷与非法集资之间的关系问题是具有本土特色的典型问题。最高人民法院、最高人民检察院、公安部 2014 年 3 月 25 日公布的《关于办理非法集资刑事案件适用法律若干问题的意见》第 2 条，将“社会公开宣传”解释为“包括以各种途径向社会公众传播吸收资金的信息，以及明知吸收资金的信息向社会公众扩散而予以放任等情形”，其中自然包括了以网络平台方式向社会公开宣传的情形。“非法集资”俨然成为悬挂在我国 P2P 网贷平台头顶上的一把刑罚之剑。

总之，P2P 网贷的国外相关立法、经营模式及其风险、监管机构及监管方式的确定等是以往研究的重点。不过，以往研究大多是将风险类型化为法律风险、信用风险与经营风险等，并没有深入分析这些风险的制度成因，而且分类标准本身并不统一，因而难以提出具体的风险规制措施。此外，以往研究未能彻底廓清 P2P 网贷、P2P 网贷平台的涵义与特征及其与非法集资之间的关系，甚至混淆了 P2P 网贷与 P2P 网贷平台。随着我国 P2P 网贷规模的扩大及行业竞争的加剧，其蕴含的风险已经凸显。因此，深入研究这些风险尤其是网贷平台非法集资风险的制度成因，进而提出防范和化解风险的制度建议，是我国 P2P 网贷行业的重大现实需求，对于保障我国互联网金融市场的健康与稳定发展，维护我国金融安全和社会稳定等，均具有非常重要的现实意义。

三、研究思路与主要内容

首先，概述 P2P 网贷的涵义与特征，分析我国 P2P 网贷的主要经营模式及其成因。其次，梳理我国规制非法集资的主要制度，以非法集资风险为中心评析我国 P2P 网贷的法律地位之争，从法理层面剖析 P2P 网贷法律地位之争产生的原因。继而对我国有关 P2P 网贷平台非法集资的典型民事案件和典型刑事案件进行实证分析，分析其基本案情、比较裁判结果并加以评析、分析这些案件争议的焦点问题，提出合理界分 P2P 网贷平台非法集资风险之民刑规制的基本原则。在此基础上，从金融监管体制、市场准入与退出机制、信息披露等金融监管法视角反思我国 P2P 网贷平台非法集资风险的制度成因，以图发现我国 P2P 网贷市场赖以存在的内在基础。再次，比较研究美国与英国的 P2P 网贷监管制度，分析其规制模式、重点与难点，尤其是如何平衡 P2P 网贷风险规制中的金融安全与金融效率及金融公平之间的矛盾，以及其对完善我国 P2P 网贷平台非法集资风险规制的借鉴意义。最后，从金融监管法制视角提出完善 P2P 网贷平台非法集资风险规制的建议。

遵循以上的研究思路，本研究分为以下六章，主要内容如下：

第一章为“我国 P2P 网贷概述”。本章首先运用语义分析的方法，从众筹的视角分析了 P2P 网贷的涵义，对比分析了我国《网贷管理暂行办法》中规定的“网络借贷”与美国《在线市场借贷的机遇与挑战》中规定的“在线市场借贷”的概念。其次，运用跨学科的研究方法，综合运用经济学、金融学、社会学与法学等专业知识，分析了 P2P 网贷的 4 个主要特征：普惠金融性；风险的双重性；市场的双边性以及影子银行性。P2P 网贷集中体现了金融包容的发展理念；有助于解决困扰人们多年的金融排斥问题；有助于促进金融资源的公平配置，促进收入分配平等。因此，P2P 网贷具有鲜明的普惠金融特征。从风险视角看，P2P 网贷既具有传统金融体系的固有风险，又在互联网金融环境下衍生出新的金融风险；P2P 网贷风险既具有现实性，又具有虚拟性。所谓 P2P 网贷风险的现实性，是指 P2P 网贷出借人的资产价值面临着来自传统金融体系的风险的现实影响，出借人难以规避该风险对其产生的现实经济影响；所谓 P2P 网贷风险的虚拟性，是指 P2P 网贷面临着来自互联网虚拟空间的风险。这种风险首先源自信息技术的两面性：既是金融业发展创新的动力之源，也会给金融业带来新的风险隐患；信息技术降低了金融信息传递的成本，有利于提高金融效率，但是也增加了金融风险的传染性。P2P 网贷风险的二重性源于现实社会与虚拟社会的“虚实二元分割”状态。P2P 网贷平台市场是一个典型的双边市场，平台存在显著的正的交叉网络外部性和负的自网络外部性。平台可以通过免费或补贴等方式吸引投资者在平台注册，同时向在平台借款的融资者收取服务费，从而在总体上获得较高的收益。P2P 网贷具有金融脱媒性、金融创新性和监管套利性，属于影子银行。最后，本章简述了我国 P2P 网贷的发展历程与总体现状，重点探讨了我国P2P网贷的主要经营模式及其成因。以平台参与的法律关系为标准,可以将我国P2P网贷的经营模式分为以下5类:居间模式;债权转让模式;担保模式;保险模式和保理模式。我国P2P网贷经营模式不断创新的主要原因有:我国信用制度供给不足,客观上需要平台提供信用中介与增信中介服务,以解决P2P网贷交易双方的信用问题;不断创新的P2P网贷经营模式是一种监管套利行为,源于互联网金融领域市场与管制之间的冲突。在我国互联网金融立法尚不完善的背景下,市场主体的经营模式创新更容易规避管制而获利。我国P2P网贷行业不断涌现出的经营模式,在相当大程度上反映了我国P2P网贷中自由市场与社会正义之间的失衡。

第二章为"非法集资风险规制视角下的P2P网贷法律地位之争及其评析"。本章从非法集资风险规制视角分析了我国P2P网贷的法律地位之争及其原因。首先,本章系统梳理了我国有关"非法集资"的主要制度,分析了"非法集资"概念的涵义与特征。其次,以非法集资风险为中心,分析了关于P2P网贷法律地位的"意思自治说"、"非法集资说"与"折中说"。最后,从法价值追求、方法论和语义分析三个维度剖析了P2P网贷法律地位之争的原因。总之,我国理论界关于P2P网贷法律地位的"意思自治说""非法集资说"虽然有其合理性,但是没有全面把握P2P网贷的法律挑战。从法价值的视角看,"意思自治说"关注的是金融效率,"非法集资说"侧重于金融安全;"折中说"则兼顾金融效率与金融安全;从方法论的视角看,"意思自治说"与"非法集资说"是基于解释论视角,依据现行法律对P2P网贷作出的法律评价,且两种评价结果存在冲突;从语义分析的视角看,"意思自治说"与"非法集资说"对P2P网贷法律地位的评价冲突,是因为混淆了P2P网贷与P2P网贷平台的概念。不能因为P2P网贷平台的非法集资行为,就一概否定P2P网贷的合法性,那样无异于将婴儿与洗澡水一同倒掉。"折中说"从解释论与立法论两个方面回应了P2P网贷的法律挑战及其现实需求,故该说更有助于全面认识和把握P2P网贷的法律性质与特征,也更有助于发挥P2P网贷行业的积极功能,并有效防范和处置P2P网贷业的金融风险。

第三章为"我国P2P网贷平台非法集资风险之民刑规制的实证分析与

合理界分”。本章对我国 P2P 网贷平台非法集资的典型民事案件和典型刑事案件进行了实证分析,在此基础上探讨了平台非法集资风险之民刑规制界分的基本原则。对典型民事案件的实证分析表明,非法集资已经成为 P2P 网贷民事案件审判的中心。围绕这一中心,案件的当事人、法院就以下问题发生了较大的争议:P2P 网贷的出借人、借款人与 P2P 网贷平台公司之间的法律关系问题;P2P 网贷平台公司提供担保或承诺保本保息的效力问题;P2P 网贷平台投资者与 P2P 网贷平台公司负责人、管理者之间的法律关系问题;P2P 网贷平台涉嫌非法集资犯罪时 P2P 网络借贷纠纷的处置问题。对典型刑事案件的实证分析表明,主要争议焦点是:案件所涉犯罪是平台公司的单位犯罪还是自然人犯罪;案件所涉犯罪是非法吸收公众存款罪还是集资诈骗罪。

对我国 P2P 网贷平台非法集资风险之民刑规制的实证分析表明,与其他领域的非法集资风险规制一样,我国对 P2P 网贷平台非法集资风险的规制存在着刑民交叉的现实难题,且在一定程度上呈现出“重刑轻民”的特征。动辄以刑罚处罚 P2P 网贷平台的非法集资行为,不利于具有正常融资需求的融资者通过互联网金融市场筹集资金,也会不合理地限制互联网金融市场投融资者的经营自由;而且非法集资类犯罪一直在司法实践中难以进行客观的认定和公平的处理,在结果取向的司法实践中非法集资行为事实上被选择性地定罪处罚;从实施效果看动辄以刑罚处罚非法集资活动并未能有效预防或抑制非法集资行为的发生。鉴于“重刑轻民”式规制过于强调刑法的威慑功能,夸大了刑罚的社会收益,忽视了刑罚的社会成本,难以实现对平台非法集资行为的最优威慑与有效惩罚,应当坚持刑法谦抑性原则,纠正夸大刑法规制作用的“重刑轻民”式规制理念。

相对于国家对金融市场活动的行政干预,将非法集资行为纳入刑法规制范围,是一种比行政干预更高程度的国家干预。既然国家对金融市场的行政干预应当遵守市场基础和优先原则,那么干预程度更高、干预影响更大的金融刑法规制也应当遵守市场基础和优先原则。从该原则的基本内涵出发,刑法对 P2P 网贷平台非法集资行为的规制应当从以下几个方面遵守该原则:其一,优先发挥金融市场机制的调节作用,充分尊重 P2P 网贷市场主体的意思自治,最大限度地发挥民法对网贷平台经营活动的规制功能;其二,刑法对 P2P 网贷平台非法集资行为的规制,应当局限于超出民法与行政法等部门法的调整范围之外的领域;其三,在既有经验和理性无法判断某种行为是否应受刑法规制时,应当遵循市场基础和优先原则,刑法暂不进行规制,优先发挥民法的规制功能。

第四章为"金融监管法视角下我国 P2P 网贷平台非法集资风险的成因分析"。本章从金融监管体制、市场准入与退出、信息不对称等视角深入分析了我国 P2P 网贷平台非法集资风险的金融监管法制成因。从金融监管体制的视角看,P2P 网贷平台的非法集资行为是基于我国金融监管体制的一种监管套利行为。我国现行金融监管体制是中央集中统一的监管体制,是基于分业经营的分业监管体制。P2P 网贷对现行金融监管体制提出了重大现实挑战。在中央集中统一的金融监管模式下,P2P 网贷成为地方争夺金融资源的新突破口。互联网金融产品的综合性更强,互联网金融领域频繁发生的金融创新使互联网金融企业更容易突破线下金融市场中的分业经营限制。分业监管体制是传统的线下金融市场领域金融监管经验的法律化、制度化,难以适用于互联网金融这一新兴的金融业态。在互联网金融市场上,创新型的市场主体很容易规避分业监管体制。我国大量异化的 P2P 网贷平台变相从事银行、证券等金融业务,事实上突破了分业经营的限制,金融监管部门囿于分业监管的限制难以对其实施有效监管,也缺乏监管激励,进而形成监管真空。从市场准入的视角看,为了克服 P2P 网贷行业的市场失灵,防止投机冒险者进入 P2P 网贷市场,规范 P2P 网贷机构的经营,保障 P2P 网贷市场投资者与融资者的合法权益,防范 P2P 网贷市场风险,应当实行 P2P 网贷平台市场准入制度。然而,我国 P2P 网贷平台经历了从放任到备案登记的演变历程。放任式的平台市场准入机制是诱发平台非法集资的重要原因;作为互联网金融风险整治措施的备案登记实质是变相的行政许可,而平台登记备案条件的差异为网贷机构的监管套利提供了新空间。从市场退出的视角看,我国尚未建立起全国统一的 P2P 网贷平台退出制度,尚未建立起符合网贷行业特殊需求的 P2P 网贷平台市场化退出制度,监管部门在网贷平台的行政性强制退出方面的自由裁量权过大,网贷平台退出的法治化程度有待提高。总体而言,我国 P2P 网贷平台市场退出制度的供给严重不足,这是诱发平台非法集资的重要原因,P2P 网贷平台市场退出的违法违规行为加剧了平台的非法集资风险。从信息不对称的视角看,P2P 网贷平台并未完全消除借贷双方之间的信息不对称,信息不对称是 P2P 网贷市场失灵的重要原因。P2P 网贷平台非法集资就是信息不对称所致的逆向选择与道德风险的典型表现。

第五章为“美国与英国的 P2P 网贷监管制度述评与启示”。本章述评了美国和英国的 P2P 网贷监管制度,分析了其对完善我国 P2P 网贷平台非法集资风险规制的启示。美国没有将投资型众筹进一步区分为借贷型众筹与股权众筹,而是将投资型众筹作为一种证券统一纳入证券法的调整范围。JOBS 法案和美国《众筹条例》中关于众筹发行的中介制度,就包含了美国的 P2P 网贷平台市场准入制度。集资门户是 JOBS 法案界定的一种新的网上小额融资交易的中介机构。JOBS 法案对众筹证券的豁免规定自制定与实施以来在美国社会引起了广泛的争议。反对者认为,豁免规定不利于保护投资者利益;支持者认为,豁免规定有助于促进资本市场效率且需要证券交易委员会进一步落实。从法价值的视角看,众筹豁免规则之争充分体现了众筹立法者在追求法律正义时面临的现实困惑。这种困惑源于互联网金融领域的自由市场与社会正义、金融安全与金融效率之间的矛盾。从法律经济学的视角看,美国有关 JOBS 法案豁免规则的争议实质上是众筹规制过度与否的问题。英国《众筹监管规则》自 2014 年 4 月 1 日起实施。FCA 要求经营借贷型众筹业务的公司必须获得其行政许可,并主要从最低资本要求、客户资金规则、信息披露与报告义务、投资者的撤销权等几个方面进行监管。英国 P2P 网贷监管具有以下特征:FCA 对 P2P 网贷监管以原则性监管为主,平台企业自主空间较大;政府监管与行业自治相结合,注重发挥行业协会的自治功能。除了 FCA 的政府监管之外,英国 P2P 金融协会(P2PFA)的自律性监管对于规范英国 P2P 网贷行业的发展发挥着重要作用。美国和英国的 P2P 网贷监管制度对完善我国 P2P 网贷平台非法集资风险的法律规制具有如下借鉴意义:秉承和践行法治理念实施 P2P 网贷监管;构建符合本国实际的 P2P 网贷平台市场准入制度;以成本收益分析方法界定 P2P 网贷平台非法集资风险规制的合理限度。

第六章为“我国 P2P 网贷平台非法集资风险规制的金融监管法制完善”。本章在前文论述的基础上,从金融监管法的视角提出了完善我国 P2P

网贷平台非法集资风险规制的若干制度建议。

首先,鉴于我国P2P网贷平台的非法集资风险是金融科技对于传统的金融监管模式挑战的集中体现,笔者建议引入监管沙盒,构建顺应金融科技创新趋势的P2P网贷监管制度。

其次,建议完善金融监管体制,压缩P2P网贷平台的监管套利空间以抑制其套利行为。《网贷管理暂行办法》以"行为监管"和"机构监管"划分中央与地方之间的P2P网贷监管权,初步明确了中央与地方之间的P2P网贷监管权配置。但是,地方监管部门对P2P网贷机构的机构监管与中央金融监管部门的行为监管势必产生冲突。这种冲突源于以行为监管和机构监管之二分法的逻辑错误,因为与行为监管相对应的是审慎监管,机构监管与功能监管、目标型监管相对应。同时,这种二分法既没有将P2P网贷风险纳入宏观审慎监管体系,还会导致对系统性风险的监管真空。因此,建议不再以行为监管与机构监管的二分法来划分中央与地方的P2P网贷监管权。同时,为应对混业经营趋势的挑战,应当基于监管制度变革的成本收益衡量,在合理划分中央与地方之间的P2P网贷监管权的前提下,在中央层面对P2P网贷监管权作如下配置:股权众筹由中国证监会监管,P2P网贷主要由中国银保监会监管;中国银保监会制定网贷机构业务活动监督管理制度,指导和配合地方人民政府做好网络借贷信息中介机构的监管和风险处置工作,建立跨地区的监管协调机制;作为宏观审慎监管机构的中国人民银行负责将规模较大、具有系统重要性特征的P2P网贷机构的业务活动纳入宏观审慎监管框架。

再次,建议构建全国统一的法治化P2P网贷平台市场准入与退出机制。具体而言,应当改备案登记为行政许可,以实现P2P网贷平台市场准入机制的法治化;构建全国统一的平台市场准入机制以防范监管套利和消解制度竞争;应当建立全国统一的P2P网贷平台市场退出机制,以保障P2P网贷机构有序退出市场,抑制其在市场退出过程中的道德风险,防止其利用不同地方的网贷平台市场退出机制的差异进行监管套利,防止地方政府在P2P网贷平台退出过程中的相互推诿,协调地方政府在P2P网贷平台退出中的利益冲突。从以下几个方面构建法治化的P2P网贷平台市场退出机制:坚持以市场化退出为主、行政式强制退出为辅的原则;构建符合我国网贷行业实际情况的 P2P 网贷机构“生前遗嘱”式退出制度;借鉴金融控股公司加重责任,加重 P2P 网贷机构股东的责任,以抑制其道德风险。

最后,针对 P2P 网贷中的信息不对称问题,建议构建 P2P 网贷平台信息披露的公私法合作机制。不仅要从公法规制角度借鉴证券信息披露、银行业信息披露及金融消费者保护等方面的制度完善 P2P 网贷信息披露,而且要加强和完善 P2P 网贷信息披露的私法规制。要基于信息的私人性与公共性,确定 P2P 网贷信息披露义务的社会最优水平。

四、主要创新与不足之处

非法集资是长期困扰我国经济发展与社会稳定的重大现实问题,P2P 网贷平台非法集资是互联网金融时代非法集资现象的网络化与升级版。本书针对 P2P 网贷平台非法集资这一新的社会问题,综合运用法学、经济学、金融学与社会学等多学科知识,比较全面和深入地探讨了我国 P2P 网贷平台非法集资风险的制度成因,以及如何加强和完善法律规制等问题。在研究方法上,以规范分析、价值分析、文义解释、比较研究等法学研究方法为主,也辅之以社会学、法律经济学等学科的研究方法。例如,本书运用风险社会理论分析了 P2P 网贷的双重风险特征,运用法律经济学的成本收益分析方法研究 P2P 网贷平台非法集资风险之民刑规制的合理界分。

在研究内容上,本书主要对以下问题开展创新性研究:在对 P2P 网贷进行语义分析的基础上,概括了 P2P 网贷具有普惠金融性、风险双重性、网贷平台市场的双边性、影子银行性 4 个主要特征;梳理了我国 P2P 网贷的主要经营模式,分析了这些模式形成的制度原因;从法的价值追求、法学方法论以及法律概念混同等视角剖析了我国 P2P 网贷法律地位之争的原因;对我国 P2P 网贷平台非法集资的典型民事案件与典型刑事案件进行实证分析,针对“重刑轻民”的现实状况,提出了合理界分我国 P2P 平台非法集资风险之民刑规制的基本原则:以刑法谦抑性原则纠正“重刑轻民”的规制倾向;基于市场基础和优先原则最大限度发挥民法对网贷经营活动的规制功能;从金融监管体制、市场准入与退出机制、信息披露等金融监管法视角反思了我国 P2P 网贷平台非法集资风险的制度成因,在比较借鉴美国和英国 P2P 网贷监管制度的基础上,结合我国的实际情况,提出了如下完善建议:

(1)引入监管沙盒,构建顺应金融科技创新趋势的P2P网贷监管制度;(2)完善金融监管体制,压缩P2P网贷平台的套利空间以抑制其监管套利行为;(3)构建全国统一的法治化P2P网贷平台市场准入机制,即改备案登记为行政许可以实现P2P网贷平台市场准入的法治化,构建全国统一的P2P网贷平台市场准入机制以抑制监管套利和消解地方之间的制度竞争;(4)构建全国统一的法治化P2P网贷平台市场退出机制,要坚持以市场化退出为主、行政式强制退出为辅的原则,构建符合我国网贷行业实际情况的P2P网贷机构"生前遗嘱"式退出制度,借鉴金融控股公司加重责任,加重P2P网贷机构股东的责任,以抑制其道德风险;(5)构建P2P网贷平台信息披露的公私法合作机制,不仅要从公法规制角度借鉴证券信息披露、银行业信息披露及金融消费者保护等方面的制度来完善P2P网贷信息披露,而且要加强和完善P2P网贷信息披露的私法规制。

非法集资是一个跨民法、行政法、刑法与经济法等多个部门法的重大问题。本书主要是从经济法的金融监管法视角研究P2P网贷平台非法集资风险规制问题,在分析P2P网贷的法律地位及P2P网贷平台非法集资风险的制度成因时,也会涉及其他部门法乃至法理层面上的问题。囿于笔者知识水平和研究能力所限,对于一些跨部门法的交叉性问题的研究尚不够深入。例如,对于P2P网贷平台非法集资案件中的民刑交叉问题,尽管做了一些实证分析和理论研究,提出了民刑规制非法集资风险的合理界分原则,但是尚不够具体和深入,尚未提供具有可操作性的制度建议。对于P2P网贷平台信息披露的公私法合作机制之构建,本书只是提出了一个框架性构想,具体的制度设计有待落实。马克思说:"在科学的道路上没有平坦的大路可走,只有在崎岖小路的攀登上不畏劳苦的人,才有希望到达光辉的顶点。"同样,对于这些尚未深入研究的问题,只有不畏劳苦的人才能攻克之。这正是笔者日后的努力方向与目标。

第一章　我国 P2P 网贷概述

第一节　P2P 网贷的涵义

一、P2P 网贷的语义分析

网络借贷意义上的 P2P 有“peer-to-peer”和“person-to-person”两种英文表达方式。例如，Andrew Verstein 认为，“技术和金融创新使得 P2P（person-to-person）贷款能够以过去不可想象的令人振奋的方式将借款人与出借人联系起来”。[①] Eugenia Macchiavello 指出，金融危机导致了人们对银行等主流金融机构的不信任，这反过来促进了诸如当铺、微金融、P2P（peer-to-peer）贷款平台的兴盛。[②]《朗文当代高级英语辞典》对“peer-to-peer”

---

① Andrew Verstein, “The Misregulation of Person-to-Person Lending”, *University of California, Davis*, Vol. 45, No. 2, 2011, pp. 447 - 529.

② See Eugenia Macchiavello, “Peer-to-Peer Lending and the ‘Democratization’ of Credit Markets: Another Innovation Puzzling Regulators”, *Columbia Journal of European Law*, Vol. 21, 2015, pp. 521 - 585.

的释义是“对等[点对点]架构/网络/技术等”。[①]《朗文当代高级英语辞典》对“person-to-person”的释义是“个人之间的”。[②] 受以上两种英文表达方式的影响,P2P 网贷也被称为“点对点贷款”和“人人贷”。前者突出的是点对点的网络技术在这一新型商业模式中的运用,后者比较形象地描述了出借人与借款人通过互联网平台达成协议的特征,表明这一新型借贷模式不再依赖于银行等传统金融机构。

美国财政部在 2016 年 5 月 10 日发布的《在线市场借贷的机遇与挑战》一文中用“在线市场借贷”(online marketplace lending)取代了“P2P 借贷”(peer-to-peer lending)。它将“在线市场借贷”界定为金融服务行业的一部分,它利用投资资本和平台的数字驱动技术向消费者和小企业直接或间接贷款。不再使用“P2P 借贷”的原因是,出借人不再限于个人投资者,机构投资者、对冲基金及金融机构等都成为了在线市场贷款人。在线市场贷款人具有以下几个共同特点:向借款人提供比传统金融机构更快的服务,一般在 48 ~ 72 小时内可以作出决定;提供短期小额贷款;在线自动办理贷款申请,不设立分支机构;资金来源多元化,机构投资者、对冲基金、个人投资者、风险资本以及存款机构都是其资金来源;使用电子数据源和技术支持的承销模型自动完成诸如确定借款人身份或信用风险等过程。[③]

我国在 2016 年 8 月 17 日由银监会、公安部、工信部及国家互联网信息办公室等联合公布的《网络借贷信息中介机构业务活动管理暂行办法》(以下简称《网贷管理暂行办法》)第 2 条第 2 款规定,“本办法所称网络借贷是个体和个体之间通过互联网平台实现的直接借贷。个体包含自然人、法人和其他组织。……”与美国财政部的相关规定相比,该规定存在两点不同:一是仍然使用“个体和个体之间”(P2P)的提法;二是仅限于直接借贷,不包括间接借贷。不过,“个体”是我国《网贷管理暂行办法》新界定的一个概

---

① 英国培生教育有限公司编:《朗文当代高级英语辞典:英英・英汉双解》(第 5 版),外语教学与研究出版社 2014 年版,第 1854 页。

② 英国培生教育有限公司编:《朗文当代高级英语辞典:英英・英汉双解》(第 5 版),外语教学与研究出版社 2014 年版,第 1857 页。

③ See U. S. DEPARMENT OF THE TREASURY, Opportunities and Challenges in Online Marketplace Lending. p. 5, https://www.treasury.gov/connect/blog/Documents/Opportunities_and_Challenges_in_Online_Marketplace_Lending_white_paper.pdf, 2018 - 03 - 21.

念。从上位法上看，与“个体”相关或相近的概念是我国《民法通则》第 26 条与《民法总则》第 54 条规定的“个体工商户”。① 《网贷管理暂行办法》所界定的“个体”概念与“个体工商户”概念的内涵与外延均存在非常大的差别，前者包括了自然人、法人和其他组织，事实上包括了所有的民事主体，自然也包括了银行、证券公司、保险公司、对冲基金等所有的金融机构；后者只是自然人在从事工商业经营在登记之后获得的一种营业资格。因此，《网贷管理暂行办法》中规定的“个体”实际上与美国财政部规定的“在线市场贷款人”及“在线市场借款人”在范围上是一致的。

二、P2P 网贷是借贷型众筹

“众筹”是一个舶来品，翻译自英文“crowdfunding”，其字面含义是“向大众筹资”。美国学者指出，“众筹并不是一个新概念，政治家、慈善组织及地方性的非营利组织都曾为了特定的目的向广泛的社会公众筹集资金，一般而言资金数量相对较小”。② 有人认为，众筹是小微金融或小额信贷（microfinance/microcredit）与众包（crowdsourcing）这两种创新自然衍生组合的结果，小额信贷是旨在通过向个人或小微企业提供贷款来消除贫困的一种金融创新；众筹则与小额信贷相反，是帮助众多的个人向企业投资。③ 美国记者杰夫·豪 2006 年提出了众包的概念，众包就是“以营利为目的的企业将有关产品制造与销售的特定任务通过互联网以公开的形式分配给社会公众”。④ 体现众包魅力的著名案例之一是维基百科。众包取得成功的基础是互联网技术在全球的广泛运用以及世界网络用户的成倍增加。这为众筹这种资金筹集模式注入了新的强大动力。2009 年美国网站 kickstarter

---

① 《民法通则》第 26 条规定：“公民在法律允许的范围内，依法经核准登记，从事工商业经营的，为个体工商户。个体工商户可以起字号。”《民法总则》第 54 条规定：“自然人从事工商业经营，经依法登记，为个体工商户，个体工商户可以起字号。”

② Stuart R. Cohn, “The New Crowdfunding Registration Exemption: Good Idea, Bad Execution”, *Florida Law Review*, Vol. 64, 2012, pp. 1433 – 1445.

③ See Andrew Fink, “Protecting The Crowd and Raising Capital through The JOBS Act”, Available at SSRN: https://ssrn.com/abstract=2046051, 2014 – 05 – 06.

④ Kleemann, Frank & Voss, Guenter & Rieder, Kerstin, “Un(der) Paid Innovators: The Commercial Utilization of Consumer Work through Crowdsourcing”, *Science, Technology & Innovation Studies (STI-Studies)*, Vol. 4, 2008, pp. 5 – 26.

搭建了一个平台,使富有创意的人可以借此向公众筹资。如音乐人士可以通过这一平台筹集资金发行唱片。依据高德纳公司的研究,2009 年美国众筹业筹集到了 16 亿美元的资金,高德纳公司预测 2013 年筹集的资金会达到 62 亿美元。美国研究机构 Massolution 发布的众筹业年度报告显示,截至 2018 年年末,全球众筹业筹集资金达 344 亿美元,北美是全球最大的众筹市场,其所筹资金达 172 亿美元,美国的众筹市场全球最大,美国的 kickstarter 是全球最大的众筹平台。[①] "众筹已经演变成为努力通过网络渠道向无数小额捐赠者筹集资金的同义语。"[②]众筹事实上已经发展成为美国创业企业和个人的重要融资渠道,消除了从传统投资者和机构如风险投资者融资的诸多障碍。

以众筹的出资人是否获取投资收益为标准,众筹可以分为捐赠型众筹和投资型众筹。投资型众筹又分为股权众筹与借贷型众筹。英国行为金融监管局发布的《众筹监管规则》将众筹分为 P2P 网络借贷型众筹和股权投资型众筹,并制定了不同的监管标准。股权众筹的投资者与融资者之间是股权关系,借贷型众筹的投资者与融资者之间是借贷关系,二者都是通过众筹平台进行融资。P2P 网贷就是借贷型众筹。P2P 网贷的迅速发展,得益于众筹将小额信贷与众包相结合的优势,得益于成倍增长的全球互联网用户扩大了众包的渠道,降低了众包的成本。

第二节 P2P 网贷的主要特征

一、P2P 网贷的普惠金融性

P2P 网贷的普惠性,是指其具有普惠金融的特征,或者说其本身就是一种普惠金融产品。普惠金融(inclusive financial system)是联合国在 2005 年倡导"国际小额信贷年"时正式提出的一个概念,在此之前,许多国家早就

---

① 参见《美国众筹监管的经验及其对我国的启示》,http://www.sohu.com/a/308158089 - 120056499,2019 年 12 月 20 日访问。

② Joan MacLeod Heminway & Sheldon Ryan Hoffman,"Proceed at Your Peril:Crowdfunding and the Securities Act of 1933",*Tennessee Law Review*,Vol. 78,2011,pp. 879 - 961.

存在相关实践。如孟加拉的乡村银行通过向穷人发放小额贷款帮助其脱贫,美国的社区银行主要为贫穷社区居民和中小企业提供方便、低廉的金融服务。然而,关于普惠金融的涵义,目前尚无统一的界定。在互联网金融兴起之前,我国的小额贷款公司、村镇银行及政策性银行等均属于普惠金融体系。互联网金融兴起之后,其与普惠金融之间的天然联系使普惠金融再度成为理论界关注的焦点。有学者认为,普惠金融的基本涵义是,"金融体系应该具有包容性的特征,应该以有效方式使金融服务惠及每一个人、每一个群体,尤其是那些通过传统金融体系难以获得金融服务的弱势群体"。[①] 有人则从经济理论的视角,将普惠金融概括为"以金融福祉分配的公平合理为原则,对金融发展的演化路径及其'优劣'予以分析和评价的经济理论"。[②] 国务院《推进普惠金融发展规划(2016—2020 年)》规定,"普惠金融是指立足机会平等要求和商业可持续原则,以可负担的成本为有金融服务需求的社会各阶层和群体提供适当的、有效的金融服务"。该规划指出,我国当前普惠金融服务的重点对象是小微企业、农民、城镇低收入人群、贫困人群和残疾人、老年人等特殊群体。

以上论述从不同角度揭示了普惠金融的涵义,有助于全面认识普惠金融这一客观存在的社会现象。笔者以为,可以从以下几个方面把握普惠金融的涵义。

其一,普惠金融是相对于传统金融体系而言的一种新金融体系。是故,欲了解或把握普惠金融的涵义,须以正确把握和理解传统金融体系之本质为前提。"金融市场所履行的最基本的功能是,从那些由于支出少于收入而积蓄了盈余资金的家庭、公司和政府那里,将资金引导到那些由于支出超过收入而资金短缺的经济主体那里。"[③]对传统金融之本质的上述解读表明,传统金融是为有盈余资金的"有钱人"服务,对低收入群体具有天然的排斥性。为什么要倡导普惠金融理念?因为传统金融体系在频发的金融危机背景下备受诟病,许多人将在危机中遭受的不幸归罪于金融体系,法国前

---

① 王曙光:《互联网金融的哲学》,载《中共中央党校学报》2013 年第 6 期。

② 星焱:《普惠金融:一个基本理论框架》,载《国际金融研究》2016 年第 9 期。

③ [美]弗雷德里克·S. 米什金:《货币金融学》(第 7 版),郑艳文译,中国人民大学出版社 2006 年版,第 25 页。

总统萨科齐甚至认为,“金融体系本质上一个不负责任的体系,也是不道德的。在此体系之下,遵循市场规律这一逻辑成为掩盖一切错误的借口”。①罗伯特·席勒也指出,作为风险管理手段的金融,“带来的利益最终会归集到社会上本已富有的人群手中”,“如果要实现全社会的共同繁荣,那么金融必须为社会的每个成员服务,并且其服务必须有相当的深度和广度”。②席勒的新金融秩序显然是包括了普惠金融在内的金融体系。

其二,普惠金融是秉承金融包容理念的一种新金融。金融包容与金融排斥相对应。国外学者 Kempson、Whyley 与 Sarma 等将金融排斥概括为以下几种主要类型:机会排斥(access exclusion)、条件排斥(condition exclusion)、价格排斥(price exclusion)、市场排斥(marketing exclusion)和自我排斥(self-exclusion)。③ 从金融排斥的视角看,金融包容是对金融排斥的消减。在具体内涵上,金融包容有广义和狭义之分。狭义的金融包容,特指“社会弱势群体以及低收入者在能够支付得起的情况下,能够及时、充分地接触和获得金融服务”;④广义上的金融包容则泛指“合理成本下金融服务供给的可接触性”,不再特别强调满足社会弱势群体的金融需求,突出的是每一个人都享有金融服务的权利。笔者以为,狭义上的普惠金融与广义上的普惠金融之间并不存在实质上的矛盾或冲突,只是角度不同而已。前者突出的是普惠金融存在的原因以及服务的具体对象,后者强调的是金融服务的公共物品属性以及相应的金融服务权利。总之,普惠金融体现了包容性增长理念,主张金融体系应当为全体社会成员提供金融服务,消除传统金融体系对低收入者的金融排斥,企图通过改善低收入者的金融状况缓解和消除贫困。

作为互联网时代的一项重大金融创新,P2P 网贷具有鲜明的普惠金融

① 转引自[美]罗伯特·席勒:《金融与好的社会》,束宇译,中信出版社 2012 年版,第 3 页。

② [美]罗伯特·席勒:《新金融秩序:如何应对不确定的金融风险》,束宇译,中信出版社 2014 年版,第 2 页。

③ 参见何德旭、苗文龙:《金融排斥、金融包容与中国普惠金融制度的构建》,载《财贸经济》2015 年第 3 期。

④ Rangaragan Committee 持狭义观点,Chakravarty 持广义观点。参见王修华、何梦、关键:《金融包容理论与实践研究进展》,载《经济学动态》2014 年第 11 期。

特征。

首先,P2P 网贷有助于解决困扰人们多年的金融排斥问题。席勒认为,“新信息技术的出现一方面使我们能够将风险管理的手段系统化,另一方面能为我们分散风险和遏制危害打造内容丰富的数据库,这些工作以往要通过高薪雇用专业人员实现,而在新技术的帮助下都变成了简单的工作”。[①] 这说明信息技术的发展及其在金融领域的运用正在将以往写在纸面的金融方案变成现实。P2P 网贷的借贷双方可以利用平台完成交易,由于地理位置偏远而被排斥在传统金融体系之外的当事人可以通过 P2P 网贷实现其投融资需求;传统金融体系的投资门槛较高,低收入群体被排斥在传统金融体系之外,P2P 网贷市场对于出借方不设投资门槛限制,使低收入群体也可以进行投资,获得投资收益;P2P 网贷“天然就是服务于中小微客户的,这就为这些在传统金融体系中很难获得融资的弱势群体提供了新的融资渠道”。[②] 这说明 P2P 网贷市场有利于克服传统金融体系中由于金融产品销售和市场定位将低收入群体排斥在其金融服务之外的缺陷。

其次,P2P 网贷集中体现了金融包容的发展理念。金融包容理念是包容性增长理念在金融领域的具体表现。包容性增长(inclusive growth)理念,是为了解决贫困、失业及不平等等社会问题提出的新理念。经济学家们在反思,为什么 GDP 增长了,多数人却感觉自己的境况变得更糟了?为什么被认为推动经济增长之强大发动机的金融业会积累如此巨大的风险,以至于让世界陷入混乱?[③] 二十国集团对包容性增长达成如下共识:经济增长既要促进机会均等,也要促进收入均等。就包容性增长与普惠金融之间的关系而言,我国学者指出,“包容性增长主张将所有群体特别是‘边缘人群’纳入经济体系中,使人民能够平等分享经济发展带来的好处,并为经济发展注入新的动力。而普惠金融则强调将所有群体特别是被金融排斥的人

---

① [美]罗伯特·席勒:《新金融秩序:如何应对不确定的金融风险》,束宇译,中信出版社 2014 年版,第 2 页。

② 王曙光:《互联网金融的哲学》,载《中共中央党校学报》2013 年第 6 期。

③ 参见[美]约瑟夫·E. 斯蒂格利茨、[印度]阿玛蒂亚·森、[法]让-保罗·菲图西:《对我们生活的误测:为什么 GDP 增长不等于社会进步》,阮江平、王海昉译,新华出版社 2014 年版,第 3~5 页。

群纳入到金融体系中来，使各类群体都能够得到合适的金融服务，并以此促进经济发展和社会改善”。[①] 可见，包容性增长与普惠金融之间具有密切的内在联系。P2P 网贷就是在金融领域落实包容性增长理念与普惠金融理念的一项具体措施。我国 P2P 网贷市场之所以能在短期内发展成为融资规模巨大的市场，一个重要的原因就是在我国传统金融体系中处于边缘状态的群体巨大，这一群体潜藏着巨大的投融资需求，加之我国传统金融体系是一个受到严格管制的市场体系，较之于市场化程度高的金融体系，我国的金融排斥问题更为严重，存在更多的被抑制的金融需求。P2P 网贷市场为这些“边缘人群”实现其投融资需求提供了新的机会和便利条件。

最后，P2P 网贷有利于金融资源配置的公平，促进收入分配平等。罗伯特·席勒在论述社会为什么需要金融时指出，金融不是“为了赚钱而赚钱”，而是为了推动平等社会宏伟目标的实现，规划金融的领导者“需要理解金融可以帮助我们在越来越宽广的社会阶层中广泛地分配财富，金融创造的产品可以更加大众化，也可以更好地和社会经济融为一体”。[②] 这一论述非常明确地指出了金融的社会功能，尤其是在促进财富分配公平方面的重要作用。改革开放 40 年来，我国经济发展的成就举世瞩目，也存在一些影响和制约经济社会可持续发展的重大问题。例如，收入分配差距的持续扩大就与实现共同富裕的社会主义本质目标相悖。导致收入分配差距持续扩大的原因是多方面的，金融资源配置的不公平是其中的一个重要原因。我国理论界对于金融之本质的把握，经历了从“金融工具观到金融资源观的嬗变，金融资源配置日渐成为金融法的核心概念范畴”。[③] 理论界对于金融资源的涵义存在不同的理解或界定，有学者“将金融资源划分为金融资金资源、金融机构资源、金融工具资源和金融制度资源”，[④]进而从金融资金的利益分享、金融机构的合理布局、金融工具的组合配置、金融市场的结构

---

① 贝多广、张锐：《包容性增长背景下的普惠金融发展战略》，载《经济理论与经济管理》2017 年第 2 期。

② ［美］罗伯特·席勒：《金融与好的社会》，束宇译，中信出版社 2012 年版，第 10～13 页。

③ 冯果、李安安：《收入分配改革的金融法进路：以金融资源的公平配置为中心》，法律出版社 2016 年版，第 68 页。

④ 冯果、李安安：《收入分配改革的金融法进路：以金融资源的公平配置为中心》，法律出版社 2016 年版，第 70 页。

优化等不同的具体面向推演出促进收入分配公平的金融法进路。

无疑,基于该金融资源观的金融法治变革对于解决我国收入分配两极分化的现实问题具有重要的现实意义。在此,不妨应用该理论分析 P2P 网贷在促进金融资源配置和收入分配公平方面的重要作用。P2P 网贷既可以为急需资金的中小微企业提供资金来源,促进这些企业的成长,也可以为不为传统金融体系接纳的低收入群体提供便捷的投资渠道,让其分享经济增长带来的收益。众多的 P2P 网贷平台公司的出现,意味着在传统金融市场之外产生了一个新兴的金融市场,而且该金融市场更为便捷和高效。当然,这一新兴的金融市场并不能完全脱离传统金融市场而存在,但是其对于金融市场结构的优化作用是客观存在的。大量涌现出来的 P2P 网贷平台,给传统金融机构带来了巨大的压力,会促进传统金融机构在金融产品的定价、新产品的开发、分支机构的开设以及金融服务的完善等各个方面进行更为合理的布局。“互联网技术与金融的结合使得传统金融制度不再适用。互联网催生新的金融形态和金融生态,必然有新的、更具创新性和包容性的金融制度与之相协调产生。”[①]秉承自由化理念的 P2P 网贷倒逼着我国放松金融管制,进行市场化的金融改革,进一步完善金融制度。由此可见,P2P 网贷在金融资金的利益分享、金融机构的合理布局、金融市场的结构优化以及金融制度的完善等方面都具有促进作用。

二、P2P 网贷风险的双重性

随着 P2P 网贷业的迅猛发展,加强和完善对 P2P 网贷风险的法律规制已经成为各国非常关注的重大现实问题。我国大量 P2P 网贷平台的“跑路”更加凸显了这一问题的紧迫性与重要性。要加强和完善对 P2P 网贷风险的规制,必须要全面、正确地把握 P2P 网贷风险的特征,然后在此基础上进行相应的制度完善。笔者以为,P2P 网贷风险具有鲜明的双重性。

首先,P2P 网贷既具有传统金融体系的固有风险,又在互联网金融环境下衍生出新的金融风险。波斯纳在分析契约法的经济功能时就曾指出,在

① 霍学文:《新金融,新生态:互联网金融的框架分析与创新思考》,中信出版集团 2015 年版,第 16 页。

交换过程中可能发生两种危险：机会主义和未能预料的突发事件，契约法正是为应对这两种危险而提供法律救济的手段或依据；契约法的基本功能就是阻止契约当事人的机会主义行为，使契约当事人没有必要采取成本高昂的自我保护措施。[①] 众所周知，金融的本质是信用。然而，金融交易活动中盛行的机会主义行为和不时发生的突发事件会损害金融信用。以 P2P 网贷为例，借款人的信用对于出借人之债权的实现具有重要的保障作用，借款人失信的机会主义行为或突发事件会危及出借人债权的实现。该风险为传统金融体系的借贷活动所固有，不会因为借贷活动从线下的现实社会转移到线上的网络空间就自动消失。因为互联网金融改变的只是金融业务活动的表现形式与发生场所，并没有改变金融的本质。"互联网金融解决的仍然是资源的跨时空优化、配置资产、定价和风险控制问题。"[②]借贷活动中的机会主义行为主要源于借贷双方之间的信息不对称，P2P 网贷平台的介入是减缓或消除了该信息的不对称，抑或是加剧了该信息的不对称？目前在理论界尚存争议。一种观点认为，P2P 网贷平台可以利用大数据与区块链等信息技术解决一直困扰着借贷双方的信息不对称问题。例如，有人认为："互联网金融的主要优势是利用互联网、大数据、云计算技术，开创新的金融服务模式。互联网突破传统线下服务网点模式，P2P、众筹等融资模式服务覆盖面广，显著降低了交易成本，减少了信息不对称。"[③]如果真是如此，至少会在很大程度上减缓借贷双方的信息不对称，从而有助于防范和控制借款人的机会主义行为。另一种观点认为，在信息社会时代，信息呈现爆炸性增长趋势，出借人要从天量的信息中搜寻、识别和收集有用的相关信息，难度不减反增。就此而言，P2P 网贷中借贷双方的信息不对称程度非但没有减少，反而增加了。笔者以为，从 P2P 网贷自 2005 年产生与发展的历程看，借贷双方的信息不对称所引发的欺诈现象已经成为各国关注的现实问

---

① 参见[美]理查德·A. 波斯纳：《法律的经济分析》(上)，蒋兆康译，中国大百科全书出版社 1997 年版，第 115 ~ 117 页。

② 霍学文：《新金融，新生态：互联网金融的框架分析与创新思考》，中信出版集团 2015 年版，第 62 页。

③ 霍学文：《新金融，新生态：互联网金融的框架分析与创新思考》，中信出版集团 2015 年版，第 73 页。

题。美国 2016 年发生了 Lendingclub 信息欺诈事件。欺诈事件频发的事实表明,P2P 网贷借贷中的信息不对称问题并未因为信息技术的应用得到缓解,而大量平台欺诈投资者的事实证明,本应当负有缓解和消除信息不对称问题的 P2P 网贷平台,反而捏造、散布和传播虚假信息,诱使投资者作出错误的投资行为。这说明传统金融体系中的借贷行为在互联网金融环境下衍生出了新的金融风险。

其次,P2P 网贷风险既具有现实性,又具有虚拟性。所谓 P2P 网贷风险的现实性,是指 P2P 网贷出借人的资产价值面临着来自传统金融体系的风险的现实影响,出借人难以规避该风险对其产生的现实经济影响。在传统的金融体系中,金融机构和市场为人们提供了多种资产和负债方式,资产的相对价值是由交换来确定的。资产的流动性、可分性及可预见性等是决定资产价值的主要因素,也是反映资产风险的主要指标。① 出于经济理性人的选择,P2P 网贷的出借人会将其持有的网贷资产与传统金融体系中的金融机构和市场提供的资产做比较,比较两类资产的流动性、可分性以及收益的可预见性。由于传统金融体系的主导地位,它会对 P2P 网贷资产价格的形成产生重大影响,传统金融体系中的资产风险会传递到 P2P 网贷领域。所谓 P2P 网贷风险的虚拟性,是指 P2P 网贷面临着来自互联网虚拟空间的风险。这种风险首先源自于信息技术的两面性:既是金融业发展创新的动力之源,也会给金融业带来新的风险隐患;信息技术降低了金融信息传递的成本,有利于提高金融效率,但是也增加了金融风险的传染性。② 就 P2P 网贷而言,支持网贷平台运营的信息技术系统出现安全隐患,会给平台运行、客户权益等带来重大风险,大型 P2P 网贷平台运营系统的安全隐患甚至会危及 P2P 网贷行业的安全与稳定,进而产生新的系统性金融风险;大数据技术为 P2P 网贷平台收集、识别客户信息提供了便利,但是也将客户信息置于泄露的危险境地。

最后,P2P 网贷风险的二重性源于现实社会与虚拟社会的“虚实二元分

---

① 参见[美]詹姆斯·托宾、斯蒂芬·S. 戈卢布:《货币、信贷与资本》,张杰、陈未译,中国人民大学出版社 2015 年版,第 9~18 页。

② 例如,首次公开募币(initial coin offerings,ICO)就曾被美国证监会警告存在“拉高出货”和“市场操纵”的欺诈可能,在我国 ICO 被监管部门认定是非法集资。

割”状态。我国社会学学者的研究指出,“网上虚拟社会并不是一种虚幻的‘影像’,而是一种实在的、真实的社会形态,它体现了作为社会主体的人们及其相互之间的社会关系”。[①] 具有虚拟性、隐匿性与跨境性的虚拟社会与现实社会形成了一种特殊的“虚实二元分割”状态,网络使人类社会的活动场所被分割成了现实社会与虚拟社会两种活动场所,而虚拟的网络社会是信息灾难的易发领域,其中金融领域的信息风险特别大,是黑客攻击的重点领域。[②] 黑客对金融信息系统的攻击可能引发系统性风险,进而引发金融灾难。就 P2P 网贷而言,它的出现意味着借贷活动在“虚实二元分割”状态下运行,在现实社会中运行的借贷就是我国日常所称的线下模式,在虚拟社会中运行的借贷即线上模式。实际上还存在“线上 + 线下”的 P2P 网贷经营模式。[③] 这就改变了传统金融体系下借贷活动只是在现实社会即线下进行的状况,也必然会带来不同于现实社会的金融风险,而且,现实社会与虚拟社会的金融风险并不会相互分割,而是相互渗透、相互传染。毕竟,现实社会与虚拟社会都是人类社会这一整体的组成部分,“虚实二元分割”只是一个相对的分割状态,并不能否定现实社会与虚拟社会之间的紧密联系。事实上,在我国 P2P 网贷行业中,就存在“线上 + 线下”模式。该模式是 P2P 网贷风险二重性的现实写照,该模式的实践者主要是希望利用现实社会中的借贷风险控制机制去控制虚拟社会中的借贷风险。

三、P2P 网贷平台市场的双边性

P2P 网贷平台市场的双边性是指该市场是一个典型的双边市场(two-sided market)。在此,不妨先简述一下双边市场理论的主要内容,然后再具体分析 P2P 网贷平台的双边市场特征。

双边市场理论是随着平台企业大量涌现而产生的一种产业组织理论。双边市场这一概念产生于美国 1833 年兴起的“便士报纸”运动。双边市场与单边市场相对应,在单边市场中,企业依据价格需求弹性原理制定和实施

---

① 谢俊贵:《网上虚拟社会:必要与设想》,载《社会科学研究》2010 年第 6 期。

② 参见谢俊贵:《网络社会的信息灾难及治理思路》,载《广州大学学报》(社会科学版)2014 年第 10 期。

③ 关于我国 P2P 网贷经营模式,将在下文论述。

产品定价,即依据消费者的需求来制定价格,消费者群体之间并不相互影响。在双边市场中,首先存在一个平台企业,平台企业“同时向双边用户销售具有相互依赖性和互补性的产品或服务,并且将双边用户买方(B)和卖方(S)吸引到市场中来,促使双方达成交易”。[①] 其次,双边市场具有交叉网络外部性。网络外部性是指产品的价值随着该产品的消费者数量的增加而增加;交叉网络外部性是指一方市场消费者的效用随着另一方市场消费者数量的变化而变化,即一方的用户数量影响另一方的用户数量,是不同类型消费需求之间的外部性。尽管外部性是一种经济力量对另一种经济力量的非自愿性影响,但是交叉网络外部性则使得平台企业可以将一方为另一方创造的外部性内部化,平台可以对外部性较强的一方采取低价或免费策略或者其他转移成本的方式,以吸引其参与平台交易,从而形成平台市场的价格非对称性。边际成本定价法则对于双边市场不再具有适用性。

近年来,由于互联网反垄断案件的出现,双边市场理论受到了我国反垄断法学者的高度重视,在研究中得到了比较广泛的运用。[②] “互联网产业以互联网为支撑,它拥有最大的信息平台、交易平台、资源配置平台和专业社区平台。”[③]它具有双边市场特征。互联网金融业作为一种具体的互联网产业,自当具有双边市场特征。

经济学界已经有一些学者对众筹和P2P网贷平台的双边市场特征进行了研究。例如,有人对“人人贷”2014年全年的数据进行了实证研究,研究结论表明,P2P网贷平台存在显著的正的交叉网络外部性和负的自网络

---

① 吴汉洪、孟剑:《双边市场理论与应用述评》,载《中国人民大学学报》2014年第2期。

② 李剑运用双边市场理论分析“百度案”中的相关市场界定问题,认为法院将相关市场界定为搜索引擎服务市场忽略了搜索引擎的双边市场特征,相关市场界定过于狭窄。参见李剑:《双边市场下的反垄断法相关市场界定——“百度案”中的法与经济学》,载《法商研究》2010年第5期。蒋岩波以微软案、谷歌案和百度案为例,分析了互联网产业中相关市场界定的司法困境,如将平台作为独立产品界定相关市场,或者将平台一边的市场界定为相关市场,或者模糊相关市场的界定。参见蒋岩波:《互联网产业中相关市场界定的司法困境与出路——基于双边市场条件》,载《法学家》2012年第6期。黄勇与蒋潇君认为,互联网产业中的相关市场界定应当考虑来自双边的竞争性产品,在特定条件下可以越过“相关市场”界定环节直接认定企业具有市场支配地位。参见黄勇、蒋潇君:《互联网产业中“相关市场”之界定》,载《法学》2014年第6期。

③ 蒋岩波:《互联网产业中相关市场界定的司法困境与出路——基于双边市场条件》,载《法学家》2012年第6期。

外部性，验证了 P2P 网贷平台市场是一个双边市场。[①] 有人认为，网贷企业本质上是特殊的平台企业，平台企业利用平台对借贷双方的相互吸引作用，通过对双方收取不同的费用将其聚集在平台，如对出借者提供免费服务、补贴甚至保本等服务，对借款人收取服务费，从而导致交叉网络外部性和价格结构的非中性。[②] 这恰恰是双边市场区别于单边市场的最大差异之处。有人对拍拍贷双边市场特征进行的实证研究表明，借贷双方之间存在显著的正交叉网络外部性，但是借出者对借入者产生的交叉网络效应大于借入者对借出者产生的效应；借入者之间存在显著的负的自网络外部效应；借出者之间存在正的自网络外部效应，但不明显。[③] 有人从以下三个方面研究了众筹平台的双边市场性质：一是存在作为中介的平台、项目的投资方与融资方等异质性参与主体；二是投融资主体之间存在交叉网络外部性，投资者之间的正外部性明显，这表现为平台投资者的数量对于投资者的加入具有重大影响，融资者也倾向于选择投资者数量更多的平台；三是平台降低了投融资双方的信息不对称，通过新型科技支付手段降低了交易成本，总体上提高了投融资双方的交易效率。[④]

与经济学界相比，我国法学界对于对 P2P 网贷平台的双边市场特征尚未给予足够的重视，鲜见从双边市场视角研究 P2P 网贷规制问题。邹积超博士的《互联网金融竞争秩序的规制策略——基于双边市场理论的分析》是难得一见的相关研究成果。该文认为，互联网金融的交叉网络外部性会强化互联网金融平台之间的客户规模竞争，使得享有数据资源优势的平台具有自然垄断趋势，但是反垄断并非互联网金融竞争规制的第一要务，应当避免过度执法，加强金融消费者保护，促进平台之间的兼容合作。[⑤]

---

① 参见孙武军、冯雪岩：《P2P 网络借贷平台具有双边市场特征吗？——来自“人人贷”的经验数据》，载《北京工商大学学报》（社会科学版）2016 年第 3 期。

② 参见赵晓男、黄坤、郑春梅：《基于双边市场理论的网络借贷平台定价模式研究》，载《商业研究》2015 年第 4 期。

③ 参见邱甲贤：《我国网贷平台的双边市场特征》，载《系统管理学报》2017 年第 2 期。

④ 参见黄玲、周勤、岳中刚：《众筹平台的双边市场性质与竞争策略：分析框架及研究进展》，载《外国经济与管理》2015 年第 11 期。

⑤ 参见邹积超：《互联网金融竞争秩序的规制策略——基于双边市场理论的分析》，载《经济体制改革》2015 年第 2 期。

笔者以为,我国法学界对P2P网贷平台市场之双边市场特征的忽视,主要原因在于该市场是一个新兴的市场,进入该市场的门槛较低,市场竞争较为充分,市场集中度不高。这些因素使得P2P网贷平台市场尚未进入我国反垄断法规制的视野。不过,反垄断只是市场规制的重要方式之一。消费者保护、反不正当竞争、广告规制等都是市场规制的重要方式。P2P网贷市场规制离不开以上规制手段的综合运用,而且规制措施应当符合P2P网贷平台的双边市场特征。例如,由于平台投融资者之间的正交叉网络外部性,平台会以免费或补贴等方式吸引投资者在平台注册,同时向在平台借款的融资者收取服务费,以在总体上获得较高的收益。平台作为一个企业,具有定价自主权,但是任何权利都有一定的合法性边界,如何从消费者权益保护法和反不正当竞争法视角确定平台上述行为的合法性边界,是值得探讨的法律问题,也是规范平台竞争行为的现实需要。一些第三方支付平台企业,如支付宝、微信等先免费后收费的发展过程表明,将来个别规模较大的P2P网贷平台对在平台注册和投资的出借人收取服务费不是没有可能。那么,这种"先免费后收费"的行为是否是反垄断法上的掠夺性定价行为?我国学者对第三方支付平台企业的研究表明,我国第三方支付市场是一个寡头垄断市场,这是一个对掠夺方有利的市场结构,具有市场支配地位的平台企业具有提高价格的可能性。① 换言之,具有双边市场特征的平台企业具有实施掠夺性定价行为的可能。

四、P2P网贷属于影子银行

从美国太平洋投资管理公司执行董事麦卡利在2007年美联储年度会议上提出"影子银行"这一新概念以来,影子银行成为金融监管部门和理论界关注的焦点。这是因为"2008年金融危机的产生与游离于监管体系之外的影子银行的崩溃密不可分"。② 不过,国外学者指出,影子银行这一现象始于20世纪70年代,当时兴起了一系列基于市场机制的金融创新产品,这

① 参见黄勇、杨利华:《第三方支付企业掠夺性定价的反垄断法分析》,载《河北法学》2016年第4期。

② 袁达松:《对影子银行加强监管的国际金融法制变革》,载《法学研究》2012年第2期。

些产品能够完成以往由银行体系履行的各项职能；银行体系与资本市场之间的界限被打破，这使得以往两个各自独立运行的市场紧密融合在一起；而且，影子银行体系与传统银行体系存在显著不同：传统银行是由单独的金融机构履行流动性支持和期限转换职能；影子银行则是通过一系列相互关联的市场交易和结构性安排来完成，这些交易通常在不同的时间点完成，甚至彼此之间相互依赖。① 我国学者指出，“与传统银行相比，影子银行具有脱媒性和表外性”。② 可见，影子银行体系的风险传染性比传统的银行体系更强。2008 年全球金融危机发生的重要原因之一，就是影子银行体系的金融风险演变成为危及金融体系稳定与安全的系统性风险。于是，将影子银行体系的金融风险纳入正式的金融监管体系成为危机后各国金融立法的趋势。

与国际社会加强影子银行监管这一普遍共识相反的是，国际社会及各国立法对于影子银行的涵义却缺乏统一的认识。③ 关于影子银行的涵义，存在“机构说”、“行为说”及“产品说”等多种观点。“机构说”以金融稳定理事会在 2011 年发布的报告为代表，该报告将银行体系之外的信用中介机构界定为影子银行；“行为说”以世界银行为代表，在世界银行看来，不被中央银行所控制的所有金融活动都属于影子银行；“产品说”认为，影子银行不仅包括与传统银行相竞争的机构，而且包括一切可以发挥金融功能的市场、工具和方法。质疑加强影子银行监管的学者以为，影子银行是个十分含糊的概念，含糊的概念在一定程度上源于金融监管部门借金融危机之机扩张权力的意图。④ 这些观点，从不同的侧面分析了影子银行与传统银行的联系或区别：“机构说”侧重于信用中介职能；“行为说”侧重于中央银行对金融活动的监管或控制；“产品说”侧重于金融市场产品、工具或方法。

笔者以为，这些观点对于全面认识和把握影子银行的涵义与特征无疑

---

① See Kathryn Judge, “Information Gaps and Shadow Banking”, *Virginia Law Review*, Vol. 103, 2017, pp. 411 – 479.

② 沈伟：《中国的影子银行风险及规制工具选择》，载《中国法学》2014 年第 4 期。

③ 参见沈伟：《中国的影子银行风险及规制工具选择》，载《中国法学》2014 年第 4 期；刘澜飚、宫跃欣：《影子问题研究述评》，载《经济学动态》2012 年第 2 期。

④ 黎四奇：《对后危机时代影子银行监管的冷思考》，载《暨南学报》2014 年第 8 期。

具有十分重要的现实意义。不能因为这些观点之间的差异,就否定影子银行这一概念的科学性与合理性。影子银行这一概念非常形象地描述了这一新兴的金融机制与传统银行体系之间的密切关联:不是银行,却具有信用中介与信用创造的银行功能,从而突出了影子银行蕴含的金融风险。诚然,概念是法律人思维的基本工具。就加强影子银行监管的金融立法而言,需要解决的首要问题是界定影子银行的概念,以便确定影子银行监管法的适用范围。显然,含糊的影子银行概念会给金融监管部门更大的解释空间,从而有助于金融监管部门将正规金融之外的所有金融活动都纳入监管范围。这正是质疑者担心金融监管部门借机扩权的原因所在。不过,法律概念本身就有描述性概念与规范性概念之分。描述性概念是为了应对现实的复杂性,用来描述外部现实性或内部现实性的术语,旨在解释事实与事实之间的关系,如"物质损害""人身伤害";规范性概念是包含了价值标准的概念,包含了价值判断和当为内容,如"公平裁量""重大事由"。[①] "机构说"、"行为说"及"产品说"中的影子银行,是一个描述性概念,即对自20世纪70年代以来具有脱媒性与表外性的创新性金融市场机制的现实描述。质疑者则融入了自身对"影子银行"这一概念的价值判断,企图通过对"影子银行"概念的精确界定控制金融监管部门的金融监管权,防止金融监管部门借"影子银行"之名无限扩大监管权力。因此,质疑者所使用的"影子银行"概念是一个规范性概念。在影子银行监管立法中,对"影子银行"是采用描述性概念还是规范性概念?依据职权法定和明确授权的原则,应当采用规范性概念。立法者应当依据一定的价值判断,将非正规金融的一部分(例如民间借贷)排除在影子银行之外。因为将所有的非正规金融等同于影子银行,必将导致过度的金融监管,抑制金融交易,损害金融效率。

在影子银行与P2P网贷之间的关系上,有学者将其与理财产品、民间金融等列举为我国影子银行的典型形态。[②] 有人认为,"P2P网络贷款是影子银行体系的一个组成部分";[③]也有学者指出,"网贷平台在P2P网贷交易

---

① [德]魏德士:《法理学》,丁晓春、吴越译,法律出版社2005年版,第85~87页。

② 参见沈伟:《中国的影子银行风险及规制工具选择》,载《中国法学》2014年第4期。

③ 丰延会、贾晓燕:《"人人贷"的法律监管分析——兼谈中国的影子银行问题》,载《华东经济管理》2012年第9期。

中往往自身提供担保或者引入第三方来提供担保，起到了信用转化的作用，而不仅仅是信息中介。这样，P2P 在中国已经脱离了一般的众筹概念，更像是‘影子银行’”。①

我国学者将 P2P 网贷（人人贷）列入影子银行也得到了监管部门的支持。国务院 2013 年发布了《关于加强影子银行监管有关问题的通知》。该通知将我国影子银行分为三类：一是无金融牌照、无监督的信用中介机构，包括新型网络金融公司、第三方理财机构等；二是没有金融牌照，监管不足的信用中介机构，如融资性担保公司、小额贷款公司；三是持有金融牌照的金融机构实施的监管不足或规避监管的业务，如货币市场基金、资产证券化及部分理财业务等。P2P 网贷机构属于第一类的新型网络金融公司。从理论上分析，P2P 网贷符合影子银行的如下共同特征：

其一，金融脱媒性。金融脱媒有广义和狭义之分，广义上的金融脱媒则是脱离所有的金融中介；狭义上的金融脱媒，是指资金的需求方与供给方将银行这一金融中介排除在外，“媒”即指银行。② 我国《网贷管理暂行办法》将网贷机构定位为信息中介机构，而非信用中介机构，P2P 网贷机构不承担贷款的信用风险，只能为资金需求者与供给者双方提供交易信息，促进借贷便利。这表明我国网贷市场中的资金融通不仅不应当依赖银行这一传统的金融中介，而且应当脱离所有的金融中介。我国《网贷管理暂行办法》所规定的应然意义上的 P2P 网贷具有广义上的金融脱媒性。然而，从实然的状况看，我国 P2P 网贷平台为了吸引更多的资金和投资者加入，“往往由自身或者第三方提供担保，平台实际上完成了信用转换。更有平台还通过拆分债权以及回购等方式提供期限转换服务。此时的 P2P 融资平台已全然不是促进直接融资的信息中介，而成为承担信用中介功能的主体”。③ 换言之，银行的信用中介职能被 P2P 网贷机构所替代。正是基于这样的现实，该学者认为，“我国的‘影子银行’实践不具有脱媒性，而是代替银行成为投

---

① 彭冰：《投资型众筹的法律逻辑》，北京大学出版社 2017 年版，第 261 页。

② 参见孔陆宏、邸建国：《基于金融中介理论的金融脱媒综论》，载《商业经济研究》2017 年第 14 期；宋旺、钟正生：《理解金融脱媒：基于金融中介理论的诠释》，载《上海金融》2010 年第 6 期。

③ 郭雳：《中国式影子银行的风险溯源与监管创新》，载《中国法学》2018 年第 3 期。

资者和融资者之间的信用中介,其风险形态也与传统银行近似,突出体现为金融机构层面上的期限错配”。① 显然,该学者否认我国实际存在的影子银行不具有广义上的脱媒性,同时也肯定了 P2P 网贷机构、小额贷款公司等中国式影子银行具有狭义上的金融脱媒性。

其二,金融创新性。影子银行提供的是创新性的金融产品,如对冲基金、风险投资基金等。这些创新性的金融产品,“主要建立在衍生品、证券化和再证券化等复杂工具的基础之上,存在于一条复杂的交易链中”。② 不过,与实体经济的创新不同,“金融创新没有提供一个全新的产品,而是改变、增加或减少了现存金融产品的某些特点”。③ 在尼汉斯看来,即使最复杂的金融体系也是以下三种标准产品或服务的组合:“一种服务存在于将现在货币和未来货币进行的交换中,另一种是将借款人和贷款人聚合在一起,最后一种是有益于客户的执行或便利支付行为。”④以 P2P 网贷为例,它将传统的线下借贷延伸到网络空间,将借款人和贷款人聚合在 P2P 网贷平台,网络平台交易又为借贷双方提供了极大的交易便利,有助于降低交易成本,从而将以上三种服务完美地组合在互联网这一全新的交易空间中。

其三,监管套利性。“监管套利是指市场主体利用法律规定的差异性,为降低交易成本或捕捉获利机会而特别设计的一系列金融交易。”⑤监管套利是诱发金融创新的重要原因。“在一定的经济条件下,金融体系受到许多管制,这些管制会限制金融机构的获利机会。当经济压力使这些管制措施具有约束力时,市场的力量会使金融机构必须设法逃避管制以求得收益,从而引起市场与管制的冲突,促使金融创新出现。”⑥影子银行从事的金融

---

① 郭雳:《中国式影子银行的风险溯源与监管创新》,载《中国法学》2018 年第 3 期。

② 沈伟:《中国的影子银行风险及规制工具选择》,载《中国法学》2014 年第 4 期。

③ 转引自[英]菲利普·莫利纽克斯、尼达尔·沙姆罗克:《金融创新》,冯健、杨娟、张玉仁等译,中国人民大学出版社 2003 年版,第 57 页。

④ 转引自[英]菲利普·莫利纽克斯、尼达尔·沙姆罗克:《金融创新》,冯健、杨娟、张玉仁等译,中国人民大学出版社 2003 年版,第 57 页、第 58 页。

⑤ Frank Partnoy, “Financial Derivatives and the Cost of Regulatory Arbitrage”, *Journal of Corporation Law*, Vol. 22, 1997, p. 227. 转引自梁家全:《商业银行监管套利的法律规制》,法律出版社 2016 年版,第 11 页。

⑥ 陈雨露、汪昌云:《金融学文献通论》(宏观金融卷),中国人民大学出版社 2006 年版,第 590 页。

活动就是为了追求利润而规避金融监管所引起的反应。以 P2P 网贷为例，我国 P2P 网贷平台没有金融牌照，事实上从事着信用中介活动，而且在其产生之初并没有被监管。与银行这一传统的信用中介机构相比，P2P 网贷平台事实上规避了监管。众所周知，银行业的市场准入门槛较高，银行业金融机构需要取得银行业经营许可证才能营业，在日常经营中还要接受金融监管部门的严格监管。例如，银行应当保持符合巴塞尔银行监管委员会规定的资本充足率，向中央银行缴存法定准备金，依据法律规定开设分支机构，甚至银行的存贷款利率也会受到金融监管部门的规制。作为互联网时代的金融创新，P2P 网贷在产生时基本上没有准入门槛和业务监管制度。金融监管部门没有将 P2P 网贷这一新的金融业态纳入监管范围。这无疑给从事 P2P 网贷业务的市场主体带来了极大的利好。尤其是在长期实施严格的金融管制和金融需求被抑制的国家，无须金融牌照的 P2P 网贷业务给市场主体创造了一个全新的监管套利渠道。

第三节 我国 P2P 网贷的主要经营模式及成因分析

一、我国 P2P 网贷的发展历史与总体现状

2005 年，全球第一家 P2P 网贷平台 Zopa 在英国伦敦诞生。在金融全球时代，P2P 网贷这一新兴的金融业态很快传入我国。2007 年，我国第一家网贷平台“拍拍贷”在上海上线，标志着我国 P2P 网贷行业的诞生。时至今日，我国 P2P 网贷行业走过了十余年的发展历程。十余年来，我国 P2P 市场既有最初的突飞猛进发展，也经历了不少问题网贷平台“跑路”的风雨洗礼。艾媒咨询集团发布的《2016 年中国 P2P 网贷市场研究报告》将我国十余年来的 P2P 发展历程分为以下几个阶段：2007 ~ 2012 年的起步发展期；2012 ~ 2013 年的快速发展期；2013 ~ 2014 年的风险爆发期；2014 ~ 2016 年的行业调整期；2016 年至今的成熟期。① 这种阶段划分比较准确地概括

---

① 参见艾媒咨询：《2016 年中国 P2P 网贷市场研究报告》，载 http://www.iimedia.cn/45175.html，2017 年 9 月 12 日访问。

了我国 P2P 网贷行业的发展特点。不过,在被称为“互联网金融监管元年”的 2016 年,中国互联网金融协会成立,国务院开展了互联网金融专项整治活动,P2P 是整治的重点之一。这说明我国 P2P 网贷行业在 2016 年进入了规范发展阶段,与成熟发展期相距甚远。

我国 P2P 网贷市场已经发展成为全球最大的 P2P 网贷市场。据零壹财经发布的《2016 年 P2P 网贷行业年度报告》,截至 2016 年年末,我国 P2P 网贷行业累计交易额在 3.36 万亿元以上,2016 年交易额为 19544 亿元,近 4 年年均增幅为 237%;正常运营的平台数量大量减少,仅余 1625 家,占行业累计上线平台数的 33%,累计问题平台大幅度增加,达到 3201 家,占平台总数的 65.8%,2016 年新增问题平台 1106 家,月均问题平台数 92 家。[①] 这一方面说明随着网贷行业的不断发展,平台之间的竞争更加激烈,平台的经营压力不断增加;另一方面说明,随着国家对互联网金融监管的日趋严格和 P2P 网贷行业准入门槛的提高,一些违法违规的平台将会被清理出市场,网贷平台的总体数量不增反减。不过,平台数量的减少并没有影响到网贷行业交易额的增加。这也说明我国 P2P 网贷行业的市场集中度在不断提升,如零壹研究院发布的报告指出,交易规模百强的平台交易规模总计 9542 亿元,占行业整体的 48.8%,前 30 家平台的交易总额达到 6997 亿元,约占整个行业的 35.8%,还不包括陆金所(年交易额超千亿)等平台。[②] 国家统计局数据显示,2016 年我国国内生产总值(GDP)为 744127 亿元,增速为6.7%。依据零壹财经统计的数据,2016 年我国 P2P 网贷交易额为 19544 亿元,占 GDP 之比超过 2.62%,而且 P2P 网贷市场交易额的增长幅度远远高于 GDP 增幅。截至 2019 年 1 月,P2P 网贷行业累计借贷金额约为 7.78 万亿元,1 月份借贷金额为 914 亿元,行业借贷余额为 8732 亿元。[③] 可见,P2P 网贷行业已经成为我国一支举足轻重的金融力量。

---

① 参见零壹财经:《2016 年 P2P 网贷行业年度报告》,载 http://www.01caijing.com/topic/1015.htm,2017 年 9 月 12 日访问。

② 参见徐锻:《2016 年 P2P 平台交易额百强榜:行业累计交易额超 3 万亿》,载 http://www.01caijing.com/article/13037.htm,2017 年 9 月 12 日访问。

③ 参见萌萌、静雯:《零壹 P2P 网贷月报:行业整体成交继续下降监管发文直指清退、整改》,载 https://www.01caijing.com/article/36370.htm,2019 年 2 月 21 日访问。

二、我国 P2P 网贷的主要经营模式

(一)理论界关于我国 P2P 网贷经营模式的主要探讨

由于我国金融生态环境与英美等金融业发达国家存在重大区别,产生于英美国家的 P2P 网贷这一新兴的金融业态,在我国发生了重大变化,出现了多种类型的经营模式。P2P 网贷经营模式及其所涉及的法律关系等遂成为我国理论界非常关注的重大现实问题。[①] 不同经营模式的 P2P 网贷,意味着不同的金融风险,涉及不同的法律关系,有着不同的法律地位,面临着不同的法律风险,特别是在判断 P2P 网贷平台是否构成非法集资这一问题上,需要从 P2P 网贷的经营模式出发,具体分析不同类型 P2P 网贷经营模式中的网贷平台在经营业务中的具体角色及发挥的功能。在既有研究中,对于 P2P 网贷经营模式的分类可谓是众说纷纭。例如,冯果教授与蒋莎莎博士等采取二分法,基于 P2P 网贷交易发生的场域这一基本标准,将我国 P2P 网贷经营分为线上交易模式和线下交易模式,以宜信为例分析了线下交易模式,指出平台表面上虽然不与借款人发生交易,但是通过平台创始人与借款人达成借款协议,然后创始人将取得的债权以理财产品的形式向投资人销售,从而实现债权转让或债权资产的证券化,P2P 网贷平台事实上成为从事吸收存款、发放贷款以及销售理财产品等银行业务的类金融机构。其所分析的线上模式是以 P2P 网贷平台的信息中介为基础,但是分析的重点是我国 P2P 网贷平台的信用支持。[②] 谭中明教授与朱文瑶等采取三分法,将其分为纯中介模式、担保模式与抵押物模式,并将担保模式具体细

---

① 关于 P2P 网贷经营模式的研究,参见江乾坤、常梦瑶、陈文瑶:《O2O 模式下我国 P2P 网贷平台风险控制研究——以宜人贷为例》,载《生产力研究》2017 年第 8 期;施慧洪、黄艺伟:《我国 P2P 网贷的主要模式、案例分析及比较》;载《商业经济研究》2015 年第 34 期;张影:《P2P 网贷债权转让模式的法律风险与防范》,载《哈尔滨商业大学学报》(社会科学版)2015 年第 2 期;马玲、谭中明:《P2P 网贷业务模式比较》,载《经济研究导刊》2016 年第 15 期;蔡友莉:《国内外网贷平台运营模式比较》;载《华北金融》2016 年第 1 期;谭中明、朱文瑶:《我国 P2P 网贷行业典型运营模式比较研究》,载《武汉金融》2014 年第 9 期;郑庆寰:《基于逆向选择理论的 P2P 网贷平台模式比较研究》,载《华东理工大学学报》(社会科学版)2015 年第 4 期;冯果、蒋莎莎:《论我国 P2P 网络贷款平台的异化及其监管》,载《法商研究》2013 年第 5 期。

② 参见冯果、蒋莎莎:《论我国 P2P 网络贷款平台的异化及其监管》,载《法商研究》2013 年第 5 期。

分为平台自有资金担保模式、风险准备金模式及第三方担保模式,①其分类标准是 P2P 网贷是否引入了担保机制。不过,鉴于抵押只是一种具体的担保方式,将“担保模式”与“抵押物模式”并列显然不妥。施慧洪、黄艺伟等将其分为纯线上模式、线上 + 线下(O2O)有担保模式及债权转让模式,根据担保方式的不同将第二种细分为引入第三方担保模式、风险准备金模式、抵押模式及引入保险公司模式等,②该分类融合了前面两种标准:交易发生场域与交易有无担保,只是其所言的“债权转让模式”似乎与前两种标准均不相符。郑扬扬博士和汪炜博士将 P2P 平台区分为信息中介、信用中介和增信中介三种类型,认为我国绝大多数的 P2P 平台的信息服务水平不足,大多致力于信用与增信服务,这与欧美国家 P2P 网贷平台的信息中介服务功能形成了鲜明的对比。③

(二)我国 P2P 网贷经营模式的分类:以网贷平台参与的法律关系为标准

以上对于我国 P2P 网贷经营模式的归纳或总结,尽管存在不周延或分类标准不一致等局限,但是总体上反映了我国 P2P 网贷行业经营的实际状况,对于把握我国 P2P 网贷经营的特点,分析我国 P2P 网贷涉及的法律关系,无疑具有十分重要的现实意义。一方面,我国 P2P 网贷经营方式处在不断变化之中,P2P 网贷平台不断引入新的金融创新手段,以解决 P2P 网贷双方之间的信用问题;另一方面,虽然 P2P 网贷经营方式处在变化之中,但是这些方式涉及的法律关系不会动辄发生变化,不同的经营方式或许涉及相同类型的法律关系,而这些经营方式不同但具有相同类型法律关系的 P2P 网贷就可以归为一类经营模式。笔者以为,依据我国 P2P 网贷平台在网络借贷业务中参与的法律关系的不同,可以将我国 P2P 网贷分为以下几种主要经营模式:

---

① 参见谭中明、朱文瑶:《我国 P2P 网贷行业典型运营模式比较研究》,载《武汉金融》2014 年第 9 期。

② 参见施慧洪、黄艺伟:《我国 P2P 网贷的主要模式、案例分析及比较》;载《商业经济研究》2015 年第 34 期。

③ 参见郑扬扬、汪炜:《国内外 P2P 平台角色差异及对我国监管的启示》,载《现代经济探讨》2016 年第 4 期。

1. 居间模式。该模式也是我国《网贷管理暂行办法》中规定的模式。在该模式下,P2P 网贷平台只是一个专门从事网贷信息中介业务活动的金融信息中介公司,向借贷双方提供信息搜集、信息公布、信息交互、资信评估及借贷撮合等服务,不是网络借贷合同的主体,也不对网络借贷合同产生的债权提供担保。平台与网络借贷双方是一种居间合同关系。因此,该模式可以称为居间模式。由于在该模式下,平台从事的是信息中介活动,发挥着金融信息中介服务功能,故该模式往往被称为信息中介模式,准确地讲,是纯信息中介模式。由于在该模式下,P2P 网贷双方是通过 P2P 平台在线达成借贷协议,是在网络虚拟空间达成的借贷协议,与以往在现实社会的借贷相比,居间模式下的 P2P 网贷在交易场所、交易风险及交易效率等方面均存在不同,故该模式又被称为线上模式,准确地讲,是纯线上模式。在该模式下,P2P 网络借贷协议的出借人与借款人自担风险,P2P 网贷平台可以收取报酬以及促成居间合同成立所支出的必要费用。我国第一家 P2P 网贷平台拍拍贷就是采用该模式,截止到 2016 年 12 月该平台注册用户达到 3000 万户。拍拍贷 2017 年第 2 季度的业绩报告显示,该季度累计成交量 165 亿元,环比增长 56.5%;新增注册用户 827 万户,相当于香港总人口的 1.1 倍;在平台实现资金需求的借款人 382 万;共实现借款 723 万笔,日均 7.9 万笔,平均 2 秒内产生一笔借款;个人人均投资 7.4 万元,散标平均收益率 14.4%。[①] 拍拍贷的上述业绩表明,居间模式的 P2P 网贷平台也可以在我国获得成功的发展。

2. 债权转让模式。该模式是居间模式的一种变形模式。在该模式下,P2P 网贷平台除了提供金融信息中介服务之外,还通过与平台有关联关系的第三方与借款人达成借贷协议,然后再由第三方将债权转让给在 P2P 网贷平台的投资者(出借人)。在我国 P2P 网贷行业中,实施该模式的典型平台是宜信,故该模式又被称为“宜信模式”。有人分析指出,在该模式中,作为专业放款人的第三方与借款人之间是民间借贷关系;专业放款人与投资

---

① 参见《2017 年拍拍贷 2 季度业绩报告》,载 http://www.ppdai.com/event/2017q2report.html,2017 年 9 月 21 日访问。

者之间为债权转让关系;P2P 网贷平台向借款人、出借人提供居间服务。[①]由于专业放款人往往要在线下对借款人的信用状况与还款能力等进行实地调查及审核,故该模式又被我国学者称为“线下模式”。该模式自从产生以来就存在争议,P2P 网贷平台涉嫌金融业务,涉嫌非法集资,面临着较大的法律风险,故不符合我国《网贷管理暂行办法》对 P2P 网贷平台的功能与性质定位。

3. 担保模式。在居间模式下,P2P 网贷之出借人对其债权是自担风险;在债权转让模式下,尽管专业放款人会对借款人的信用状况与还款能力进行调查,但是在债权转让之后,P2P 网贷出借人取得专业放款人对借款人享有的债权,相应地也承受了借款人违约的风险,出借人面临的信用风险与一般的借贷行为的风险无异。这样的信用风险制度设计显然不利于保障出借人的债权得以实现。即使在以往的借贷业务中,出借人往往会要求借款人提供担保。我国台湾地区学者谢在全指出,担保物权的表面社会作用是确保债务清偿,其积极的正面社会作用是作为社会融资的手段,间接促成经济繁荣。[②] 可见,担保制度之于社会融资与经济发展的重要作用。P2P 网贷作为一种新型借贷方式,其发生的场域不再是现实社会,而是虚拟的网络社会;借贷双方不再进行面对面的现实接触和了解,这无疑增加了出借方被借款人欺诈的可能性。如何从制度设计上解决出借人的后顾之忧,以保障其债权的实现?这无疑是 P2P 网贷行业发展的关键所在。为了解决这个问题,我国不少 P2P 网贷平台将传统的担保方式引入了具体的经营业务中。最初,P2P 网贷平台提供担保,相当于从事金融信息服务的中介机构为借贷合同产生的债权提供担保。由于平台提供担保与其作为独立的金融信息服务中介机构存在角色冲突,平台转而采取以下方式提供担保:风险准备金模式和第三方担保模式。风险准备金模式,就是由平台建立一个专门的风险准备金账户,该账户中的资金由每一笔借款中提取一定比例的资金组成,以应对借款人的违约风险。该风险准备金类似于证券投资者保护基金和保险

---

① 参见王拓:《P2P 网贷平台债权转让模式的刑事风险分析》,载《中国检察官》2016 年第 24 期。

② 参见谢在全:《民法物权论》,中国政法大学出版社 1999 年版,第 531 页。

保障基金，不同之处是，该风险准备金是由P2P网贷平台自行管理，且与自有资金未进行彻底隔离，存在被挪用的较大可能性，证券投资者保护基金和保险保障基金则是由行业监管部门统一管理。人人贷就是采用风险准备金模式的典型平台。第三方担保模式，就是由平台和借款人之外的第三方对出借人的债权进行担保，具体而言，可以是人的担保，即保证，也可以是物的担保，如抵押、质押等方式。提供担保的第三方可以是一般的公司，也可以是融资性担保公司。承担担保责任的第三方也有可能是P2P网贷平台的关联方，例如，在实践中，有的P2P平台由小额贷款公司对P2P网贷提供担保，该小额贷款公司是平台的股东。陆金所与红岭创投在风险控制方面都引入了第三方担保。

4. 保险模式。随着监管部门对平台提出"去担保要求"，不少平台引入信用保险与保证保险作为应对借款人违约风险的重要措施，保险成为平台的重要增信手段。例如，P2P平台北京财路通网络科技有限公司（以下简称财路通）与民安财险、国寿财险签订协议，财路通为P2P平台投保信用保险，当平台上的借款人出现不能按时还款等违约情况时，财路通的风险准备金账户对出借人垫付本息，同时通知保险公司，保险公司核保之后对平台进行理赔。[①] 众安保险也与"房金所"签订了合作协议，推出保障贷款安全的信用保证保险。据网贷天眼在2016年7月的不完全统计，由保险提供保障的P2P平台共8家，基本情况见表1－1。[②]

表1－1　由保险提供保障的8家P2P平台

平台	合作保险公司	保险类别	投保人	保障模式
米缸金融	天安财险	履约保证保险	平台	保险本息保障
蜜蜂有钱（蜜保X号）	太平财险 长安保险	履约保证保险	借款人	保险本息保障
小赢理财	众安保险	履约保证保险	平台	保险本息保障

---

① 参见邓雄鹰：《信用保险担保P2P违约：尝鲜P2P现风控隐忧》，载《21世纪经济报道》2014年8月25日。

② 表格由网贷天眼整理。郑常怀：《由保险提供保障的P2P平台摸底全国共8家》，载http://news.p2peye.com/article-481993-1.html，2017年9月22日访问。

续表

平台	合作保险公司	保险类别	投保人	保障模式
小马金融	天安财险	履约保证保险	平台	风险准备金＋履约保证保险
精融汇	华安保险、长安保险、富德产险	履约保证保险	借款人	保险本息保障
财客钱包	华海保险	资产保全责任保险	平台	保险本息保障
凤凰金融(凤凰保项目)	阳光财险、众安保险	网络平台借款保证保险	借款人	保险本息保障
黄河金融	浙商财险	商业综合责任险	平台	保险对平台担保公司提供保障

保险业与网贷业融合有利于发挥保险业在风险控制方面的专业能力与优势,也为保险公司拓展互联网保险市场提供了机遇。保险公司在监管部门要求 P2P 平台“去担保”之初,发现成交金额庞大且处于迅猛增长期的 P2P 网贷市场确实蕴含着巨大的保险市场潜力。在 2014 年 7 月 10 日中国支付清算协会召开的 P2P 网贷风险保障模式暨保险业务合作研讨会上,银监会、央行等监管部门有关负责人对 P2P 公司与保险公司合作模式表示鼓励和认可。[①] 不过,“P2P 网贷＋保险”到底保什么?从网贷天眼统计的上述 8 家平台与保险公司的合作情况就可以发现,不同保险产品的保险标的、投保人与被保险人等存在不同。保险监管部门对于 P2P 网贷风险向保险业传递持谨慎态度,对 P2P 网贷平台保证保险业务进行了风险排查,发现该类保险业务在风险管控与应急预案等方面存在风险隐患。2016 年 1 月 29 日,中国保监会发布了《关于加强互联网平台保证保险业务管理的通知》,要求保险公司严格遵守偿付能力监管要求,谨慎选择合作的平台,不得与存在提供增信服务、设立资金池、非法集资等行为的平台进行合作。

5. 保理模式。2015 年 3 月爆发的陆金所身陷旗下国际商业保理公司坏账事件,使 P2P 网贷平台商业保理业务进入了社会公众视野。产生于国际贸易的保理,是一种集贸易结算、贸易融资与风险管理于一体的综合性金

---

① 参见叶琪:《保险公司接棒 P2P 担保业务,保平台还是保项目意见不一》,载《华夏时报》2014 年 7 月 18 日。

融服务。保理有银行保理与商业保理之分。银行保理的保理商是银行,商业保理的保理商是一般的商业公司。与 P2P 网贷平台合作的是商业保理公司。如积木盒子、礼德财富、众利网、旺财谷等网贷平台就开展了保理业务。商业保理公司与 P2P 网贷平台合作,能够扩大保理公司的融资渠道,毕竟我国 P2P 网贷市场的融资规模已经非常庞大而且处在快速增长阶段。保理资产具有回款途径多元的优势,产生应收账款的买方及卖方均可以回款,保理公司也可以回购。此点对于 P2P 网贷平台的投资人而言,无疑增加了其投资的保障性。这是 P2P 网贷平台与保理公司开展合作的根本原因。P2P 网贷平台成为保理公司与平台投资人实现投融资需求的良好平台。保理公司通过 P2P 网贷平台融资的具体操作如下:首先,保理公司通过保理合同受让卖方所取得的应收账款;其次,保理公司与平台签订合作协议,平台承诺为保理公司的资产提供在线信息中介服务;最后,保理公司与平台投资人签订债权转让协议,投资人受让债权后直接向基础交易的买方收取应收账款。如果是有追索权的保理,投资人还可以向卖方主张债权;如果保理公司与投资人在签订的协议中有债权回购条款,投资人在其债权不能实现时,可以请求保理公司回购债权。对于平台投资人而言,其面临的最大风险,是来自保理合同中的基础交易所产生的应收账款的真实性及买方的偿还能力。

三、我国 P2P 网贷形成多种模式的成因阐析

(一)P2P 网贷平台的增信服务源于社会信用制度的缺陷

以上关于 P2P 网贷经营模式的分类,基本上反映了我国 P2P 网贷行业经营的实际状况,不过也在一定程度上存在多重分类标准的困惑。笔者以为,这些困惑源于产生于金融业发达国家的 P2P 网贷经营模式——纯信息中介模式,与我国金融生态环境存在排斥之处。金融的本质是信用,没有信用就没有金融。P2P 网贷这一新兴的金融业态,并没有改变金融的信用本质,改变的只是借贷发生的场域——从线下到线上,从现实社会到虚拟社会。P2P 网贷平台仅仅为借贷发生提供了一个交易空间,交易能否发生还取决于交易双方是否满足对方的信用期望,要达成交易,还必须解决 P2P 网贷交易双方的信用问题。作为一种互联网金融创新,P2P 网贷平台无疑

具有信息中介服务功能,而且大大降低了交易双方的信息搜集与传播成本,从而有利于促进交易,有利于促进金融效率的提高。这也是 P2P 网贷一经出现,就能在全世界范围迅速发展的关键原因所在。对于金融抑制型的金融业不发达国家而言,具有低门槛、普惠性的 P2P 网贷,还是突破金融管制的新兴市场力量。大量被抑制的金融需求通过 P2P 网贷得以满足。这是我国 P2P 网贷行业迅猛发展的重要原因之一。

为什么欧美国家的 P2P 网贷平台以提供信息中介作为其主要功能?因为欧美国家具有比较完善的社会信用制度。为什么 P2P 网贷平台在我国会发生所谓的功能变异?主要原因是我国尚未建立完善的信用制度,在 P2P 网贷平台交易的双方难以满足对方的信用期望。如果没有平台提供信用中介与增信中介服务,从资金供给端看,出借人面临着比线下交易更大的风险,会要求更高的利率来对冲风险;从资金需求端看,比线下交易更高的利率成本无疑又会减少借款人的借款需求。如此一来,P2P 网贷交易达成的可能性会大大降低。反之,信用中介型与增信中介型 P2P 网贷平台的发展,可以在很大程度上缓解这一矛盾,有利于促进双方达成交易。实际上,在我国 P2P 网贷实践中出现的债权转让模式、担保模式、保险模式与保理模式等,都是为了解决互联网金融时代网络借贷的信用难题,是市场主体为了克服我国社会信用制度供给不足所进行的内生性制度变迁。

(二)不断创新的 P2P 网贷平台经营模式是一种监管套利行为

互联网金融是一种新生事物,我国在该领域的立法,尤其是在互联网金融监管方面的立法,严重滞后于现实需求。我国的金融监管体制具有两个重大特征:一是"财政分权与金融集中"模式下的中央金融监管部门主导全国范围内金融活动的监管,地方政府的金融监管部门对地方政府管辖区域内的一些金融活动负有监管职责;二是中央金融监管部门按照"分业经营、分业监管"的原则设计,并进行相应的监管,构建了由中国人民银行、中国银监会、中国证监会及中国保监会等组成"一行三会"模式的金融监管体制。① 互联网金融对我国金融监管体制提出了重大挑战。以 P2P 网贷为

① 在 2018 年的国务院机构改革中,中国银监会与中国保监会合并为中国银行保险监督管理委员会,"一行三会"的金融监管体制演变为"一行两会"的金融监管体制。

例，按照我国以往的金融监管体制，首先需要解决的问题是明确划分中央金融监管部门与地方政府金融监管部门在 P2P 网贷监管上的职责分工；其次，要明确中央金融监管部门对 P2P 网贷监管的职责分工。然而，在《网贷管理暂行办法》出台之前，中央与地方之间的 P2P 网贷监管职责不明确，中央金融监管部门对于一些从事银行、证券等跨界业务的 P2P 平台，由于分业监管的限制，也没有进行监管。P2P 网贷在产生与发展的初期，实际上处于无人监管的“监管真空”状态。

依据“法不禁止即自由”的私法自治理念，我国一些 P2P 网贷平台为了弥补我国社会信用制度的不足，创造性地发展出了债权转让模式的平台经营模式。P2P 网贷平台“跑路”凸显的金融风险，将 P2P 网贷监管问题提上了议事日程。依据债权转让模式经营的 P2P 网贷平台，由于涉嫌跨界银行、证券等业务，涉嫌非法集资，不得不进行转型。担保模式 P2P 网贷平台的出现，以及保险、保理等在 P2P 网贷行业中的引入，既是为了弥补我国社会信用制度不足的缺陷，也是 P2P 网贷平台与监管部门博弈的体现，以使平台达到监管部门的合规性要求。例如，不少平台在银行业监管部门加强对平台的日常行为监管，尤其是要求平台“去担保”功能之后，转而通过保险或保理达到增信目的。不断创新的我国 P2P 网贷平台经营模式，实质上是利用我国现行金融监管体制进行的典型监管套利行为。kane 指出，“在一定的经济条件下，金融体系受到许多管制，这些管制会限制金融机构的获利机会。当经济压力使这些管制措施具有约束力时，市场的力量使金融机构必须设法逃避管制以求得收益，从而引起市场与管制的冲突，促使金融创新出现”。① 我国 P2P 网贷平台经营模式的不断涌现，实质上源于互联网金融领域市场与管制之间的冲突。在我国互联网金融立法尚不完善的背景下，市场主体的经营模式创新更容易规避管制。

（三）P2P 网贷中自由市场与社会正义之间的失衡

我国 P2P 网贷行业不断涌现出的经营模式，在相当大程度上反映了我国 P2P 网贷中自由市场与社会正义之间的失衡。近年来，我国互联网金融

---

① 陈雨露、汪昌云：《金融学文献通论》（宏观金融卷），中国人民大学出版社 2006 年版，第 590 页。

以金融自由化理念为舆论先导,以多种多样的金融创新为手段,在互联网金融领域创造了一个新的"自由放任主义的神话"。然而,大量 P2P 网贷平台"跑路"的残酷现实已经无情地宣告了该神话的终结。

尽管互联网金融市场是一个新兴的市场形态,但是在人类社会已经发展到信息社会的今天,它不应当再是一个自发性的市场。如孙斯坦教授所言,"自由市场的存在依赖于其在法律上的存在……市场应当理解为一种法律架构。根据它们是否促进人类的利益进行评价,而不是自然或者自然秩序的一部分,也不是一种简单地促进人们自愿交易的方法"。[①] 互联网金融市场也必须依赖于其在法律上的存在,这些法律,"除了方便个人交易的交易外,还要阻止人们去做许多他们想做的事情"。[②] 换言之,互联网金融法律应当发挥互联网金融在促进个人交易方面的优势,降低个人交易成本,促进交易效率的提高,从而使得互联网金融成为推动社会经济发展的新动力,同时,要防止人们利用互联网金融从事欺诈等违法犯罪活动,防范互联网金融风险,维护金融安全与社会稳定。尽管互联网金融发生在虚拟的网络空间,但是绝非法外之域,法律对于社会正义的追求,在互联网金融领域不可能例外。作为互联网金融之重要表现形式的 P2P 网贷市场自当依赖于其在法律上的存在,P2P 网贷的存在与发展,有赖于 P2P 网贷法律制度的保障,有赖于在 P2P 网贷行业领域实现自由市场与社会正义之间的平衡。

反观我国 P2P 网贷,经历了一个"先乱后治"的过山车式的发展历程。尽管 P2P 网贷市场在初期得到了突飞猛进的发展,但是由于 P2P 网贷的制度建设严重滞后,缺乏法律制度支撑的 P2P 市场已经在自由市场与社会正义之间的天平上严重失衡。P2P 网贷市场的一些经营者借金融创新之名谋求互联网金融空间的法外自由。殊不知,这种自由是以损害他人利益与社会公共利益为代价,是以牺牲社会正义为代价,必然是不可持续的,也必然会为此付出相应的代价。国家对互联网金融风险的专项治理,包括对 P2P 平台非法集资与"跑路"等行为的整治,就是要纠正自由市场与社会正义的失衡。

---

① [美]凯斯·R. 孙斯坦:《自由市场与社会正义》原书序,金朝武、胡爱平等译,中国政法大学出版社 2002 年版,第 4 页。

② [美]凯斯·R. 孙斯坦:《自由市场与社会正义》原书序,金朝武、胡爱平等译,中国政法大学出版社 2002 年版,第 4 页。

第二章 非法集资风险规制视角下的P2P网贷法律地位之争及其评析

第一节 "非法集资"的概念与制度梳理

一、我国规制非法集资的主要制度

制度经济学认为,"制度是人类相互交往的规则。它抑制着可能出现的、机会主义的和乖僻的个人行为,使人们的行为更可预见并由此促进着劳动分工和财富创造。制度,要有效能,总是隐含着对某种对违规的惩罚"。[①] 为了规制非法集资这一机会主义行为,我国制定了许多制度,严厉打击非法集资活动。笔者以"非法集资"为关键词按照"名称"项在北大法意的法律法规数

① [德]柯武刚、史漫飞:《制度经济学:社会秩序与公共政策》,韩朝华译,商务印书馆2000年版,第35页。

据库检索,检索结果整理见表2-1。[①]

表2-1 我国规制非法集资的重要制度

制定主体	制度名称	发文号或颁布时间	重要内容
国务院办公厅	《关于立即停止利用发行会员证进行非法集资等活动的通知》	国办发〔1996〕33号,1996年8月5日	禁止利用发行会员证进行非法集资、炒买炒卖以至上市交易的行为
国务院	《非法金融机构和非法金融业务活动取缔办法》	1998年7月13日公布,2011年1月8日修订	界定了"非法金融机构""非法金融业务活动""非法吸收公众存款"等概念,将非法集资作为非法金融业务活动予以取缔
中国人民银行	《关于取缔非法金融机构和非法金融业务活动中有关问题的通知》	1999年1月27日	界定"非法集资"的概念及其4个主要特征
国务院	《关于同意建立处置非法集资部际联席会议制度的批复》	2007年1月8日	由银监会牵头,建立处置非法集资部际联席会议制度
国务院办公厅	《关于依法惩处非法集资有关问题的通知》	2007年7月25日	概括了非法集资的3大危害、4大种类及3大特征
最高人民法院	《关于审理非法集资刑事案件具体应用法律若干问题的解释》	法释〔2010〕18号	针对非法集资犯罪活动涉及的非法吸收公众存款罪、集资诈骗罪、虚假广告罪等定罪与量刑做了规定

① 检索时间:2018年5月18日。显示的检索结果为:行政法规4项;司法解释4项;部委规章34项;地方性法规360项;政策纪律2项;行业规范3项。不过,依据《行政法规制定程序条例》,行政法规须以国务院总理以国务院令的形式公布,一般称"条例",也可以称"规定""办法"等;根据内容需要,可以分章、节、条、款、项、目。据此,检索结果显示的"4项行政法规"并非行政法规,只是国务院制定的规范性文件。此外,鉴于《非法金融机构和非法金融业务活动取缔办法》在认定非法集资行为中的重要作用,本表也将其纳入进来。

续表

制定主体	制度名称	发文号或颁布时间	重要内容
最高人民法院	《关于非法集资刑事案件性质认定问题的通知》	法〔2011〕262号	就行政部门与法院对非法集资案件的性质认定之间关系作了规定
最高人民法院、最高人民检察院、公安部	《关于办理非法集资刑事案件适用法律若干问题的意见》	2014年3月25日	就"行政认定""向社会公开宣传""社会公众""共同犯罪""涉案财物的追缴和处置""证据收集""涉及民事案件""跨区域案件"等问题作了规定
最高人民法院、最高人民检察院、公安部	《关于依法处理非法集资犯罪的通告》	2015年9月29日	规定了非法集资类犯罪案件中的集资人，收取代理费、好处费、返点费、佣金、提成等费用的代理人及其他涉案人员的处理意见
国务院	《关于进一步做好防范和处置非法集资工作的意见》	国发〔2015〕59号，2015年10月19日	尽快出台P2P网络借贷、股权众筹融资等监管规则，促进互联网金融规范发展

二、"非法集资"的概念与特征

中国人民银行在1999年1月27日发布了《关于取缔非法金融机构和非法金融业务活动中有关问题的通知》。该通知规定："非法集资是指单位或个人未依照法定程序经有关部门批准，以发行股票、债券、彩票、投资基金证券或其他债权凭证的方式向社会公众筹集资金，并承诺在一定期限内以货币、实物及其他方式向出资人还本付息或给予回报的行为。"该通知还规定了非法集资的4个主要特征：(1)未经有关部门批准，没有批准权限的部门批准的集资与有集资审批权的部门超越权限批准的集资也是非法集资；(2)承诺在一定期限内向出资人还本付息；(3)向社会不特定对象即社会公众筹集资金;(4)以合法形式掩盖非法集资的性质。

国务院办公厅在2007年7月25日发布的《关于依法惩处非法集资有关问题的通知》中概括了非法集资的3大危害、4大种类及3大特征。非法集资扰乱社会主义市场经济秩序;严重损害群众利益,影响社会稳定;损害政府的声誉与形象。非法集资大致可以分为债权、股权、商品营销与生产经营4大类。非法集资具有以下主要特征:(1)未经有关监管部门批准,违规向社会(尤其是向不特定对象)筹集资金;(2)承诺在一定期限内给予出资人货币、实物、股权等形式的投资回报;(3)以合法形式掩盖非法集资目的。法释〔2010〕18号司法解释第1条关于"非法吸收公众存款或者变相吸收公众存款"应当具备条件的规定,实质上界定了非法集资的4个构成要件:(1)未经有关部门依法批准或者借用合法的形式吸收资金;(2)通过媒体、推介会、传单、手机短信等途径向社会公开宣传;(3)承诺在一定期限内以货币、实物、股权等方式还本付息或者给付回报;(4)向社会公众即社会不特定对象吸收资金。与中国人民银行1999年1月27日发布的《关于取缔非法金融机构和非法金融业务活动中有关问题的通知》相比,这些规定存在两点不同之处:(1)增加了向社会公开宣传的条件,并具体列举了常见的宣传途径;(2)规定了例外情形:未向社会公开宣传,在亲友或者单位内部针对特定对象吸收资金的,不属于非法吸收或者变相吸收公众存款。

《关于办理非法集资刑事案件适用法律若干问题的意见》将"向社会公开宣传"解释为以下两种情形:一是以各种途径向社会公众传播吸收资金的信息,"各种途径"自然包括了通过网络平台的形式;二是明知吸收资金的信息向社会公众扩散而予以放任。前者是直接故意,后者是间接故意。该意见规定,以下两种行为不属于法释〔2010〕18号司法解释第1条第2款规定的"针对特定对象吸收资金"的行为,而是向社会公众吸收资金的行为:(1)在向亲友或者单位内部人员吸收资金的过程中,明知亲友或者单位内部人员向不特定对象吸收资金而予以放任的;(2)以吸收资金为目的,将社会人员吸收为单位内部人员,并向其吸收资金的。

第二节　以非法集资风险为中心的 P2P 网贷法律地位之争及其评析

一、P2P 网贷法律地位之争：以非法集资风险为中心

P2P 网贷在进入我国之后，“由于缺乏法律规范，P2P 网络贷款平台呈现出无序的发展状态，并不断异化为另类金融机构，因此隐含巨大的法律和道德风险”。[①] 非法集资风险就是异化的 P2P 网贷平台所面临的主要法律风险。围绕非法集资风险，我国理论界对 P2P 网贷的法律地位及其规制发生了较大的争议。概而言之，这些争议可以归纳为以下三种主要观点：“意思自治说”“非法集资说”“折中说”。以下详述之。

“意思自治说”的核心观点是 P2P 网贷属于私法自治范畴，无须金融监管部门予以规制。有人依据《合同法》及最高人民法院《关于人民法院审理借贷案件的若干意见》，[②]从借贷合同的角度分析了 P2P 网络借贷问题，指出纯粹的 P2P 网贷平台类似于居间人的地位，平台提供的介绍贷款、撮合交易等不是贷款业务，平台的主要收入来源不是存贷款利差而是服务费用，因此，P2P 网贷不涉及金融牌照问题。[③] 换言之，P2P 网贷关系是平等主体之间的财产关系，属于民法的调整对象；P2P 网贷不是须经国家许可才能进入的行业，国家金融监管部门无须对其进行规制；应当由 P2P 网贷当事人依据自己的意思设立、变更和终止借贷关系，并独立承担相应的法律责任。该观点秉承的是金融自由化理念，强调 P2P 网贷当事人的意思自治，不妨称之为“意思自治说”。不过，正如有的学者所指出的一样，“以自然人借款合同和媒介居间合同来解释网络借贷的法律属性，虽在个别民事法律关系

---

① 冯果、蒋莎莎：《论我国 P2P 网络贷款平台的异化及其监管》，载《法商研究》2013 年第 5 期。

② 最高人民法院以法(民)发〔1991〕21 号司法解释于 1991 年 8 月 13 日颁布，2015 年 9 月 1 日失效。

③ 参见封延会、贾晓燕：《“人人贷”的法律监管分析——兼谈中国的影子银行问题》，载《华东经济管理》2012 年第 9 期。

的界定中并无不当,但以此推论应贯彻私法自治理念而无须金融监管,未免陷入‘只见树木、不见森林’的片面认识”。[①]

“非法集资说”的核心观点是网络借贷涉嫌非法集资,属于刑法规制范畴。有人指出,“我国众筹面临法律困境。众筹没有合法的法律地位,刑法上对非法集资定性,很容易将众筹理解为非法集资,导致众筹经常游走在犯罪边缘”。[②] 有人甚至认为,“从性质上分析,所有的 P2P 网贷都构成了非法集资活动。但考虑到合理的社会需求,监管者可以在不触及犯罪底线和控制风险的前提下,允许其在一定范围内自由发展”。[③] 非法集资俨然成为高悬在我国 P2P 网贷上方的法律之剑。

“折中说”认为,“法律并不适合一刀切地断然否定网络借贷这种新生事物的合法性,但听之任之地采用私法自治观放任其无序发展也是不可”。[④] “折中说”看到了 P2P 网贷这一新兴互联网金融现象的合理性,以及其所蕴含的金融风险,主张在法律上赋予其合法性,既要尊重 P2P 网贷市场主体的意思自治,也要加强对 P2P 网贷风险的监管。

关于 P2P 网贷法律地位的上述三种观点,事实上都是围绕“非法集资风险”这一中心展开的。依据“意思自治说”,我国 P2P 网贷是合法的经营活动,不属于非法集资行为。“非法集资说”则与“意思自治说”大相径庭,认为我国所有的 P2P 网贷都涉嫌非法集资;“折中说”似要在“意思自治说”与“非法集资说”二者之间调和。这些观点均有其合理之处,也存在偏颇。下文拟从法价值、法律概念与法律方法等维度对 P2P 网贷法律地位之争予以评析。

二、对 P2P 网贷法律地位之争的评析

(一)P2P 网贷法律地位之争的法价值评析

古罗马法学家塞尔苏斯说:“法律乃公正善良之术。”公正善良就是法律人的价值追求。庞德指出:“在法律史的各个经典时期,无论在古代和近

---

① 姚海放:《网络平台借贷的金融法规制路径》,载《法学家》2013 年第 5 期。
② 梁清华:《我国众筹的法律困境及解决思路》,载《学术研究》2014 年第 5 期。
③ 彭冰:《P2P 网贷与非法集资》,载《金融监管研究》2014 年第 6 期。
④ 姚海放:《网络平台借贷的金融法规制路径》,载《法学家》2013 年第 5 期。

代世界里，对价值准则的论证、批判或合乎逻辑的适用，都曾是法学家们的主要活动。”①我国法学理论界对 P2P 网贷这一新生事物的法律地位之争，体现了法律人在 P2P 网贷法律制度方面的不同价值追求。持“意思自治说”者，注重发挥 P2P 网贷这一互联网金融新兴业态在促进金融效率方面的功能，金融效率是其追求的主要法价值目标。改革开放 40 多年以来，尽管我国金融市场化改革取得了长足的进步，金融市场不断完善，初步形成了多层次的资本市场，但是仍有大量的投融资需求被抑制。以金融创新之名兴起的 P2P 网贷这一新兴的互联网金融业态，确实为投融资者创造了新的机会，尤其是对于满足中小企业的融资需求具有非常重要的现实意义。持“意思自治说”者依据“法不禁止皆自由”的私法理念，主张 P2P 网贷属于私法自治范畴。“‘法不禁止皆自由’的精准含义是，只要行为人不实施侵犯他人合法的私人领域这一为法所禁止的不正义行为，他就享有充分的自由。‘法不禁止皆自由’力图宣示，扣除禁令后剩余的所有空间均为自由的领地，由此凸显了自由为‘扣减权’的无所不包的特性，从而营造了最大的自治空间。”②互联网金融正是通过金融产品销售或获取渠道上的创新来达到规避以往金融法律制度对金融业的管制，减少金融交易成本，从而极大地促进金融投融资的需求。尤其是在“金融市场总体不很发达，管制太多，投资渠道受到的限制太多”③的我国，互联网金融市场创新所引发的变化更加具有革命性和颠覆性，对优化金融资源配置和促进金融效率的作用更大。对 P2P 网贷持“意思自治说”者，正是相信互联网金融市场的无形之手，会引导 P2P 网贷市场主体“尽力达到一个并非他本意想要达到的目的……他追求自己的利益，往往使他能比在真正出于本意的情况下更有效地促进社会的利益”。④ 因此，从金融效率这一法价值目标看，“意思自治说”无疑具有相当程度的合理性。

---

① [美]罗斯科·庞德：《通过法律的社会控制》，沈宗灵译，商务印书馆 1984 年版，第 50 页。

② 易军：《“法不禁止皆自由”的私法精义》，载《中国社会科学》2014 年第 4 期。

③ 陈志武：《互联网金融到底有多新》，载 http://finance.ifeng.com/a/20140104/11401914_0.shtml，2018 年 5 月 10 日访问。

④ [英]亚当·斯密：《国民财富的性质和原因的研究》（下卷），郭大力、王亚南译，商务印书馆 1974 年版，第 27 页。

从法价值的视角看,“非法集资说”关注的是金融安全。任何事物都具有两面性,P2P网贷亦不例外。它既具有促进投融资便利的普惠金融功能,也使金融风险从传统的线下空间传递到了线上的互联网空间,并且带来了新的金融风险。最为突出的一点,就是P2P网贷这一新兴的互联网金融业态为非法集资行为提供了新的场域、新的宣传手段,网络受众的广泛性使发生在互联网场域中的非法集资行为的社会危害性更大。事实上,已经发生且被查实的P2P网贷行业中的非法集资案件的非法集资额动辄上千万元。如震惊全国的e租宝案,“2014年6月至2015年12月间,e租宝案借助互联网非法吸收115万余人公众资金累计762亿余元,扣除重复投资部分后非法吸收资金共计598亿余元。至案发,集资款未兑付共计380亿余元”。[①] 频繁发生的P2P网贷平台“跑路”事件与非法集资案件有力地印证了“非法集资说”的现实合理性,凸显了维护互联网金融市场之金融安全的现实性与紧迫性。

然而,“意思自治说”与“非法集资说”都忽略了金融安全与金融效率之间的对立统一性。金融安全与金融效率都是金融法的价值目标之一,在金融法律制度体系中,应当有具体的规则来保障这些价值目标的实现。从公法与私法划分的角度看,金融私法是保障金融效率这一价值目标得以实现的主要法律制度;金融安全则主要依赖于金融公法的保障。P2P网贷这一互联网时代的新型金融业态,对金融法制尤其是金融公法带来了重大挑战。作为互联网金融市场的重大金融创新,P2P网贷借金融创新之名与“法不禁止皆自由”的私法理念,突破了金融公法对金融活动的管制,从而给金融公法带来了新的重大挑战。例如,P2P网贷行业风险的防范与处置就成为金融市场准入法、金融监管法、金融刑法等金融公法面临的重大现实问题。这些挑战表明,要求法律保持相对稳定性的法律确定性与法律所调整的社会生活的变动不居是现实的二律背反。[②] “法律必须稳定,却不能静止不

---

① 刘双霞:《e租宝案宣判网贷行业已步入严监管时代》,载北京商报网:http://www.bbtnews.com.cn/2017/0912/210549.shtml,2018年5月14日访问。

② 参见徐国栋:《民法基本原则解释——成文法局限性之克服》,中国政法大学出版社2001年版,第181~183页。

变。”[①]然而，相对于互联网金融市场创新的突飞猛进，应对金融创新的金融法律制度变革却是姗姗来迟。“社会的需要和社会的意见常常是或多或少地走在法律的前面，我们可能非常接近地达到它们之间缺口的接合处，但永远存在的趋向是要把这缺口重新打开来。因为法律是稳定的，而我们谈到的社会是前进的。”[②]法律与社会生活条件脱节的现象被我国学者称为法律的滞后性。[③] 正是金融法律制度相对于互联网金融市场创新的滞后性，使金融法与社会需求之间出现了暂时的缺口。在这一缺口地带，金融监管部门囿于权力法定主义原则难以对互联网金融市场实施有效监管，而互联网金融市场主体可以基于“法不禁止皆自由”的原则从事交易活动。不过，法律滞后性造成的缺口不可能长期存在，法律作为一种整体意义上的社会控制工具，[④]必然会对现实社会中的各种变化做出积极回应，法律也已经从“压制型法”或“自治型法”走向了“回应型法”。[⑤]

从公法与私法划分的视角看，“意思自治说”是从金融私法角度判断P2P网贷的法律地位，追求的主要价值目标是金融效率；“非法集资说”是从金融公法角度判断P2P网贷的法律地位，追求的主要价值目标是金融安全。然而，公法与私法的划分是相对的，法律本身是一个整体，“认为法律讨论或自由政治理论中包含公私之分的核心概念，且这一概念具有确定的内容或可以在具体案件中被确定运用，这是非常错误的。并不存在所谓‘公私之分’”。[⑥] 笔者在此无意于深究“公私之分”的问题，只是借此说明，对于P2P网贷这一新兴的互联网金融现象，不能只从金融私法或金融公法

---

① Pound Roscoe, *Interpretation of Legal History*, London: Cambridge University Press, 1923, p. 1. 转引自[美]本杰明·N. 卡多佐：《法律的成长——法律科学的悖论》，董炯、彭冰译，中国法制出版社2002年版，第4页。

② [英]亨利·梅因：《古代法》，沈景一译，商务印书馆1959年版，第15页。

③ 参见徐国栋：《民法基本原则解释——成文法局限性之克服》，中国政法大学出版社2001年版，第181页。

④ 参见[美]罗斯科·庞德：《法理学》(第2卷)，封丽霞译，法律出版社2007年版，第5页。

⑤ 参见[美]诺内特、塞尔兹尼克：《转变中的法律与社会：迈向回应型法》，张志铭译，中国政法大学出版社1994年版，第18页。

⑥ [英]道恩·奥利弗：《共同价值与公私划分》，时磊译，中国人民大学出版社2017年版，第259页。

的角度去认识其法律性质或法律地位，也不能因为金融私法的价值目标就否定金融公法的价值目标，反之亦然。互联网金融法治与传统金融法治一样，是金融私法与金融公法的有机统一体。“折中说”既不断然否定P2P网贷的合法性，又不放任其发展，并对其风险进行监管。“折中说”认识到了P2P网贷在金融私法上的合理性，以及金融公法对P2P网贷风险监管的必要性，兼顾了金融安全与金融效率的价值目标。因此，较之于“意思自治说”与“非法集资说”，“折中说”更具有说服力。

（二）P2P网贷法律地位之争的解释论与立法论分析

法学的任务，“一方面以现行法为研究对象，同时也以构成对人类社会生活有效的规范体系为其任务。为了使现行法适合于法的目的，担当着对现行法进行解释的工作”。[①] 法学的任务决定了解释论与立法论是法学研究的两个基本立场。以现行法为研究对象并进行解释的目的，是在法律适用中阐明法律概念的涵义，协调法律规范之间的冲突。“解释乃是一种媒介行为，借此，解释者将他认为有疑义文字的意义，变得可以理解。”[②]基于解释论的研究，“为现行法规范的适用和解释提供合乎我国立法目的和法律基本原理的理论诠释，并通过对现行法运行状况的持续跟踪和世界法律发展动态的准确把握，为现行法律的渐进发展提供适应社会需求和时代发展的解释方法或理论根据”。[③] 法律解释方法是解释论研究的基本方法，即将现行法律制度中的法律规范运用于具体的案件事实，并作出法律评价。立法论的研究重心，“在于对现行法律的批判以及对未来法律的建构”，[④]以完成为人类生活提供有效的规范体系的目标。毋庸置疑，我国现行法律制度尚未为P2P网贷这一新兴的互联网金融业态提供有效的规范体系。法学要完成这一目标，必然要基于解释论和立法论的立场进行研究。P2P网贷法律地位之争，就是源于这两种不同的研究立场。从解释论视角研究P2P网贷，就是要以我国现行法律制度为依据，运用法律解释的方法，对P2P网贷纠纷案件的具体事实作出法律评价，而P2P网贷的法律地位是在

---

① 梁慧星：《民法解释学》（修订版），中国政法大学出版社2000年版，第187页。
② [德]卡尔·拉伦茨：《法学方法论》，陈爱娥译，商务印书馆2003年版，第193页。
③ [德]卡尔·拉伦茨：《法学方法论》，陈爱娥译，商务印书馆2003年版，第193页。
④ 傅郁林：《法学研究方法由立法论向解释论的转型》，载《中外法学》2013年第1期。

作出这些法律评价时需要直面的首要问题。“意思自治说”基于“法不禁止皆自由”的私法自治原理,依据现行法律制度,得出P2P网贷属于合法借贷行为的结论;“非法集资说”则依据金融监管法与刑法等有关非法集资行为的规定,认为P2P网贷平台的行为符合“非法性、公开性、利诱性及社会性”的非法集资构成要件,得出P2P网贷涉嫌非法集资且需由刑法规制的结论。显然,“意思自治说”与“非法集资说”都是从解释论视角对P2P网贷进行法律评价。“折中说”主张对P2P网贷这一新生事物不能一概否定其合法性,但也不能放任其野蛮生长。“折中说”包含了解释论与立法论两个层面的意见:P2P网贷这一新生事物有其存在与发展的合理性,从解释论的视角看,P2P网贷在现行法上的合法性存疑,这恰恰是P2P网贷这一新生事物对现行法的挑战;从立法论的视角看,P2P网贷有其现实合理性,应当完善立法,赋予P2P网贷以合法地位,同时加强和完善对P2P网贷的监管,防范和化解P2P网贷的风险。

(三)P2P网贷法律地位之争中的概念混同

诚然,“概念乃是解决法律问题所必须的和必不可少的工具。没有限定严格的专门概念,我们便不能清楚地和理性地思考法律问题”。[①] 法学理论界中的许多争议源于争论的问题缺乏限定严格的专门概念,甚至争论者使用互不相同的概念来反驳对方的观点。这会产生一些不必要的法学理论争议,也无助于认识和把握所争议问题的本质。事实上,“在法学概念、范畴研究以至重大的法学争论中,在很多意见对立的场合,争论的原因和焦点往往是由概念、范畴的歧义引起的”。[②] 新分析法学的语义分析方法是消解这些争议的有效方法。新分析法学的代表哈特教授将语义分析哲学引入法学领域,[③]用语义分析方法分析法律概念在不同的使用环境、条件和方式下

---

① [美]E.博登海默:《法理学:法律哲学与法律方法》,邓正来译,中国政法大学出版社2004年版,第504页。

② 张文显:《二十世纪西方法哲学思潮研究》,法律出版社2006年版,第87~88页。

③ 著名的语义分析哲学家维特根斯坦针对哲学上的混乱现象,“把哲学问题归结于语言问题,认为哲学上的混乱、争论、错误产生于语言的含糊不清或者对语言的误用、滥用,因而哲学的任务是对语言进行语义分析,揭示语言的确切涵义和意义,指明语言的正确用法和规则,以消除哲学上的混乱,以至消除这些哲学难题本身”。张文显:《二十世纪西方法哲学思潮研究》,法律出版社2006年版,第79页。

的具体涵义,"只有弄清这些词语、概念被使用的环境和具体条件,方能确定它们的意义"。①

我国法学理论界关于 P2P 网贷法律地位的争议就存在着概念混同的现象。《网贷管理暂行办法》第 2 条第 2 款规定:"……网络借贷是指个体和个体之间通过互联网平台实现的直接借贷。个体包括自然人、法人及其他组织。网络借贷信息中介机构是指依法设立,专门从事网络借贷信息中介业务活动的金融信息中介公司。……"据此可知,网络借贷信息中介机构就是 P2P 网贷平台,P2P 网贷与 P2P 网贷平台是两个不同的概念。然而,在关于 P2P 网贷法律地位的争议中,这两个概念常常被争论者不经意地等同使用。"意思自治说"是从私法角度分析 P2P 网贷的法律地位;"非法集资说"则是从公法角度分析 P2P 网贷平台涉及的非法集资风险。不能因为 P2P 网贷平台的非法集资风险就否定 P2P 网贷的合法地位。因此,关于 P2P 网贷的"非法集资说"是混淆了 P2P 网贷与 P2P 网贷平台这两个不同的概念。

鉴于一些 P2P 网贷平台的非法集资行为确实损害了投资者的合法权益和整个 P2P 网贷行业的有序健康发展,损害了金融管理秩序,甚至危及社会稳定,国务院办公厅在 2016 年 4 月 12 日发布的《互联网金融风险专项整治工作实施方案》中规定:"P2P 网络借贷平台应守住法律底线和政策红线,落实信息中介性质,不得设立资金池,不得发放贷款,不得非法集资,不得自融自保、代替客户承诺保本保息、期限错配、期限拆分、虚假宣传、虚构标的,不得通过虚构、夸大融资项目收益前景等方法误导出借人,除信用信息采集及核实、贷后跟踪、抵质押管理等业务外,不得从事线下营销。"可见,加强和完善对 P2P 网贷平台非法集资风险的法律规制,已经成为我国当前互联网金融法治建设的重大现实问题。

① 张文显:《二十世纪西方法哲学思潮研究》,法律出版社 2006 年版,第 81 页。

第三章　我国 P2P 网贷平台非法集资风险之民刑规制的实证分析与合理界分

笔者于 2018 年 5 月 31 日在北大法宝司法案例库以“P2P 非法集资”作为关键词进行全文搜索，共有 534 份案例与裁判文书，其中，法宝推荐案例 149 个。北大法宝司法案例库依据案由的不同对推荐案例作了如下分类：民事案件 50 个；刑事案件 97 个；国家赔偿的案件 2 个。[①] 本章首先分析其中的典型民事案件与刑事案件

① 数据有重复，有关国家赔偿的案件只有“蒙超诉六安市裕安区人民政府”一案。该案的基本案情如下：P2P 网贷平台——六安市鑫宏投资管理有限公司（以下简称鑫宏公司）专门为拟挂牌上市的六安亿科木业有限公司进行投融资，蒙超最初只投资 1 万元。后来，该平台网站出现了六安市裕安区人民政府裕金办〔2015〕5 号《关于要求解决裕安区上市后备企业有关问题的请示》的文件，蒙超向政府有关部门咨询并求证了该文件及其内容的真实性。蒙超出于对政府的信任向六安亿科木业有限公司共投资 223 万元。2015 年 10 月 11 日，部分投资到期，后者无力偿还，蒙超一直催讨。2016 年 2 月，蒙超收到鑫宏公司负责人转发的六安市裕安区人民政府裕政〔2016〕18 号《关于协调解决亿科木业公司上市前相关问题的请示》。但是该公司最终没有上市，两个公司的法定代表人于 2016 年 4 月 12 日因为涉嫌集资诈骗罪被刑事拘留。蒙超的投资无法追回，转而起诉政府要求赔偿。其主要理由：“六安市裕安区人民政府作出的请示文件是政府部门非保密性的明电文件，带有公文性质，比会议通知更具有法律效力，更具有广泛的传播性。六安市

的基本案情、争议焦点与裁判结果,然后对这些案件涉及的主要问题进行类型化分析,在此基础上提出合理界分 P2P 网贷平台非法集资风险之民刑规制的基本原则。

第一节 有关 P2P 网贷平台非法集资风险的典型民事案件

一、相关典型民事案件的基本案情、争议焦点及裁判结果

在北大法宝司法案例数据库中检索到的有关 P2P 非法集资的 50 个民事案件,从案由上看可以分为民间借贷合同纠纷、保证合同纠纷、债权转让纠纷、劳动合同纠纷、人格权纠纷等。劳动合同纠纷中与 P2P 网贷有关的案情是,保险公司的工作人员向客户推销包括 P2P 网贷的非保险金融产品,违反公司规定,被保险公司解除劳动合同。[①] 人格权纠纷案件有张旭光与人人行科技股份有限公司(简称人人行公司)名誉权纠纷上诉案、[②] 章强

裕安区人民政府以虚构事实的方式支持不具备上市条件的六安亿科木业有限公司挂牌上市,不正当地请示上级政府为其出台税收优惠政策和协调相关单位提供贷款,该行政行为明显违法。其行为给蒙超造成实质性的巨大误导,致使蒙超投资六安亿科木业有限公司共计 223 万元。"参见《蒙超与六安市裕安区人民政府其他案》,(2016)皖行终 559 号裁定书,载北大法宝网:http://pkulaw.cn/case/pfnl_a25051f3312b07f387ead1cbc7ff05be7c18e24291a6df33bdfb.html? keywords = P2P% E9% 9D% 9E% E6% B3% 95% E9% 9B% 86% E8% B5% 84&match = Fuzzy,2018 年 5 月 31 日访问。

① 华泰人寿保险股份有限公司浙江分公司与曹婷劳动争议上诉案、华泰人寿保险股份有限公司浙江分公司与荆鹰劳动争议上诉案。参见浙江省杭州市中级人民法院(2016)浙 01 民终 7101/7102 号民事判决书。

② 张旭光在自己的新浪微博上以"北京九叔"名义发表了《九鼎借贷宝涉嫌非法集资吗?钱去哪儿了?》等 9 篇涉及借贷宝的文章,并在北京市纪检监察网站实名举报人人行公司董事吴刚。人人行公司认为张旭光的行为侵犯了公司名誉权,给公司造成重大经济损失,遂诉至法院,要求张旭光停止侵犯,删除相关文章,赔礼道歉,赔偿损失。法院裁判认为:有的内容属于正常的陈述或评论,有的内容不符合事实,属于作者的个人主观臆断,失实文字容易误导公众产生错误认识,降低人人行公司的社会评价,在一定程度上贬损了人人行公司的名誉,构成侵权。参见北京市第三中级人民法院(2017)京 03 民终 11586 号民事判决书。

与上海盈灿投资管理咨询有限公司名誉权纠纷上诉案。[①] 这几个劳动合同纠纷案件与人格权纠纷案件，与 P2P 网贷非法集资风险并无实质性关联。因此，下文不再对其作详细分析。

（一）有关 P2P 网贷非法集资风险的典型民间借贷纠纷

案例 1：李曰省诉姬东文等合同纠纷案的基本案情、争议焦点与裁判结果。[②]

基本案情：原审原告姬东文，原审被告李曰省，山东友禾投资管理有限公司（以下简称友禾公司）的法定代表人。友禾公司设立了名为友禾创投的网络平台，友禾创投对其用户做如下风险保障承诺：保障所有用户的本金；VIP 用户享有本息保障计划；友禾创投在用户投资出现违约或逾期的 24 小时内用风险准备金垫付。姬东文在平台共计投资 88,970.21 元，平台清盘时，其收回本金 53,994.85 元，账户余额 41,173.99 元被冻结（本金 34,975.36 元，利息 6198.63 元）。友禾公司将公司法定代表人李曰省的个人账户指定为平台的投资汇款账户。姬东文起诉友禾公司及李曰省，要求对账户余额的资金承担连带清偿责任。

争议焦点：原被告之间的民事法律关系的性质及其法律效力；友禾公司与李曰省是否承担连带清偿责任。

裁判结果：一审法院裁判意见：被告友禾公司通过互联网融资平台友禾创投实施的民事行为属于金融行为，超出工商行政管理机关核准的经营范围，也没有取得金融监管机构的许可，属于违法经营，违反了法律行政法规的效力性强制性规定，故姬东文与友禾公司之间的投资合同无效，友禾公司对合同无效起决定作用，承担主要责任；李曰省作为公司股东与法定代表人，以个人账户作为收款账户，且未证明所收款项确实用于平台公告的投资

---

① 在上海盈灿投资管理咨询有限公司经营的“网贷之家”的论坛，出现了诸如《重大曝光虚假协会，和信贷都被骗了》《重大曝光虚假 P2P 协会续》等一系列针对章强及其任职的中国互联网金融行业协会的网帖，章强认为该公司侵犯了其名誉权。参见北京市第二中级人民法院(2015)二中民终字第 06328 号民事裁定书。

② 李曰省诉赵淑芩等合同纠纷案的基本案情与案例 1 相似，争议焦点涉及相同的法律问题，一审、二审法院的裁判意见与依据相同，基本案情、争议焦点与裁判结果可以参见该案的裁判文书。山东省济南市中级人民法院(2018)鲁 01 民终 1228 号民事判决书。

经营管理,应当承担连带责任。

二审法院的裁判意见:依据《关于促进互联网金融健康发展的指导意见》第 8 条,P2P 网络借贷属于民间借贷范畴,姬东文通过友禾创投实施的民间借贷并无最高人民法院《关于审理民间借贷案件适用法律若干问题的规定》①第 14 条规定的无效情形,合同有效;依据该司法解释第 22 条第 2 款规定,②友禾公司作为网络借贷平台的提供者,又做了风险保障计划,应当承担担保责任;李曰省作为公司股东及法定代表人,股东财产与公司财产混同,属于滥用公司法人独立地位,应当承担连带清偿责任。总之,一审法院认定事实清楚,裁判结果正确,但适用法律错误,予以维持。③

案例 2:孙冠军与广东胜荣投资股份有限公司等民间借贷纠纷上诉案的基本案情、争议焦点与裁判结果。

基本案情:广东胜荣投资股份有限公司(以下简称胜荣公司)经营一个名为"新盛融"的 P2P 网贷平台,孙冠军在该平台注册了账户,并在线下充值 800,000 元,分两次转入了胜荣公司财务负责人强丽的招商银行账户,强丽将 1,500,000 元转给了当时的公司法定代表人刘光曦。2015 年 4 月 29 日,孙冠军在平台上对用户覃纯志的"车标—沃尔沃豪车"300,000 元借款项目进行了投标,中标金额为 102,175.4 元;2015 年 4 月 30 日,孙冠军在该平台上投标用户舒桂菊的"房标—抵押房子借款周转"500,000 元借款项目,中标金额为 465,891.15 元。这两个借款项目均借款成功,刘光曦在线下与上述两个用户办理了款项交割。覃纯志、舒桂菊均仅偿还了两个月的利息。除了借出的本金以及提款的 230,750 元外,孙冠军在涉案平台充值的本金均已提取完毕。孙冠军转而要求胜荣公司及强丽偿还本金 800,000 元及其相应的利息。

---

① 最高人民法院《关于审理民间借贷案件适用法律若干问题的规定》(法释〔2015〕18 号)于 2015 年 8 月 6 日颁布,自 2015 年 9 月 1 日起施行。

② 该款规定:"网络贷款平台的提供者通过网页、广告或者其他媒介明示或者有其他证据证明其为借贷提供担保,出借人请求网络贷款平台的提供者承担担保责任的,人民法院应予支持。"

③ 山东省济南市中级人民法院(2018)鲁 01 民终 1030 号民事判决书。

争议焦点：胜荣公司及强丽在提供平台促成孙冠军与借款人订立借款合同方面是否存在经营管理过错，是否尽到了审查义务，即P2P网贷平台作为网络金融信息服务中介，应当承担何种程度的审查义务；胜荣公司、强丽及其股东是否存在非法集资；平台是否承诺对借款的用途、偿还等事项承担监管及保证责任。

裁判结果：一审法院裁判结果：驳回原告的全部诉讼请求。孙冠军与胜荣公司之间是居间合同关系，该居间合同有效，胜荣公司促成了孙冠军与两个借款人订立了借款合同，完成了居间义务；"被告胜荣公司提交了借款人的身份证及行驶证、房产证等复印件，足以证实其在平台发布借款招标信息时，已对借款人的资格条件、信息的真实性、融资项目的真实性、合法性进行了合理的审查，其已经尽到了作为网络金融信息服务中介的合理审查义务。"强丽通过个人的招商银行账户收取孙冠军800,000元的行为，是职务行为。此外，没有公安机关对胜荣公司因涉嫌非法集资而立案的证据。

二审法院主要针对胜荣公司经营的新盛融网贷平台"是否存在垫付承诺"进行调查取证。经调查，二审法院确认无法核实是否存在垫付承诺；上诉人孙冠军在二审庭询中提交的《新盛融VIP提示》等多份证据，无法核对真实性，无法认定与本案的关联性，提交时间明显超过举证期间且无合理理由。综上，二审法院判决驳回上诉，维持原判。①

案例3：江苏盐阜银宝水产发展有限公司等与江苏盐城国投商务有限公司民间借贷纠纷上诉案的基本案情、争议焦点与裁判结果。

基本案情：江苏盐阜银宝水产发展有限公司（以下简称江苏银宝）先后两次与盐城市国有资产投资集团有限公司（以下简称盐城国投）签订借款合同，借款总额2000万元，盐城市农业水利发展投资集团有限公司（以下简称盐城农水）为借款本息提供连带责任保证，江苏盐城国投商务有限公司（以下简称国投商务）为江苏银宝的借款提供居间服务，居间费用81万元。盐城国投后来将其对江苏银宝的债权转让给国投商务。国投商务催要借款未果，遂诉至法院。

① 广东省广州市中级人民法院(2017)粤01民终23181号民事判决书。

争议焦点：盐城国投是否具有“盐城贷”平台的出借人资格；盐城国投是否涉嫌构成非法吸收公众存款罪；涉案借款合同及其担保合同是否无效。江苏银宝、盐城农水认为借款合同无效，相应的担保合同也无效，因为盐城国投不符合国投商务在其运营的“盐城贷”网贷平台上服务的出借人资格；盐城国投出借的2000万元资金来源于“盐城贷”用网络平台众多借款人形成的资金池，根据刑法及相关司法解释的规定，其行为已经涉嫌构成非法吸收公众存款罪。

裁判结果：一审法院认为，借款合同及担保合同均有效，江苏银宝与盐城农水应当承担连带清偿责任。二审法院认为，在案涉民间借贷过程中，江苏银宝董事长徐扬等人涉嫌合同诈骗犯罪，已将相关材料移送盐城市公安局，江苏省射阳县公安局决定对徐扬等人涉嫌合同诈骗案立案侦查，故撤销一审判决，驳回国投商务的起诉。①

案例4：苏成栋与北京恒元信业信息技术有限公司民间借贷纠纷上诉案的基本案情、争议焦点与裁判结果。②

基本案情：苏成栋与北京玖富公司设立的玖富网平台签订了借款协议。玖富平台依据协议，自动匹配多位出借人，出借人与北京玖富公司签订《投资咨询及管理服务协议》，借款总计为122，297.73元。协议约定，借款人若违约，全体出借人将债权转让给北京玖富公司，以统一向借款人追索。上述借款进入苏成栋指定的账户，玖富平台直接扣划贷前咨询服务费32，513.91元及贷后信用管理费9783.82元。苏成栋在2017年4月18日之后后未再偿还借款本金及利息。北京玖富公司后来将全部债权转让给了北京恒元信业信息技术有限公司（以下简称恒元信业公司）。恒元信业公司起诉苏成栋，要求偿还剩余的本金与利息。

争议焦点：苏成栋与玖富平台签订的借款协议的法律效力；出借人与北

---

① 江苏省盐城市中级人民法院（2017）苏09民终2225号民事裁定书。

② 李伯姝与北京恒元信业信息技术有限公司借款合同纠纷上诉案的基本案情及争议焦点与案例4相似，争议焦点涉及相同的法律问题，该案一审、二审法院的裁判意见、依据与案例4相同，详情可以参见该案的裁判。参见北京市第三中级人民法院（2017）京03民终12813号民事判决书。

京玖富公司之间的协议的法律效力。苏成栋认为,恒元信业公司的诉讼主体不适格,恒元信业公司的行为可能涉嫌刑事犯罪。

裁判结果:一审法院认为,协议均有效,恒元信业公司基于北京玖富公司债权转让行为取得对苏成栋的债权,主体适格。二审法院认为,本案实质上发生在网贷平台上的直接借贷行为,北京玖富公司与出借人的附条件债权转让约定,以及通过贷后信用管理账户对出借人垫付本金的行为,使得其存在发售理财等金融产品、向出借人承诺保本保息、开展债权转让的可能;北京玖富公司通过玖富平台引导借款人签订《借款协议》,利用平台自动进行系统匹配,形成多名出借人。上述行为存在使用平台将融资项目的期限进行拆分归集出借人资金、进行线下营销、推介融资项目等可能。由于本案发生在《网贷管理暂行办法》实施之前,二审法院认为,本案存在的网贷风险属于整改范畴,可设定在民间借贷的基础上予以调整:网贷平台应坚持平台功能,为投资方和融资方提供信息交互、撮合、资信评估等中介服务,可以收取适当的中介服务费用,依据《合同法》及最高人民法院《关于审理民间借贷案件适用法律若干问题的规定》的相关规定,确定为民间借贷,且服务费用及贷款利息的收取总额不应超过年利率 24%。[①]

案例 5:张勇与张翘等民间借贷纠纷上诉案基本案情、争议焦点及裁判结果。

基本案情:原审原告张翘;原审被告张勇、深圳晋商投资控股有限公司(以下简称晋商公司)、深圳亿网银通电子商务控股有限公司(以下简称亿网银通公司)。亿网银通公司,设立银通贷 P2P 网贷平台,平台实际控制人为聂存良,聂存良将平台募集的资金用于自己经营的深圳深药集团的生产经营及归还投资人的本息。张勇曾提供个人银行账户,作为银通贷平台投资者的融资渠道。原告曾经向张勇个人银行账户转款 5 万元,张勇曾向原告还款 120 元。案件二审时,聂存良已经被网上追逃,张勇已经被逮捕关押。

争议焦点:张勇与张翘之间是否存在借贷关系。

裁判结果:一审法院判决:张勇与张翘之间存在民间借贷关系,因为有

---

① 参见北京市第三中级人民法院(2017)京 03 民终 13593 号民事判决书。

转账凭证为据,而且张勇未对5万元款项的用途作出说明;张勇应当向张翘偿还本金5万元及按照中国人民银行同期贷款利率计算的利息。二审法院撤销一审判决,驳回张翘的起诉,因为上诉人张勇已经涉嫌非法集资犯罪,已经被逮捕,按照最高人民法院《关于审理民间借贷案件适用法律若干问题的规定》第5条的规定,应当将涉嫌犯罪的线索及材料移交公安机关或检察机关。①

案例6:颜美诉侯振西民间借贷纠纷案基本案情、争议焦点及裁判结果。

基本案情:颜美与侯振西商议投资"马夫罗"3M平台。颜美帮助侯振西开设账户"青山绿水"、绑定银行卡(户名:侯振西,兴业银行)进行投资。颜美向侯振西出具借条一张,载明向侯振西借款24万元。侯振西向颜美的账户转款20万元,另支付现金4万元。颜美诉称:在收到款项后,将其中的19万元转入侯振西"青山绿水"账户,侯振西是该账户的实际所有人,现账户内有21.98万元应认定为颜美的还款。侯振西不认可颜美已向其还款的陈述。颜美还提出,"马夫罗"3M平台涉嫌非法集资犯罪,应当裁定驳回起诉。

争议焦点:颜美是否应当向侯振西承担还款责任,"马夫罗"3M平台是否涉嫌非法集资犯罪。

裁判结果:一审法院与二审法院均认为,借条和侯振西向颜美转账20万元、现金支付4万元的事实,证明二者之间存在合法的民间借贷关系,颜美提供的证据只能证明侯振西在网贷平台开设了"青山绿水"的账户,不能证明该账户里的款项是其还款的事实,也没有证据证明"马夫罗"3M平台涉嫌非法集资。因此,颜美应当承担向侯振西还款的法律责任。②

案例7:赵晋锋诉承德市圣地投资有限公司等民间借贷纠纷再审案基本案情、争议焦点及裁判结果。

基本案情:一审原告赵晋锋,一审被告承德市圣地投资有限公司(以下

---

① 参见广东省深圳市中级人民法院(2016)粤03民终6721号民事裁定书。

② 参见新疆维吾尔自治区高级人民法院(2017)新民申1358号民事裁定书。

简称圣地公司)、朱进良、吕素艳,因民间借贷发生纠纷。朱进良作为圣地公司的法定代表人,明确钱是圣地公司借的,自己愿意与公司一起承担还款义务。吕素艳表示,赵晋锋与圣地公司之间存在借贷关系,自己也是受害人。

争议焦点:原告与被告之间是合法的借贷关系,还是被告之行为涉嫌非法集资犯罪。

裁判结果:一审法院认为朱进良涉嫌犯罪,案件不属于民事案件的受案范围,裁定驳回起诉。二审法院裁定驳回上诉,维持原裁定,因为朱进良涉嫌非法吸收公众存款罪被立案侦查。再审法院裁定撤销一审法院和二审法院的裁定,指令一审法院审理本案,因为公安机关向法院出具函告:本案的投资行为属于 P2P 理财经营模式,不属于刑事案件。①

案例 8:任宇等与吕志刚民间借贷纠纷上诉案基本案情、争议焦点及裁判结果。

基本案情:一审被告任宇、黎砚维,一审原告吕志刚。黎砚维委托任宇向许量金融公司的 P2P 平台"资本之鹰"抵押贷款 240 万元,任宇与许量金融公司签订《债权委托转让及担保协议》。黎砚维收到款项 240 万元,后期支付了该借款 5 个月的利息,偿还了本金 40 万元。2014 年 12 月 31 日,为了解决黎砚维不能按约支付平台投资人本息的问题,吕志刚(出借人)、任宇(借款人)、黎砚维(保证人)等签订《借款合同》,借款金额 200 万元,任宇、黎砚维向吕志刚出具了《指定收款函》和《收条》;吕志刚委托案外人陈棘向许量金融公司 P2P 平台的客户备付金账户转款 200 万元。吕志刚要求任宇、黎砚维偿还 200 万元的本金及其相应的利息,后者认为,签订该合同是为了应付司法机关的调查和追责,因为许量金融平台涉嫌非法集资,该合同属于"以合法形式掩盖非法目的"的行为,应当无效,而且收条是在吕志刚没有直接支付借款的情况下出具的。

争议焦点:《借款合同》是否无效,吕志刚是否履行了《借款合同》项下的出借义务以及尚欠的本息金额。

---

① 参见河北省承德市中级人民法院(2017)冀 08 民再 54 号民事裁定书。

裁判结果:一审、二审法院均认定该《借款合同》合法有效,任宇、黎砚维无证据证明该合同属于“以合法形式掩盖非法目的,损害他人利益”的行为。任宇向吕志刚归还借款1,897,679元及相应的利息、律师费8万元;黎砚维为任宇的上述债务承担连带责任。一审判决遗漏了利率标准,二审予以纠正。①

案例9:王优丽与烟台天顺房地产开发有限公司等民间借贷纠纷上诉案基本案情、争议焦点及裁判结果。②

基本案情:原告王优丽,被告烟台天顺房地产开发有限公司(以下简称天顺公司)、烟台华兴置业有限公司(以下简称华兴公司)、烟台天耀置业有限公司(以下简称天耀公司)、山东信东投资有限公司(以下简称信东公司)、于华忠、纪敏等。原告与被告天顺公司通过信东公司的P2P平台“信东创赢”签订借款协议,约定原告向被告出借31万元,华兴置业公司、天耀置业公司、于华忠、纪敏为借款提供连带责任保证,信东公司提供居间服务。期限届满后,被告未能还款付息,遂发生争议,诉至法院。

争议焦点:“信东创赢”是否涉嫌非法集资犯罪。“信东创赢”平台涉嫌非法集资犯罪,是否影响原告与天顺公司之间的借贷合同的法律效力。

裁判结果:一审法院裁判认为,信东创赢平台在为原告及其他被告提供借贷服务过程中,涉嫌刑事犯罪,依据《关于办理非法集资刑事案件适用法律若干问题的意见》第7条第2款的规定,裁定驳回起诉。二审法院认为,现有证据不足以认定本案涉嫌非法集资,裁定撤销一审裁定,指令一审法院重新审理。③

---

① 参见四川省成都市中级人民法院(2017)川01民终1869号民事判决书。

② 王优丽与烟台开发区鑫兴经济发展总公司、王优丽与山东琪琪食品有限公司等民间借贷纠纷上诉案、王优丽与烟台华兴置业有限公司等民间借贷纠纷上诉案等民间借贷纠纷上诉案等与案例9的基本案情与争议焦点相似,法院的裁判结果与裁判依据相同。详细可以参见三个案件的裁判文书:山东省烟台市中级人民法院(2016)鲁06民终4401号民事裁定书、山东省烟台市中级人民法院(2017)鲁06民终1234号民事裁定书、山东省烟台市中级人民法院(2017)鲁06民终1235号民事裁定书。

③ 参见山东省烟台市中级人民法院(2017)鲁06民终1236号民事裁定书。

案例 10:陈红艺与深圳晋商投资控股有限公司等合同纠纷上诉案基本案情、争议焦点及裁判结果。

该案的基本案情与案例 5 相似,争议焦点涉及相同的法律问题,但是法院裁判结果不同。该案一审认为本案不属于民事案件的受案范围,应当移送公安机关处理。二审驳回上诉,维持原裁定。详情可以参见该案的裁判文书。①

案例 11:汤利贤与云南正晓环保投资有限公司等民间借贷纠纷上诉案基本案情、争议焦点及裁判结果。

基本案情:原告汤利贤通过云南众筹互联网金融服务有限公司(以下简称众筹公司)运营的"众筹互联网金融"融资平台,向被告云南正晓环保投资有限公司(以下简称正晓公司)出借 75,200 元,被告云南震坤融资担保有限公司承担连带责任保证。原告起诉要求被告偿还本金及利息。

争议焦点:众筹公司涉嫌集资诈骗犯罪,是否影响汤利贤与正晓公司之间的借贷纠纷这一民事案件的审理。原告认为,没有证据证明众筹公司的涉嫌集资诈骗项目涉及本案正晓公司的融资,而且案涉同一项目的另外两个案件原审法院作出了支持原告诉讼请求的处理,出现了同案不同判的情况。

裁判结果:一审法院裁定驳回起诉。二审法院驳回上诉,维持原裁定。因为涉案借贷关系是通过众筹公司经营的互联网借贷平台形成,而众筹公司已涉嫌集资诈骗被公安机关立案侦查,现案件正在侦查阶段,且对于正晓公司的融资行为是否涉嫌犯罪的问题,公安机关已经明确属于刑事侦查范围,仍需进一步的核查。②

案例 12:刘成真与黄庆贺等民间借贷纠纷上诉案基本案情、争议焦点及裁判结果。

基本案情:一审原告刘成真,一审被告黄庆贺、深圳国惠金融服务有限公

---

① 参见广东省深圳市中级人民法院(2016)粤 03 民终 20961 号民事裁定书。

② 参见云南省昆明市中级人民法院(2016)云 01 民终 5717 号民事裁定书。另有 19 个案件的被告与案例 12 的被告相同,基本案情、争议焦点及裁判结果相同,不再赘述。

司(以下简称国惠公司)、深圳市保护伞投资担保有限公司(以下简称保护伞公司)。原告作为出借人与被告黄庆贺作为借款人通过居间服务人被告国惠金融公司形成借款合同关系,被告保护伞公司作为担保人。被告国惠金融公司相关人员涉嫌刑事犯罪被侦查。原告要求被告偿还本金及其相应的利息。

争议焦点:刘成真与黄庆贺等民间借贷纠纷是否涉嫌非法集资犯罪。

裁判结果:一审法院裁定驳回起诉。二审法院认为,“经公安机关确认,被上诉人国惠金融公司及其实际控制人黄某甲等实施非法吸收公众存款行为,本案的其他被上诉人黄庆贺、保护伞公司均不同程度参与这一犯罪行为,本案所涉借款系上诉人通过国惠金融公司设立的P2P平台这一犯罪工具达成,本案纠纷明显涉嫌犯罪,公安机关已立案侦查,上诉人亦曾作为受害人报案”,[①]故驳回上诉,维持原裁定。

案例13:田丰等诉蔺朔等民间借贷纠纷案基本案情、争议焦点及裁判结果。

基本案情:山东迅拓投资有限公司(以下简称迅拓公司)是从事P2P投资业务的公司,田丰是该公司会计,蔺朔是公司法定代表人,一审第三人汇潮支付有限公司(以下简称汇潮公司)。田丰曾经利用自己妻子的银行账户通过汇潮公司向迅拓公司充值3万元,并按照蔺朔的指示将资金转到蔺朔的个人银行卡上。田丰认为其与蔺朔构成民间借贷关系,要求蔺朔偿还借款及相应的利息。蔺朔否认二者之间存在借贷关系,其个人银行账户是作为公司资金往来账目使用,田丰向平台充值3万元是用于平台投资。

争议焦点:田丰与蔺朔是否存在借贷法律关系。

裁判结果:一审法院认为,蔺朔的银行账户是作为公司往来账目使用,未进行个人消费使用,田丰与蔺朔之间不存在借贷法律关系,判决驳回田丰的诉讼请求。二审法院认为该案涉嫌非法集资犯罪,裁定撤销一审判决,驳回田丰的起诉。[②]

---

① 广东省深圳市中级人民法院(2016)粤03民终21186号民事裁定书。

② 参见山东省济南市中级人民法院(2016)鲁01民终6087号民事裁定书。

案例 14：赵余好与陈艳芳民间借贷纠纷上诉案基本案情、争议焦点及裁判结果。

基本案情：深圳市中汇盈金融服务公司的法定代表人陈艳芳涉嫌 P2P 网贷非法集资犯罪被逮捕。赵余好起诉陈艳芳，诉称自己曾经通过支付宝向陈艳芳的个人账户转账，要求偿还借款本金 112，900 元以及相应的利息。

争议焦点：赵余好与陈艳芳之间是否存在借贷关系，本案是否属于民事案件的受理范围。

裁判结果：一审法院裁定驳回起诉。二审法院裁定驳回上诉，维持原裁定。因为赵余好未能提供证据证明向陈艳芳个人账户转账，陈艳芳并非平台借款协议的缔约当事人，而陈艳芳涉嫌非法吸收公众存款罪的案件正在审理之中。①

（二）有关 P2P 网贷非法集资风险的典型债权转让纠纷

案例 15：林悦峰诉望洲财富投资管理有限公司债权转让纠纷案件的基本案情及裁判结果。

基本案情：望洲财富投资管理有限公司（以下简称望洲财富公司）是望洲集团有限公司（以下简称望洲公司）的子公司，经营 P2P 业务。杨卫国是望洲公司的董事长。因望洲公司涉嫌非法吸收公众存款罪，杨卫国被逮捕。林悦峰受让了杨卫国名下的几笔债权，望洲财富公司、望洲公司、杭州泓德担保有限公司做担保。不过，林悦峰受让的债权之借款人信息不明，林悦峰起诉了望洲财富公司等，希望通过法院查明借款人的基本信息、确认债权的真实性。

争议焦点：林悦峰所受让的债权是否真实；本案是否属于经济纠纷案件。

裁判结果：一审法院裁定驳回起诉，二审法院认为，林悦峰与杨卫国之间的债权转让是否涉嫌犯罪有待公安部门查实，现有证据尚不能证明本案属于经济纠纷案件，依据最高人民法院《关于在审理经济纠纷案件中涉及经济犯罪嫌疑若干问题的规定》第 11 条规定，人民法院作为经济纠纷受理的案件，

---

① 参见广东省深圳市中级人民法院（2017）粤 03 民终 4059 号民事裁定书。

经审理认为不属经济纠纷案件而有经济犯罪嫌疑的，应当裁定驳回起诉，将有关材料移送公安机关或检察机关，故裁定驳回上诉，维持原裁定。①

（三）有关P2P网贷非法集资风险的典型保证合同纠纷

案例16：王桂红与王宏生等公司民间借贷纠纷上诉案基本案情、争议焦点及裁判结果。

基本案情：树诚公司经营中原贷P2P平台，王桂红在该平台注册投资。后来，平台发生不能提现到账的情况。王桂红尚有234.17万元未能收回，树诚公司向王桂红出具了由黄学书、党向前、王宏生承担连带担保责任的借据。王桂红要求树诚公司及三个担保人偿还借款。

争议焦点：在平台不能提现之后签订的借款合同及担保合同是否有效。王桂红认为，借款合同合法有效，树诚公司涉嫌犯罪，不能引起该民事合同无效，依据最高人民法院《关于审理民间借贷案件适用法律若干问题的规定》第8条“借款人涉嫌犯罪或者生效判决认定其有罪，出借人起诉请求担保人承担民事责任的，人民法院应予受理”规定，在其撤销对树诚公司的起诉之后，法院应当依法审理其与三个担保人之间的借贷纠纷。

裁判结果：一审裁定驳回起诉、二审裁定驳回上诉，再审法院驳回再审申请。再审法院认为，王桂红在二审中的撤诉申请没有得到其他当事人的同意，不符合最高人民法院《关于适用〈中华人民共和国民事诉讼法〉的解释》第338条之规定。②

案例17：邢敏安与泰安美冠智赢商务信息有限公司等民间借贷纠纷案的基本案情及裁判结果。

基本案情：邢敏安通过泰安美冠智赢商务信息有限公司（以下简称泰安美冠）经营的P2P官网美冠信投向8位借款人出借借款共计27万元，后因经营管理不善，该P2P平台暂停提现。按照以前的约定，在借款人逾期

---

① 参见上海市第二中级人民法院(2016)沪02民终9567号民事裁定书。

② 参见河南省高级人民法院(2016)豫民申1689号民事裁定书。

还款时,泰安美冠立即垫付资金;山东美冠臣环保科技股份有限公司、莱芜冠臣门窗系统有限公司、山东美冠门窗系统有限公司等承诺对借款承担连带责任保证。邢敏安请求法院判令被告偿还本金及约定的利息。泰安美冠法定代表人周琦因涉嫌非法吸收公共存款罪已被批准逮捕。

争议焦点:涉案的担保合同是否有效;本案是适用最高人民法院《关于审理民间借贷案件适用法律若干问题的规定》第 5 条还是第 8 条。

裁判结果:一审法院认为,该案涉嫌非法集资犯罪,依照最高人民法院《关于审理民间借贷案件适用法律若干问题的规定》第 5 条,最高人民法院《关于审理经济纠纷案件中涉及经济犯罪嫌疑若干问题的规定》第 11 条等规定,裁定驳回起诉。二审法院依据最高人民法院《关于审理民间借贷案件适用法律若干问题的规定》第 8 条规定,一审法院适用法律错误,因为本案起诉的是担保人,即使借款人涉嫌犯罪,法院也应当受理并对原告的诉讼请求作出实体处理,故撤销一审法院的裁定,指令一审法院对本案进行审理。①

案例 18:河南元亨鑫源实业有限公司与南京金六福金融信息服务有限公司保证合同纠纷上诉案的基本案情、争议焦点及裁判结果。

基本案情:南京金六福金融信息服务有限公司(以下简称金六福公司)旗下的光大信投 P2P 网贷平台出现资金困难,河南元亨鑫源实业有限公司(以下简称元亨公司)为金六福公司出具《资金保障承诺书》:“我单位作为金六福公司的担保方作出如下承诺:对金六福公司的旗下光大信投 P2P 网贷平台的投资款按时兑现提供全额保障,并承担无限连带责任。”然而,元亨公司向法院起诉请求撤销该《资金保障承诺书》,因为金六福公司故意告知其虚假的经营情况,隐瞒财务的真实情况。元亨公司后来又主张承诺书无效,因为金六福公司与光大信投 P2P 网贷平台投资人之间的借款合同因涉嫌非法集资犯罪而无效,主合同无效,作为从合同的保证也无效。

争议焦点:元亨公司与金六福公司之间的保证合同的效力。

裁判结果:一审法院判决驳回元亨公司的诉讼请求。二审法院认为,《资金保障承诺书》已经到达金六福公司,并在平台上向投资者公告;且无

① 参见山东省泰安市中级人民法院(2016)鲁 09 民终 2270 号民事裁定书。

证据证明金六福公司与平台投资人之间的借款合同被确认为犯罪行为，保证合同已经成立并生效，故裁定驳回上诉，维持原判决。①

二、有关P2P平台非法集资的典型民事案件之裁判结果比较与评析

（一）有关P2P平台非法集资的典型民事案件的裁判结果比较

与非法集资有关的P2P典型民事案件的裁判结果之比较见表3－1。

表3－1 与非法集资有关的P2P典型民事案件的裁判结果之比较

案例序号	一审裁判意见	二审（再审）裁判意见	民刑交叉问题之的判断
1	姬东文与友禾公司之间的投资合同无效，因为友禾公司未经批准从事金融行为；对合同无效双方均有过错，友禾公司承担主要责任；李曰省作为公司股东，提供个人账户，与公司一起负连带责任	姬东文通过友禾创投实施的民间借贷合法有效；友禾公司基于风险保障计划对平台投资承担担保责任；李曰省滥用公司法人独立地位，与公司一起承担连带清偿责任	一审、二审都作为民事案件处理。二审突破了平台的信息中介功能，将其担保功能合法化
2	孙冠军与胜荣公司的居间合同有效，后者尽到了合理审查义务；没有公安机关对胜荣公司因涉嫌非法集资而立案的证据	二审法院确认无法核实胜荣公司是否存在垫付承诺，驳回上诉，维持原判	一审、二审都作为民事案件处理。平台是否尽到合理审查义务是焦点
3	借款合同及担保合同均有效，江苏银宝与盐城农水承担连带清偿责任	撤销一审判决，将案件材料移送公安机关，因为江苏银宝董事长徐扬等人涉嫌合同诈骗犯罪	一审作为民事案件处理，二审以涉嫌犯罪为由依据“先刑后民”原则处理②
4	苏成栋与玖富平台签订的借款协议、出借人与北京玖富公司之间借款协议均有效；恒元信业公司基于北京玖富公司债权转让行为取得对苏成栋的债权受法律保护	两个借款协议违反监管规定，但发生在《网贷管理暂行办法》实施之前，其网贷风险属于整改范畴，法院在设定民间借贷的基础上予以调整，撤销一审判决，改判为按照年息24%付息	一审、二审都作为民事案件处理。二审法院指出了平台涉嫌非法集资

① 参见江苏省南京市中级人民法院（2017）苏03民终4059号民事裁定书。

② 本案判断先刑后民的依据是最高人民法院《关于在审理经济纠纷案件中涉及经济犯罪嫌疑若干问题的规定》第11条。

续表

案例序号	一审裁判意见	二审(再审)裁判意见	民刑交叉问题之的判断
5	张勇与张翘之间存在民间借贷关系,因为有转账凭证为据,而且张勇未对5万元款项的用途作出说明;张勇应当向张翘偿还本金5万元及按照中国人民银行同期贷款利率计算的利息	二审法院撤销一审判决,驳回张翘的起诉,因为上诉人张勇已经涉嫌非法集资犯罪,已经被逮捕,按照最高人民法院《关于审理民间借贷司法案件适用法律若干问题的规定》第5条的规定,将涉嫌犯罪的线索及材料移交公安机关或检察机关	一审作为民事案件处理,二审以涉嫌犯罪为由依据“先刑后民”原则处理
6	颜美与侯振西的借款合同有效,应付还款责任	无证据证明平台涉嫌非法集资。驳回上诉,维持原判	一审、二审都作为民事案件处理
7	朱进良涉嫌犯罪,案件不属于民事案件的受案范围,裁定驳回起诉	二审法院裁定驳回上诉,维持原裁定。再审法院裁定撤销一审法院和二审法院的裁定,指令一审法院审理本案	一审、二审都按照“先刑后民”原则处理;再审作为民事案件处理。因为公安机关出具函告:本案的投资行为属于P2P理财经营模式,不属于刑事案件①
8	《借款合同》合法有效,无证据证明合同是因为平台涉嫌非法集资,为应付司法机关才签	原判决认定事实清楚,适用法律正确,但是遗漏利率标准,予以纠正	一审、二审都作为民事案件处理②

① 本案判断先刑后民的依据是最高人民法院《关于审理民间借贷案件适用法律若干问题的规定》第5条第1款。该款规定:“人民法院立案后,发现民间借贷行为本身涉嫌非法集资犯罪的,应当裁定驳回起诉,并将涉嫌非法集资犯罪的线索、材料移送公安或者检察机关。”

② 无证据证明本案所涉合同是“以合法形式掩盖非法目的,损害他人利益”的行为。

续表

案例序号	一审裁判意见	二审(再审)裁判意见	民刑交叉问题之的判断
9	平台在为原告及其他被告提供借贷服务过程中,涉嫌刑事犯罪,裁定驳回起诉	证据不足以认定本案涉嫌非法集资,裁定撤销一审裁定,指令一审法院重新审理	一审按照“先刑后民”原则处理;二审作为民事案件处理①
10	裁定不予受理,将案件移送公安机关	驳回上诉,维持原裁定	一审、二审均按“先刑后民”原则处理
11	裁定驳回起诉,因为涉案借贷关系是通过平台形成,而平台公司已涉嫌集资诈骗被公安机关立案侦查	驳回上诉,维持原裁定	一审、二审均按“先刑后民”原则处理②
12	裁定驳回起诉	驳回上诉,维持原裁定,因为本案纠纷明显涉嫌犯罪,公安机关已立案侦查	一审、二审均按“先刑后民”原则处理③
13	蔺朔的银行账户是作为公司往来账目使用,未进行个人消费使用,田丰与蔺朔之间不存在借贷法律关系,判决驳回田丰的诉讼请求	该案涉嫌非法集资,不属于民事案件的受案范围,撤销一审判决,驳回起诉	一审作为民事案件处理;二审按照“先刑后民”原则处理④

① 本案判断先刑后民的依据是2014年3月25日颁布并实施的最高人民法院、最高人民检察院、公安部《关于办理非法集资刑事案件适用法律若干问题的意见》第7条第2款。该款规定:“人民法院在审理民事案件或者执行过程中,发现有非法集资犯罪嫌疑的,应当裁定驳回起诉或者中止执行,并及时将有关材料移送公安机关或者检察机关。”

② 本案判断先刑后民的依据是最高人民法院《关于审理民间借贷案件适用法律若干问题的规定》第5条。

③ 本案判断先刑后民的依据是最高人民法院《关于审理民间借贷案件适用法律若干问题的规定》第5条。

④ 本案判断先刑后民的依据是最高人民法院、最高人民检察院、公安部《关于办理非法集资刑事案件适用法律若干问题的意见》第7条第2款以及最高人民法院《关于审理民间借贷案件适用法律若干问题的规定》第5条。

续表

案例序号	一审裁判意见	二审(再审)裁判意见	民刑交叉问题之的判断
14	裁定驳回起诉	驳回上诉,维持原裁定	一审、二审均按照"先刑后民"原则处理①
15	裁定驳回起诉	驳回上诉,维持原裁定,因为债权转让是否涉嫌犯罪有待公安部门查实,现有证据尚不能证明本案属于经济纠纷案件	一审、二审均按照"先刑后民"原则处理
16	裁定驳回起诉	二审裁定驳回上诉再审法院驳回再审申请	一审、二审、再审均按照"先刑后民"原则处理②
17	裁定驳回起诉	撤销一审法院的裁定,指令重审,因为本案起诉的是担保人,即使借款人涉嫌犯罪,法院也应当受理并对原告的诉讼请求作出实体处理	一审按照"先刑后民"原则处理。一审、二审判断先刑后民的依据不同③
18	保证合同有效,驳回元亨公司的诉讼请求	驳回上诉,维持原判决。因为无证据证明金六福公司与平台投资人之间的借款合同被确认为犯罪行为	一审、二审均作为民事案件处理

---

① 本案判断先刑后民的依据是最高人民法院、最高人民检察院、公安部《关于办理非法集资刑事案件适用法律若干问题的意见》第 7 条第 2 款;最高人民法院《关于在审理经济纠纷案件中涉及经济犯罪嫌疑若干问题的规定》第 11 条。

② 本案判断先刑后民的依据是最高人民法院、最高人民检察院、公安部《关于办理非法集资刑事案件适用法律若干问题的意见》第 7 条第 1 款。该款规定:"对于公安机关、人民检察院、人民法院正在侦查、起诉、审理的非法集资刑事案件,有关单位或者个人就同一事实向人民法院提起民事诉讼或者申请执行涉案财物的,人民法院应当不予受理,并将有关材料移送公安机关或者检察机关。"

③ 本案一审依据最高人民法院《关于审理民间借贷案件适用法律若干问题的规定》第 5 条第 1 款和《关于在审理经济纠纷案件中涉及经济犯罪嫌疑若干问题的规定》第 11 条。后者第 11 条规定:"人民法院作为经济纠纷受理的案件,经审理认为不属经济纠纷案件而有经济犯罪嫌疑的,应当裁定驳回起诉,将有关材料移送公安机关或检察机关。"本案二审是依据最高人民法院《关于审理民间借贷案件适用法律若干问题的规定》第 8 条。该条规定:"借款人涉嫌犯罪或者生效判决认定其有罪,出借人起诉请求担保人承担民事责任的,人民法院应予受理。"

(二)裁判涉及的主要问题与裁判意见的类型化分析

通过对典型案件的基本案情、争议焦点与裁判结果的整理,可以发现非法集资已经成为P2P网贷民事案件审判的中心。围绕非法集资这一中心,案件的当事人、法院就以下问题发生了较大的争议。

第一,P2P网贷平台出借人、借款人与P2P网贷平台公司之间的法律关系问题。出借人与借款人通过P2P网贷平台形成民间借贷关系,P2P网贷平台公司为出借人、借款人订立借贷合同提供交易机会、商谈交易条款等居间服务。这是大多数法院对以上三者之间法律关系的基本定位。该定位符合《网贷管理暂行办法》对P2P网贷平台作为金融信息中介机构的功能定位。P2P网贷平台突破金融信息中介机构的功能,就有可能涉嫌非法集资。例如,在案例1审理过程中,尽管"友禾创投"平台上的出借人姬东文面对法院的询问否认了自己与友禾公司之间存在借贷关系,但是一审法院仍然认为姬东文与友禾公司之间签订了投资合同,只不过友禾公司利用"友禾创投"平台实施的民事法律行为属于金融行为,该行为没有得到金融监管机构的许可,属于违法经营,故该投资合同无效,应当依据《合同法》第58条关于无效合同的规定处理。该裁判意见虽然实质上隐含了"友禾创投"平台涉嫌非法集资的判断,但是一审法院并没有按照"先刑后民"的原则驳回起诉,将案件移送公安机关,而是运用《合同法》在私法框架内解决纠纷。二审法院认为一审法院认定事实清楚,裁判结果正确,但是适用法律错误,即姬东文与友禾公司之间不是投资合同关系,而是保证合同关系,并依据最高人民法院《关于审理民间借贷案件适用法律若干问题的规定》第14条、第22条第2款认定姬东文通过平台形成的民间借贷合法有效,姬东文与友禾公司之间的保证合同有效,友禾公司应当承担保证责任。

第二,P2P网贷平台公司提供担保或承诺保本保息的效力问题。为防范P2P网贷的非法集资风险,《网贷管理暂行办法》明确了P2P网贷平台作为金融信息中介机构的法律地位,并禁止平台从事或接受委托从事以下活动:为自身融资或变相为自身融资;直接或间接接受、归集出借人的资金;直接或变相向出借人提供担保或承诺保本保息等。然而,平台直接或变相为出借人提供担保在我国P2P网贷业发展初期非常普遍,以上有关P2P网贷纠纷典型民事案件就有不少涉及P2P网贷平台公司担保P2P网贷的效力问题。从当事人的角度看,出借人依据最高人民法院《关于审理民间借贷案件适用法律若干问题的规定》第 22 条第 2 款,主张担保有效,并要求 P2P 网贷平台公司承担担保责任;另有应 P2P 网贷平台公司的要求为 P2P 网贷提供担保的第三方,如案例 18 的原告主张基于 P2P 网贷平台形成的民间借贷因涉嫌非法集资犯罪而无效,故作为从合同的保证合同也无效。从法院的角度看,法院必须在案件裁判中对这些担保的效力作出评判。法院是依据《网贷管理暂行办法》第 10 条的禁止性规定认定无效,还是依据最高人民法院《关于审理民间借贷案件适用法律若干问题的规定》第 22 条第 2 款认定担保有效?从以上典型案件的裁判结果看,法院倾向于后一种选择。例如,在案例 18 的裁判中,法院认为,金六福公司与平台投资人之间的借款合同没有被确认为犯罪行为,作为主合同的借款合同有效,故作为从合同的保证合同有效。法院认定该类保证合同有效的裁判,事实上使《网贷管理暂行办法》第 10 条禁止 P2P 网贷平台公司直接或变相向出借人提供担保的目的落空,事实上是将 P2P 网贷平台的担保合法化。推而广之,“无论是债权让与,还是担保,其本质是相同的,均应该归结为网络借贷平台使用自有资金,代为偿还借款人债务,后向借款人、担保人追偿。这就构成了网络借贷信息中介机构从信息中介转变为信用中介,在变相承担担保职能”。[①] 法院在作出上述裁判时,甚至没有提及《网贷管理暂行办法》第 10 条的禁止性规定。究其原因,在于《网贷管理暂行办法》在法律渊源上属于部门规章,并非法律、行政法规,而依据《合同法》第 52 条“违反法律、行政法规的强制性规定”的合同无效。

值得思考的问题是,如果《网贷管理暂行办法》是国务院制定的行政法规,那么法院如何适用该办法的第 10 条这一禁止性规定?该类担保合同是否有效?最高人民法院《关于适用〈中华人民共和国合同法〉若干问题的解释(二)》第 14 条规定:“合同法第五十二条第(五)项规定的‘强制性规定’,是指效力性强制性规定。”最高人民法院《关于当前形势下审理民商事合同纠纷案件若干问题的指导意见》(法发[2009]40 号)规定:“违反效力

---

① 李爱君:《〈网络借贷信息中介机构业务活动管理暂行办法〉解读》,法律出版社 2016 年版,第 67 页。

性强制规定的,人民法院应当认定合同无效;违反管理性强制规定的,人民法院应当根据具体情形认定其效力。"《网贷管理暂行办法》第10条禁止网络借贷信息中介机构直接或变相提供担保的规定,无疑属于强制性规范。不过,它是效力性强制规定还是管理性强制规定呢?如果是效力性强制规定,担保无效;如果是管理性强制规定,法院则需要根据案件的具体情形认定担保合同的效力。

如何区分效力性强制规定与管理性强制规定,我国法律并无明确的规定,理论上也存在较大的争议。"效力性规范,是指该规范直接决定合同的效力。违反该规定,会导致法律行为归于无效……管理性强制性规范,则是指法律要求当事人应当遵守,而不得通过约定加以改变,一般的强制性规范大多属于此种类型,但违反此类规范并不必然导致行为在私法上的无效。"①对效力性规范与管理性强制性规范的上述理论阐析,只是在理论上提出了将公法规范适度地延伸到私法关系中的二分法,"但如何界定某一强制或禁止规范为此或彼、其形式或实质因素必须具有何种特征,对此提出二分法者一开始都语焉不详,顶多是以某种空洞公式去作以问答问的推论"。② 我国台湾地区民法学者苏永钦教授认为,案例方法是走出这种空洞式困境的自然选择,法官在认定强制性规定是否属于效力性规定时需要斟酌管制法益、管制取向、管制领域、管制重心、管制性质、管制强度、管制工具、管制本益等因素。③ 就《网贷管理暂行办法》第10条之规定而言,管制领域是金融领域,管制法益是金融安全,即防止P2P网贷信息中介机构变相从事金融业务,维护金融安全。就此衡量,该规定似应为效力性强制规定。不过,从管制的取向方面看,一概否定该类担保合同的效力,反而不利于保护网贷平台投资者的合法权益;从管制的成本与收益的视角看,应当正视P2P网贷这一互联网金融创新在促进投融资便利等方面的社会收益,并将其社会收益与平台担保活动所造成的私人成本与社会成本损失进行比

① 王利明:《论无效合同的判断标准》,载《法律适用》2012年第7期。

② 苏永钦:《以公法规范控制私法契约——两岸转介条款的比较与操作建议》,载《人大法律评论》2010年卷。

③ 参见苏永钦:《以公法规范控制私法契约——两岸转介条款的比较与操作建议》,载《人大法律评论》2010年卷。

较。从我国法院的既有裁判看,在没有证据证明 P2P 平台涉嫌非法集资犯罪的情况下,法院均认定该类担保合同有效。P2P 平台没有涉嫌非法集资犯罪,说明金融安全这一管制所保护的法益未受到侵犯,平台担保活动尚未造成社会损失,而平台担保活动造成私人成本可以在私法框架内解决。总体而言,在 P2P 平台没有涉嫌非法集资犯罪的情况下,平台担保活动产生的收益高于其造成的成本,基于成本收益的衡量,应当认定平台担保合同有效。

第三,P2P 网贷平台投资者与 P2P 网贷平台公司负责人、管理者之间的法律关系问题。P2P 网贷平台公司负责人或管理者提供个人银行账户,作为平台资金的往来账户,平台投资者是否可以要求平台负责人或管理者偿还本金以及相应的利息？换言之,平台投资者是否具备这样的请求权？这就需要分析平台投资者与平台负责人、管理者之间的法律关系。在上述典型案例中,有的平台投资者如案件 5 的原告张翘,主张双方之间存在民间借贷关系,因为平台投资者有转账记录为证。对此类案件,法院有如下几种裁判意见:一是认定双方之间存在民间借贷关系。例如案例 5 的一审法院就持此种裁判意见,因为被告张勇提供了个人账户、原告张翘向张勇个人转款属实,且张勇未对该款项作出说明。二是认为双方之间不存在民间借贷关系,平台负责人或管理者提供的个人账户只是作为平台资金往来账户使用,平台负责人或管理者未将资金用于个人消费,故判决驳回平台投资者的诉讼请求。例如案例 13 的一审法院的裁判意见持以上观点。三是平台投资者与平台公司负责人或管理者之间不存在借贷关系,但是平台投资者与平台公司之间存在担保关系,提供个人银行账户的平台负责人或管理者作为公司的股东,股东个人财产与公司财产混同,属于滥用公司独立法人地位,应当与公司向平台投资者承担连带清偿责任。例如案例 1 的二审法院与再审法院均持此意见。四是以 P2P 网贷平台及其负责人涉嫌非法集资为由,按照“先刑后民”的原则,驳回起诉。例如案例 5 与案例 13 的二审法院均持此裁判意见。

以上裁判意见表明,对于平台投资者与平台负责人、管理者之间的法律关系,法院首先会依据“先刑后民”的原则判断双方之间的纠纷是否属于民事案件的受案范围,而判断是否属于民事案件受案范围的依据是平台是否涉嫌非法集资犯罪。在确定双方之间的纠纷属于民事案件的受案范围之后,法院才会分析双方之间的民事法律关系的性质。不过,即使对于提供了个人银行账户的平台负责人或管理者,法院也不会轻易认定平台投资者与平台负责人、管理者之间存在借贷关系,而是将提供个人银行账户的行为视为职务行为。当然,法院会要求平台负责人或管理者举证证明资金的用途,尤其是其未将平台资金用于个人生活消费。

第四,P2P 网贷平台涉嫌非法集资犯罪时 P2P 网络借贷纠纷的处置问题。在 P2P 网贷平台涉嫌非法集资犯罪时,法院如何处置 P2P 网络借贷纠纷呢?这实质上就是如何协调网络借贷民事案件与网络借贷刑事案件之间的关系,是牵连型的民刑交叉问题。首先,在我国司法实践中,“先刑后民”是处置的基本原则。最高人民法院《关于在审理经济纠纷案件中涉及经济犯罪嫌疑若干问题的规定》第 11 条、最高人民法院《关于审理民间借贷案件适用法律若干问题的规定》第 5 条、最高人民法院、最高人民检察院、公安部《关于办理非法集资刑事案件适用法律若干问题的意见》第 7 条第 2 款等是法院作出“先刑后民”之处置决定的主要法律依据。

其次,有证据证明涉案纠纷涉嫌非法集资犯罪时,法院才能作出“先刑后民”的处置决定。从以上典型案件的处置决定看,公安机关的立案决定、函告及 P2P 平台负责人或管理者被逮捕等,都可以证明涉案纠纷涉嫌非法集资犯罪。不过,也有法院(如案例 13 的二审法院)在公安机关尚未立案,根据当事人陈述的情况,认定涉案纠纷涉嫌非法集资犯罪,并作出驳回起诉的裁定。既然法院已经查明案件事实涉嫌非法集资犯罪,本着“先刑后民”的处置原则,法院应当驳回起诉,并将案件移送公安机关或检察机关。此外,有法院(如案例 15 的一审法院与二审法院)认为,现有证据不能证明案件属于经济纠纷案件,依据最高人民法院《关于在审理经济纠纷案件中涉及经济犯罪嫌疑若干问题的规定》第 11 条作出驳回起诉的裁定。笔者以为,该裁判意见对第 11 条存在误读,依据第 11 条作出驳回起诉之裁定的事实要件是“经审理认为不属经济纠纷案件而有经济犯罪嫌疑”。最高人民法院《关于在审理经济纠纷案件中涉及经济犯罪嫌疑若干问题的规定》第 12 条规定,公安机关或检察机关认为法院受理的经济纠纷案件有经济犯罪嫌疑,且向法院函告了理由及相关材料的,法院应当认真审查,对于经过审查认为确有经济犯罪嫌疑的,将案件移送公安机关或检察机关。结合第 11 条与第 12 条之规定,可以发现,第 11 条规定的重心是“有经济犯罪嫌疑”。质言之,法院向公安机关或检察机关移送案件的条件是案件“有经济犯罪嫌疑”。因此,在裁判理念上不是要有证据证明案件属于经济纠纷案件,而是要有证据证明案件涉嫌经济犯罪。

最后,“先刑后民”规定与最高人民法院《关于审理民间借贷案件适用法律若干问题的规定》第 8 条的适用问题。后者规定:“借款人涉嫌犯罪或者生效判决认定其有罪,出借人起诉请求担保人承担民事责任的,人民法院应予受理。”在司法实践中,是适用“先刑后民”的规定还是《关于审理民间借贷案件适用法律若干问题的规定》第 8 条的规定? 实践中出现了同案不同判的现象。以案例 16 为例,原告认为,在平台不能提现之后签订的借款合同及担保合同,不因为树诚公司涉嫌犯罪而无效。该案的一审法院与二审法院均依据“先刑后民”的规定裁定驳回起诉。然而,案例 17 的一审法院与二审法院的裁判意见就存在冲突:一审法院依据“先刑后民”的规定裁定驳回起诉;二审法院认为一审法院适用法律错误,应当适用最高人民法院《关于审理民间借贷案件适用法律若干问题的规定》第 8 条,因为本案起诉的是担保人,即使借款人涉嫌犯罪,法院也应当受理并对原告的诉讼请求作出实体处理,故撤销一审法院的裁定,指令重审。

第二节　有关 P2P 网贷平台非法集资风险的典型刑事案件

一、被判处集资诈骗罪的典型 P2P 网贷平台非法集资案件

依据笔者上文提及的搜索结果,在北大法宝司法案例库中搜索到的被判处集资诈骗罪的 P2P 网贷平台非法集资案件共有 45 个,下文择其中的典型案件,将其基本案情及裁判结果简介如下。

案例 1:毕园等集资诈骗案的基本案情及裁判结果。

基本案情:被告人穆海南、毕园共同出资成立北京融信宝国际投资管理有限公司(以下简称融信宝公司)。融信宝公司注册了一家 P2P 网贷平台,

平台上销售4种产品,分别为:“月祥宝”“季盈宝”“巧伶宝”“年益宝”,借款期限从1个月到1年,月利率从年利率9%~13.2%。被告人以高额利息理财为由骗取了邓某等511人的投资款,将绝大部分投资款用于赌博活动,致使绝大部分投资款不能返还。经过认定,尚有人民币7700余万元未被追回。

裁判结果:被告人穆海南犯集资诈骗罪,判处无期徒刑,剥夺政治权利终身,并处没收个人全部财产;被告人毕园犯集资诈骗罪,判处有期徒刑15年,并处罚金人民币15万元;继续追缴被告人穆海南、毕园的违法所得,按比例发还各被害人。①

案例2:蔡锦聪集资诈骗案的基本案情及裁判结果。

基本案情:蔡锦聪为偿还债务,注册成立浙江银坊投资管理有限公司(以下简称银坊公司),以银坊公司名义在网上开设“银坊金融”P2P网贷平台,虚构投资项目并通过银坊金融网站平台、“网贷之家”“网贷天眼”等网站进行宣传,以年化21.6%的投资利息外加投资奖励的高额回报为诱饵,虚构投资资金由瑞安市金通融资担保有限公司、浙江瑞洋实业有限公司等全额本息担保的事实,组织部分被害人参观担保公司等手段骗取被害人的信任,吸引被害人投资。至案发时,蔡锦聪以银坊公司名义共向1900余人非法集资2亿余元,造成1201名被害人实际损失88,833,058.17元。非法集资款主要用于支付高额利息、归还债务、支付运营费用、个人挥霍等。

裁判结果:被告人蔡锦聪犯集资诈骗罪,判处无期徒刑,剥夺政治权利终身,并处没收个人全部财产;责令被告人蔡锦聪退赔违法所得88,833,058.17元,将法院查封、冻结及扣押的被告人财产,按损失比例发还被害人。②

案例3:曹英姿等集资诈骗、非法吸收公众存款案的基本案情及裁判结果。

基本案情:被告人曹英姿为偿还个人巨额债务,注册成立浙江臣心资产

---

① 参见北京市第三中级人民法院(2015)三中刑初字第00940号刑事判决书。

② 参见浙江省杭州市中级人民法院(2015)浙杭刑初字第200号刑事判决书。

管理有限公司（以下简称臣心资产公司），虚构借款合同、债权转让合同，将债权分割包装成"创富"系列定期产品、"活期通"系列活期产品等理财产品，许诺对应年化收益12%～20%并到期还本付息，以发放广告单、电话推销等方式向社会公众宣传营销，诱使投资客户将其资金交付并授权臣心资产公司代为购买。案发时，曹英姿共向600余人非法集资2.4亿余元，除少部分集资款用于购置房产等投资外，将大部分非法集资款用于归还先前所欠债务的本息、维系运营成本、个人挥霍等，造成500余人实际损失计人民币1亿余元无力偿还。

被告人李晴、徐日由、凌小忠、李高健、陈某某、李某某、吴某、张某某、阮某某等是臣心资产公司（杭州地区）的业务员及管理人员，以上述方式向社会不特定公众非法集资。

裁判结果：被告人曹英姿犯集资诈骗罪，判处无期徒刑，剥夺政治权利终身，并处没收个人全部财产；被告人李晴、徐日由、凌小忠、李高健、陈某某、李某某、吴某、张某某、阮某某等犯非法吸收公众存款罪，判处相应的有期徒刑，并处罚金；责令以上被告人以各自参与额为限退赔其余违法所得，按照损失比例发还给被害人。①

案例4：陈某等集资诈骗案的基本案情及裁判结果。②

基本案情：被告人孙某、石某等创立衡水鲁润翔图投资咨询有限公司，设立鲁润创投网络借贷平台，后将公司及平台转让给被告人陈某、吴某及王某等人。5被告人通过网贷之家等网站对公司及平台进行虚假宣传，在网上发布虚假的借款合同、房屋抵押合同、车辆抵押合同，以秒标、天标、月标等形式面向全国非法集资，承诺以高额利率返本付息，骗取了贾某等人的集资款共计人民币70万元。陈某等人在收到集资款后，将集资款抽逃、转移，贾某集资款人民币70万元无法返还。

裁判结果：公司设立后以实施犯罪为主要活动，5被告人均构成集资诈

---

① 浙江省杭州市中级人民法院（2016）浙01刑初143号刑事判决书。依据法院裁判文书，部分被告人的姓名作隐名处理。

② 法院裁判文书对涉案当事人作隐名处理。

骗罪并不应以单位犯罪论处;陈某等5被告人均积极参与运营该网络借贷平台,都为骗取被害人资金起了主要作用,相互配合,在收到集资款后均参与分得集资款,不宜区分主从犯;被告人吴某系累犯,应从重处罚。被告人陈某有犯罪前科,可以酌情从重处罚;被告人石某系自首,可以减轻处罚。被告人孙某、王某、石某将部分赃款退缴,可以酌情从轻处罚;被告人石某与被害人达成退赔协议,取得了被害人的谅解,可以酌情从轻处罚,并依法可以适用缓刑。被害人贾某的经济损失,5被告人应依法予以退赔,已收到的退赔款4万元予以扣除。①

案例5:陈志超等集资诈骗、非法吸收公众存款案的基本案情及裁判结果。

基本案情:被告人陈志超为亚赢公司总经理。被告人刘君调为亚赢公司法定代表人,并用其本人身份证开立多个银行账户,交给陈志超供非法集资使用。被告人黄国辉指使被告人欧阳盛军到亚赢公司向社会公开开展吸储业务。被告人陈志超、刘君调等人谎称拥有黄山市太申祥和山庄有限公司(以下简称太申祥和公司)人民币2000万元的债权,以转让债权为名,以年化收益率14%~22%的高额收益、承诺100%保本等为诱饵骗取被害人信任,吸引被害人投资。被告人欧阳盛军组织公司"业务销售"人员,通过散发传单等方式公开宣传线下出售P2P债权。经统计,陈志超等以亚赢公司名义共向100余人非法集资人民币932万余元,造成集资参与人损失人民币887万余元。上述款项,除用于亚赢公司的运营成本及员工收入、返还集资参与人少量本息、抵押借款给太申祥和公司人民币30万元外,部分款项被陈志超等以李某的名义购买房产,部分款项去向不明。上述房产后被陈志超抵押借款归还高利贷。

裁判结果:被告人陈志超、黄国辉、刘君调以非法占有为目的,使用诈骗方法非法集资,数额特别巨大,其行为均已构成集资诈骗罪;被告人欧阳盛军伙同他人向社会不特定人员吸收存款,扰乱金融秩序,数额巨大,其行为已构成非法吸收公众存款罪。黄国辉系累犯,应从重处罚;陈志超、黄国辉

① 河北省保定市中级人民法院(2016)冀06刑终702号刑事裁定书。

在共同犯罪中起主要作用，系主犯，黄国辉未直接控制集资款，所起作用相对较小；刘君调系从犯且具有自首情节，依法予以减轻处罚；欧阳盛军如实供述主要的犯罪事实，当庭自愿认罪，可从轻处罚。①

案例 6：甘某某等集资诈骗、非法吸收公众存款案的基本案情及裁判结果。

基本案情：被告人甘某某设立环宇公司，环宇公司开设"中大财富 P2P 网络理财平台"，宣称该平台是为借贷双方提供信息服务，投资人可获得借款利率 22% 左右的回报。被告人甘某某在平台发布虚假借款信息，共接受被害人黄某等 367 人资金共计人民币 83,989,605.30 元，甘某某将上述款项用于偿还个人债务及支付投资人回报、维持平台运营，造成被害人损失共计人民币 50,512,584.34 元。被告人罗某某（平台运营总监），被告人夏某某（平台财务负责人），参与了该平台吸收公众款项的行为。

裁判结果：被告人甘某某以非法占有为目的，使用诈骗方法非法集资，数额特别巨大，其行为已构成集资诈骗罪。被告人夏某某、罗某某参与变相吸收公众存款，扰乱金融秩序，数额巨大，均已构成非法吸收公众存款罪。甘某某是自首，可以从轻处罚。夏某某、罗某某是从犯，依据两人在共同犯罪中的地位和作用，对夏某某可以从轻处罚，对罗某某可以减轻处罚。②

案例 7：葛高枫犯集资诈骗罪案的基本案情及裁判结果。

基本案情：被告人葛高枫以宁波以赛亚公司的网站"联创财富"为平台，虚构借款人，在网站发布各类虚假借款标书，以支付投资人 20% 左右的年化收益率外加高额奖励为诱饵，大肆非法集资。所筹资金全部转至其个人银行账户，由其支配（用于个人挥霍或者以他人名义购买房产、车辆）。被告人葛高枫共从 342 名不特定对象处骗取资金 71,917,517.27 元，归还本息 39,859,968 元，实际骗得 32,057,549.27 元。

裁判结果：被告人葛高枫犯集资诈骗罪，判处有期徒刑 14 年，并处罚金

① 浙江省杭州市中级人民法院（2017）浙 01 刑终 357 号刑事裁定书。

② 广东省高级人民法院（2017）粤刑终 58 号刑事裁定书。

人民币50万元;违法所得人民币32,057,549.22元,继续予以追缴并返还被害人。①

二、被判处非法吸收公众存款罪的典型P2P网贷平台非法集资案件

案例8:陈坤等非法吸收公众存款案的基本案情及裁判结果。

基本案情:深圳市财富××金融服务有限公司(以下简称财富公司)、深圳市钻石××基金管理有限公司(以下简称基金公司)、深圳市星×资产管理有限公司(以下简称星×公司)等是深圳市钻石××金融集团有限公司(以下简称钻石集团公司)的子公司。财富公司的主要业务为"P2P网贷平台";基金公司的主要业务为"财富××六期基金合伙企业(有限合伙)",产品名称"小贷通";星×公司的主要业务为"租金贷"。被告人陈坤是钻石集团副总裁,主要分管风控和基金业务;被告人漆某曾任基金公司副总经理、总经理,负责设计基金产品、培训业务员等;被告人李某鹏曾任钻石集团公司任副总经理,负责"P2P网贷平台"的相关业务;被告人熊某濠是星×公司总经理,负责"租金贷"的资料审核;被告人龙某国曾任星×公司副总经理、总经理,负责"租金贷"的资料审核。2013年以来,财富公司利用其设立的P2P网贷平台,通过网络或者公司员工向社会公众宣传,吸引投资人向该平台上的借款标的(包括"租金贷"借款标的)进行投资,并承诺以高额利息作为回报。基金公司在未经主管部门审批的情况下,对外发行基金产品,以高额利息为诱饵吸引不特定投资人进行投资。星×公司在办理"租金贷"的业务当中,使用"P2P网贷平台"吸纳的资金对外发放贷款。

裁判结果:上诉人陈坤等非法吸收公众存款,扰乱金融秩序,数额巨大,其行为均已构成非法吸收公众存款罪,驳回上诉,维持原判。②

案例9:储某某等非法吸收公众存款案的基本案情及裁判结果。

基本案情:储某某系友谊重钢的法定代表人,因缺少资金,储某某出资

① 浙江省宁波市中级人民法院(2015)浙甬刑一初字第119号刑事判决书。

② 广东省深圳市中级人民法院(2017)粤03刑终20号刑事裁定书。

成立了腾远公司,由刘某某任法定代表人,并负责财务工作。腾远公司通过设立“腾远投资”网络投资平台,以互联网、电话、短信等方式向社会公众宣传、推广,以第三方企业融资为由,许以高额利息,并承诺由友谊重钢进行担保,吸收全国各地资金,资金均转入刘某某个人账户,后主要用于友谊重钢的生产经营活动。经审计,“腾远投资”线上线下共吸收投资人资金51,924,127.39元,截至案发尚有279户投资余额19,148,025.30元未归还。

裁判结果:原审法院:储某某等构成非法吸收公众存款罪,判处相应刑罚;责令退赔投资人的经济损失。二审法院:驳回上诉,维持原判。①

案例10:杜某等非法吸收公众存款案的基本案情及裁判结果。

基本案情:2013年4月,叶某、郑某1(另案处理)为了偿还巨额债务、维系企业经营,在杭州市设立浙江传奇投资管理有限公司(以下简称传奇公司),被告人杜某、申某某、戎某等担任传奇公司业务部门经理。叶某、郑某伪造数个投资项目及投资合同等资料,对外宣传传奇公司对上述投资项目具有债权。传奇公司组织被告人杜某等数十名“业务销售”人员通过在超市、菜场等人流密集的公开场合发放传奇公司宣传资料,以线下出售P2P债权为名向社会公众进行宣传,以高额年化收益率的利润为诱饵以及提供相应担保等手段吸引客户投资。2013年4月至2014年10月,叶某、郑某1等人伙同传奇公司人员以公司名义共向曹某等900余人非法集资人民币5.1亿余元,造成投资损失人实际损失2.7亿余元。其中,被告人杜某非法吸收公众存款3518万余元,造成损失1855万余元。非法集资款的绝大部分用于归还债务、支付犯罪成本、维系犯罪循环运作。被告人申某某非法吸收公众存款1419万余元,造成损失698万元。被告人戎某非法吸收公众存款1669万余元,造成损失739万元。

裁判结果:一审法院以非法吸收公众存款罪,判处被告人杜某有期徒刑5年,并处罚金人民币10万元;判处被告人申某某有期徒刑3年8个月,并处罚金6万元;判处戎某有期徒刑3年7个月,并处罚金6万元。二审维持

① 安徽省合肥市中级人民法院(2017)皖01刑终322号刑事裁定书。

原判。①

案例11:高某等非法吸收公众存款案的基本案情及裁判结果。

基本案情:2013年12月,被告人高某、张某1、王某甲等为解决经营房地产的资金需求,由王某甲注册成立山东上咸公司,高某、张某1为山东上咸公司实际控制人,王某甲担任公司的法定代表人、财务总监,聘用刘某某担任公司的运营总监,套用P2P网络借款模式,在互联网开设“上咸BANK”网站和微信平台,通过印发宣传期刊、网站和微信平台等形式公开宣传,并将高某提供的虚假借款人上传至“上咸BANK”网站,承诺高收益,保证投资安全的方式,向社会不特定公众吸收资金,吸收的资金直接存入王某甲个人的银行账户,再通过他人个人银行账户将大部分资金转给高某用于经营房地产等。经审计,自2014年1月至2015年1月,共吸收3450人存款共计256,077,700元,案发后尚有吸收的1749人资金共计100,452,368.89元未归还。

裁判结果:原审法院认为,被告人高某等人的行为均构成非法吸收公众存款罪;二审法院维持原审法院济南市高新技术产业开发区人民法院(2016)鲁0191刑初15号刑事判决第一项中对被告人高某、张某1、刘某某的定罪量刑、对王某甲的定罪。②

三、典型P2P网贷平台非法集资刑事案件中的争议焦点

(一)是平台公司的单位犯罪还是自然人犯罪

在上述11个P2P网贷平台非法集资刑事案件中,有的被告人或其辩护人对起诉书指控的罪名持有异议。例如,在案件3“曹英姿等集资诈骗、非法吸收公众存款案”中,被告人李晴、凌小忠及徐日由等对起诉书指控的犯罪事实及罪名均无异议,但是他们的辩护人认为本案的犯罪主体应当是浙江臣心资产管理有限公司,三个被告人是单位犯罪中的直接责任人。换言之,辩护人认为该案不是自然人犯罪,而是单位犯罪。在案件4“陈某等集

① 浙江省杭州市中级人民法(2017)浙01刑终424号刑事裁定书。
② 山东省济南市中级人民法院(2017)鲁01刑终358号刑事判决书。

资诈骗案”中,被告人孙某、王某提出了本案应定性为单位犯罪的意见。①在案件 5“陈志超等集资诈骗案”中,陈志超认为,“设立亚赢公司是为太申祥和公司项目进行融资服务,主观上并不是为了进行违法犯罪活动,公司设立后以单位名义集资、集资款按规定汇入公司账户并由财务统一管理,应当认定为单位犯罪”。② 在案件 10“杜某等非法吸收公众存款案”中,上诉人申某某称本案是单位犯罪,其辩护人提出:“本案系单位犯罪,申某某系受传奇公司领导指派行事的打工者,不宜作为直接责任人员追究刑事责任。”③

我国刑法规定的实施犯罪行为的主体包括自然人和单位。“单位犯罪,是指公司、企业、事业单位、机关、团体为本单位牟取非法利益或者以单位名义为本单位全体成员或多数成员谋取非法利益,由单位的决策机构按照单位的决策程序决定,由直接责任人员具体实施,且刑法明文规定单位应受刑罚处罚的犯罪。”④我国《刑法》第 31 条规定:“单位犯罪的,对单位判处罚金,并对其直接负责的主管人员和其他直接责任人员判处刑罚。本法分则和其他法律另有规定的,依照规定。”有学者指出:“直接负责的主管人员,是在单位犯罪中起决定、批准、授意、纵容、指挥等作用的人员,一般是单位的主管负责人,包括法定代表人。其他直接责任人员,是在单位犯罪中具体实施犯罪并起较大作用的人员,既可以是单位的经营管理人员,也可以是单位的职工,包括聘任、雇佣的人员。”⑤在单位犯罪中,“实际存在两类主体:一是单位主体,二是单位内部的自然人主体。二者密切联系、不可分割。没有单位本身作为主体,其中的某些自然人便是独立的自然人主体;如果没有单位内部的自然人主体,也不可能有单位犯罪。”⑥单位犯罪的上述特征,使如何判断具体案件所涉犯罪是单位犯罪还是自然人犯罪成为刑事司法实践中的重要问题。而且,“刑法分则的不少条文对单位犯罪中的直接负责

① 河北省保定市中级人民法院(2016)冀 06 刑终 702 号刑事裁定书。
② 浙江省杭州市中级人民法院(2017)浙 01 刑终 357 号刑事裁定书。
③ 浙江省杭州市中级人民法院(2017)浙 01 刑终 424 号刑事裁定书。
④ 张明楷:《刑法学》(第 5 版),法律出版社 2016 年版,第 135 页。
⑤ 张明楷:《刑法学》(第 5 版),法律出版社 2016 年版,第 135 页。
⑥ 张明楷:《刑法学》(第 5 版),法律出版社 2016 年版,第 135 页。

的主管人员和其他直接责任人员规定的法定刑轻于自然人犯罪,司法解释对许多单位犯罪规定了高于自然人犯罪的立案标准”。[①] 例如,司法解释规定,个人集资诈骗数额在10万元以上的,单位集资诈骗数额在50万元以上的,应当认定为数额较大,才符合集资诈骗罪成立的数额要求。因此,自然人犯罪案件的被告人或其辩护人会恶意利用刑法分则与司法解释的这种规定,逃避应有的法律制裁。这正是P2P网贷非法集资案中的被告人或其辩护人提出案件所涉犯罪是单位犯罪而非自然人犯罪的内在动机。

对于P2P网贷非法集资案件中的被告人或其辩护人提出的意见,法院如何裁判呢？不妨将几个法院的具体裁判意见列举如下:

案例3的法院裁判意见:“被告人曹英姿为从事非法集资而以他人名义注册成立臣心资产公司、臣心控股公司等单位,上述相关单位成立后均以非法集资为业,且非法集资所得主要由曹英姿控制、花费。故上述单位纯系被告人曹英姿伙同李晴、徐日由等人从事非法集资的幌子,不符合单位犯罪相关规定。”[②]

案例4的法院裁判意见:“孙某、王某等人均明知衡水鲁润翔图投资咨询有限公司及鲁润创投网络借贷平台一开始运营,就是用一系列虚假合同、伪造的个人信息等虚假手段向社会公众非法集资,进行犯罪活动。本案不应按照单位犯罪处理。”[③]

案例5的法院裁判意见:“陈志超系为非法集资而设立亚赢公司,公司成立后主要从事非法集资违法犯罪活动,故依法不能认定为单位犯罪。”[④]

案例10的法院裁判意见:“叶某、郑某1等为进行违法犯罪活动而设立传奇公司,并以实施犯罪为主要活动,不以单位犯罪论处,故上诉人申某某及其辩护人、上诉人戎某某所提应认定单位犯罪的意见不能成立。”[⑤]

以上裁判意见依据的是最高人民法院1999年6月25日《关于审理单位犯罪案件具体应用法律有关问题的解释》。该司法解释第2条规定:“个

① 张明楷:《刑法学》(第5版),法律出版社2016年版,第138页。
② 浙江省杭州市中级人民法院(2016)浙01刑初143号刑事判决书。
③ 河北省保定市中级人民法院(2016)冀06刑终702号刑事裁定书。
④ 浙江省杭州市中级人民法院(2017)浙01刑终357号刑事裁定书。
⑤ 浙江省杭州市中级人民法院(2017)浙01刑终424号刑事裁定书。

人为进行违法犯罪活动而设立的公司、企业、事业单位实施犯罪的，或者公司、企业、事业单位设立后，以实施犯罪为主要活动的，不以单位犯罪论处。”该司法解释第 3 条规定：“盗用单位名义实施犯罪，违法所得由实施犯罪的个人私分的，依照刑法有关自然人犯罪的规定定罪处罚。”在笔者所收集和了解的 P2P 网贷平台非法集资案件中，e 租宝案被判处单位犯罪。北京市第一中级人民法院在 2017 年 9 月 12 日对 e 租宝主体案件判决如下：对钰诚国际控股集团有限公司以集资诈骗罪、走私贵重金属罪数罪并罚，判处罚金人民币 18.03 亿元；对安徽钰诚控股集团以集资诈骗罪判处罚金人民币 1 亿元；对丁宁以集资诈骗罪、走私贵重金属罪、非法持有枪支罪、偷越国境罪数罪并罚，判处无期徒刑，剥夺政治权利终身，并处没收个人财产人民币 50 万元，罚金人民币 1 亿元；对丁甸以集资诈骗罪判处无期徒刑，剥夺政治权利终身，并处罚金人民币 7000 万元；分别以集资诈骗罪、非法吸收公众存款罪、走私贵重金属罪、偷越国境罪，对张敏等 24 人判处有期徒刑 15 年至 3 年不等刑罚，并处剥夺政治权利及罚金。①

（二）是非法吸收公众存款罪还是集资诈骗罪

在 P2P 网贷平台非法集资案件中，另一个争议的焦点问题是案件所涉犯罪是非法吸收公众存款罪还是集资诈骗罪。例如，在案件 1“毕园等集资诈骗案”中，“被告人毕园当庭对起诉书指控的罪名提出异议，辩称其主观上没有非法占有的目的，客观上无诈骗行为，其行为不构成集资诈骗罪”。②在案件 3“曹英姿等集资诈骗、非法吸收公众存款案”中，曹英姿辩称：其在实施非法集资前并未背负巨额债务，其并未非法占有集资所得钱款，不构成集资诈骗罪；其辩护人提出，起诉书指控曹英姿非法占有集资所得钱款的证据并不确实、充分，曹英姿将非法集资款用于经营才导致被害人经济损失，故对曹英姿应以非法吸收公众存款罪定性。③ 在案件 5“陈志超等集资诈骗案”中，陈志超在上诉时提出，设立亚赢公司是为太申祥和公司项目进行融资服务，是为进行融资服务而吸收存款，主观上不具有“非法占有”目的，客

---

① 参见《e 租宝最终宣判：111 人受审，罚金超 20 亿》，载搜狐网：http://www.sohu.com/a/232454611_100097374，2018 年 5 月 31 日访问。

② 北京市第三中级人民法院（2015）三中刑初字第 00940 号刑事判决书。

③ 浙江省杭州市中级人民法院（2016）浙 01 刑初 143 号刑事判决书。

观上未实施以诈骗方法非法集资的行为,应当以非法吸收公众存款罪定罪处罚。① 在案件6“甘某某等集资诈骗、非法吸收公众存款案”中,甘某某在上诉时提出:“(1)一审法院认定上诉人构成集资诈骗罪的主要依据是上诉人将集资款用于偿还个人债务,忽略了形成债务的原因是由于投标纺织品市场经营权以及对市场进行升级改造,因此没有认定集资款用于经营活动,是不符合事实的。(2)上诉人没有非法占有目的,对募集的资金没有肆意挥霍,没有携款逃匿,没有用于违法犯罪活动,其在环宇市场还有巨额的租金可以用于清偿债务,应改判其构成非法吸收公众存款罪。”②甘某某的辩护人提出:“上诉人甘某某没有以非法占有为目的的主观故意。甘某某将集资款用于偿还此前为了获得环宇纺织品市场经营权所欠债务,实质上就是用于生产经营行为,不能因为其用于偿还债务就认定其具有非法占有目的。甘某某也不符合没有归还能力而大量骗取资金的情形,其投资的纺织品市场具有较强的盈利能力。甘某某也不存在逃避返还资金的行为,为了解决困难其多方筹措,在出现挤兑之后也是积极面对。因此必须坚持主客观相一致原则,不能仅凭较大数额的非法集资款不能返还的结果就推定行为人具有非法占有的目的。对上诉人甘某某的行为应认定为非法吸收公众存款罪。”③在案件7“葛高枫集资诈骗案”中,被告人葛高枫及其辩护人认为,“主观上没有非法占有他人财物的故意,其募集款项分别被用来发放高利贷及购买房产等投资,即使构成犯罪也应认定为非法吸收公众存款罪,且案发后其并未逃匿”。④

上述案例中的被告人或者其辩护人主张其非法集资行为不构成集资诈骗罪的主要理由,是其主观上没有“非法占有目的”。可见,认定行为人是否具有“非法占有目的”,是认定集资诈骗罪,区分罪与非罪、此罪与彼罪的关键因素之一。1996 年 12 月 16 日最高人民法院制定的《关于审理诈骗案件具体适用法律的若干问题的解释》规定,具有下列情形之一的,应当认定其行为属于“以非法占有为目的,使用诈骗方法非法集资”:(1)携带集资款

---

① 浙江省杭州市中级人民法院(2017)浙01刑终357号刑事裁定书。

② 广东省高级人民法院(2017)粤刑终58号刑事裁定书。

③ 广东省高级人民法院(2017)粤刑终58号刑事裁定书。

④ 浙江省宁波市中级人民法院(2015)浙甬刑一初字第119号刑事判决书。

逃跑的;(2)挥霍集资款,致使集资款无法返还的;(3)使用集资款进行违法犯罪活动,致使集资款无法返还的;(4)具有其他欺诈行为,拒不返还集资款,或者致使集资款无法返还的。《全国法院审理金融犯罪案件工作座谈会纪要》(法〔2001〕8 号)规定,对于行为人通过诈骗的方法非法获取资金,造成数额较大资金不能归还,并具有下列情形之一的,可以认定为具有非法占有的目的:(1)明知没有归还能力而大量骗取资金的;(2)非法获取资金后逃跑的;(3)肆意挥霍骗取资金的;(4)使用骗取的资金进行违法犯罪活动的;(5)抽逃、转移资金、隐匿财产,以逃避返还资金的;(6)隐匿、销毁账目,或者搞假破产、假倒闭,以逃避返还资金的;(7)其他非法占有资金、拒不返还的行为。但是,在处理具体案件的时候,对于有证据证明行为人不具有非法占有目的的,不能单纯以财产不能归还就按金融诈骗罪处罚。纪要与 1996 年司法解释相比,坚持主客观相一致的原则认定是否具有非法占有目的,避免单纯根据损失结果客观归责。最高人民法院刑一庭负责人在撰写的座谈会纪要综述中提出,对具有以下特定情形的行为,应当推定行为人具有非法占有目的:"(1)以支付中间人高额回扣、介绍费、提成的方式非法获取资金,并由此造成大部分资金不能返还的;(2)将资金大部分用于弥补亏空、归还债务的;(3)没有经营、归还能力而大量骗取资金的;(4)将资金大量用于挥霍、行贿、赠予的;(5)将资金用于高风险营利活动造成亏损的;(6)将资金用于违法犯罪活动的;(7)携资金潜逃的;(8)抽逃、转移、隐匿资金,有条件归还而拒不归还的;(9)隐匿、销毁财务账目或搞假破产、假倒闭逃避返还资金的;(10)为继续骗取资金,将资金用于亏损或不营利的生产经营项目的;(11)其他非法占有资金的行为。"①上述司法解释、会议纪要及相关综述中,不乏一些从"无法返还"、"拒不返还"的事实推定行为人具有非法占有目的的情形。有学者认为,非法占有目的与未返还之间并不存在完全对应的因果关系,非法占有目的之外的其他原因也可能造成未返还的结果,只根据未返还的客观事实,就认定行为人具有非法占有目的,会陷

① 高憬宏:《审理金融犯罪案件的若干问题——全国法院审理金融犯罪案件工作座谈会综述》,载《法律适用》2000 年第 11 期。

入客观归罪的泥潭。[1] 上述P2P网贷非法集资案中关于是否构成集资诈骗罪的争议,就是围绕行为人是否具有非法占有目的而展开。对比被判处非法吸收公众存款罪的P2P非法集资案件,可以发现,法院对于行为人将所募集资金用于生产经营活动的,一般不会认定行为人具有非法占有目的。在案例3与案例5中,被告人曹英姿、陈志超均提出其集资是为公司融资,且在集资前没有负债,即集资不是为了弥补企业亏损、偿还债务,所集资金也没有用于违法犯罪活动。在案例6中,被告人甘某某认为其将非法集资的资金偿还个人债务属实,但是这些债务是其为获得环宇纺织品市场经营权所欠,因此,非法集资的资金实质上是用于生产经营行为,因此甘某某不具有非法占有的目的。在案例7中,葛高枫将所募集的资金用于发放高利贷和购买房产,购买房产自是合法经营行为,高利贷本身属于民法问题,没有超过法律规定之上限的利率受法律保护。不过,高利贷显然属于"高风险营利活动",按照最高人民法院刑一庭负责人在综述中所列举的情形,应当推定葛高枫具有非法占有目的。

对上述典型案件中的被告人或其辩护人提出的意见,法院最终均未采纳。例如,对于案例3,法院查明,被告人曹英姿将大部分赃款用于归还先前所欠债务、个人花费等灭失性用途,无力偿还,据此认定其具有非法占有目的。对于案例5,法院查明,陈志超将所集资的大部分款项并未用于生产经营活动,而是购置房屋,以房屋作为抵押物进一步开展非法集资活动,实际上是将集资款继续用于违法犯罪活动,因此具有非法占有目的。对于案例6,法院查明,甘某某设立"中大财富"P2P网络理财平台是为了筹集资金偿还之前经营所负债务,但是对于甘某某及其辩护人提出的如下意见法院未明确表态:将所筹集资金偿还之前经营所负债务,实质上是用于生产经营活动。法院实际上是依据最高人民法院刑一庭负责人在座谈会纪要中所列举的特定情形——"将资金大部分用于弥补亏空、归还债务的",认定甘某某具有非法占有目的。对于案例7,法院查明,葛高枫将大量的款项用于个人挥霍或以他人名义购买房产、汽车,与其所称投资去向完全不同,法院据此认定其具有非法占有目的。

---

① 参见刘宪权:《金融犯罪刑法理论与实践》,北京大学出版社2008年版,第441页。

就上述案件之被告人是否具有非法占有目的而言,法院基本遵循了主客观相一致的原则,值得探讨的是案件 6 的被告人将所集资金归还之前经营所负债务是否属于用于生产经营活动。笔者以为,被告人及其辩护人的意见存在以下错误之处:首先,混淆了事情发生的时间顺序,判断所集资金的用途当然是要从资金流向的时间点起算,被告人的生产经营活动发生在资金募集之前,不可能将尚未募集到的资金投入到先前的生产经营活动;其次,被告人因为生产经营活动欠下巨额债务的客观事实,并不能排除被告人非法占有非法集资款项的可能性。事实上,即使被告人之前所欠债务是因为企业经营原因所致,也应当通过合法途径筹集资金偿还债务;最后,如果认定所集资金归还之前经营所负债务属于用于生产经营活动,无异于鼓励被告人采取非法集资的方式筹集资金偿还债务,这显然违背法律所追求的正义。正如有学者所指出的一样,“对于非法占有目的的认定,既不能单纯根据损失结果确定,也不能仅凭被告人自己的供述认定,而应当根据案件的全部情况具体分析和判断。行为人的部分非法集资行为具有非法占有目的的,对该部分非法集资行为所涉集资款以集资诈骗罪定罪处罚;非法集资共同犯罪中部分行为人具有非法占有目的,其他行为人没有非法占有集资款的行为和目的的,对具有非法占有目的的行为人以集资诈骗罪定罪处罚”。①

第三节　我国 P2P 网贷平台非法集资风险之民刑规制的合理界分

一、P2P 网贷平台非法集资案件中的民刑交叉问题

民刑交叉是一个历久弥新而又众说纷纭的法律话题。有人认为,“民刑交叉案件,是指司法实践中发生的因特定事实要素的关联而出现的刑事法律关系和民事法律关系相互交叉,彼此融合甚至水乳融合的案件”,法律

① 张明楷:《刑法学》(第 5 版),法律出版社 2016 年版,第 797 页。

关系是刑民交叉案件分类的有效切入点。[①] 有人将刑民交叉案件分为三类:第一类是具有一定的牵连关系的不同法律事实,由于分别涉及民事法律关系与刑事法律关系而导致刑民交叉;第二类是同一法律事实涉及的法律关系难以确定是民事法律关系还是刑事法律关系而出现的刑民交叉;第三类是同一法律事实同时涉及民事法律关系与刑事法律关系,而构成刑民交叉。[②] 这三类刑民交叉案件可以概括为牵连型、疑难型和竞合型。有学者主张以法律事实为依据,将刑民交错案件分为两大类 5 小类:同一法律事实引起的事实竞合型和不同法律事实引起的事实牵连型。前者包括由同一法律事实引起,只能归属于民事或刑事范畴的疑难型交叉案件,以及由同一法律事实引起且同时引发民事法律关系和刑事法律关系的案件;后者分为行为主体交错、行为对象交错和行为内容交错三种类型。[③] 有学者在分析"先刑后民"的涵义时,基于实体层面的"先刑后民"语境指出,"刑民关系,是指当同一行为或案件事实既涉及刑事犯罪又涉及民事争议时,应该如何处理的策略选择。即应该首先解决刑事犯罪问题,还是解决民事争议问题"。[④] 显然,该学者所言的刑民关系是竞合型民刑交叉问题。

前文对我国 P2P 网贷平台非法集资风险之民刑规制的实证分析表明,与其他领域的非法集资风险规制一样,我国对 P2P 网贷平台非法集资风险的规制存在着民刑交叉的现实难题。在前文分析的相关典型民事案件中,因为案件 3、5、7、9、12、13、14、15、16、17 等涉嫌非法集资犯罪,法院依据"先刑后民"的原则予以处置。例如案例 3,二审法院依据"先刑后民"的原则撤销一审判决,将案件材料移送公安机关。然而,案例 6 的二审法院认为无证据证明平台涉嫌非法集资,借款合同有效,借款人应付还款责任,判决驳回上诉,维持原判。对于担保合同的效力认定,案例 16、17、18 的受案法院存在较大分歧:案例 16 的一审、二审与再审法院均依据"先刑后民"的原则处理;案例 18 的一审法院虽然认定保证合同有效,二审法院维持原判决,但理由是无证据证明金六福公司与平台投资人之间的借款合同被确认为犯罪行

---

① 杨兴培:《刑民交叉案件的类型分析和破解方法》,载《东方法学》2014 年第 4 期。

② 参见江伟、范跃如:《刑民交叉案件处理机制研究》,载《法商研究》2005 年第 4 期。

③ 参见于改之:《刑民交错案件的类型判断与程序创新》,载《政法论坛》2016 年第 3 期。

④ 张卫平:《民刑交叉诉讼关系处理的规则与法理》,载《法学研究》2018 年第 3 期。

为,可见法院秉承的处置原则也是“先刑后民”;案例 17 的一审法院驳回起诉,该案二审法院则是撤销一审法院裁定,指令重审,因为本案起诉的是担保人,即使借款人涉嫌犯罪,法院也应当受理并对原告的诉讼请求作出实体处理,其依据是最高人民法院《关于审理民间借贷案件适用法律若干问题的规定》第 8 条。从民刑交叉案件类型的角度看,我国 P2P 网贷平台非法集资案件既有竞合型民刑交叉,也有牵连型民刑交叉和疑难型民刑交叉。就竞合型民刑交叉的 P2P 网贷平台非法集资案件而言,同一案件事实既涉及损害集资参与人合法权益的民事法律关系,又存在破坏金融管理秩序的非法集资类犯罪行为。所谓疑难型民刑交叉的平台非法集资案件,就是判断案件是否同时涉及民事法律关系与刑事法律关系;换言之,是否要将平台行为纳入刑法规制范畴。例如案件 6 的一审与二审法院均认为,平台的行为不属于非法集资,借款合同有效。涉及担保合同纠纷的案例 18 则是牵连型的民刑交叉案件,即担保合同与 P2P 网络借贷合同之间的牵连关系引发民刑交叉问题。

二、P2P 网贷平台非法集资风险之民刑规制界分的基本原则

(一)关于“先刑后民”原则的理论争议及反思

在长期的司法实践中,“先刑后民”原则成为我国处理民刑交叉案件诉讼程序的基本原则。该原则在我国 P2P 网贷平台非法集资案件的裁判中引发了较大的争议,是否适用“先刑后民”原则成为案件当事人之间争议的焦点问题。“先刑后民”原则的一些弊端在 P2P 网贷平台非法集资风险处置中更是显露无遗。如有的法官所言,“随着市场化和法制化进程的不断深入,人们对私权利越来越重视,以保护公权力为核心的刑法和以维护私权利为核心的民商法之间的关系呈现出无处不在的复杂性”,[①]“先刑后民”的观念越来越受到质疑。有学者归纳了其在司法实践中的主要弊端:一是容易成为某些司法机关干涉经济纠纷的借口;二是容易被当事人恶意利用,以达到以刑事司法手段拖延或终止民事案件审判的目的,司法资源成为这些

---

① 宋鱼水:《有关“先刑后民”思想的灵活适用及其意义》,载《北京政法职业学院学报》2004 年第 2 期。

当事人实现个人目的的手段。[①] 有学者认为,尽管"先民后刑"对于更好地保护受害人合法权益,破除重视刑法使用的观念等具有重要意义,但是歪曲适用和盲目滥用"先刑后民"导致的诸多问题,不能作为否定"先刑后民"的理由,应当以严重脱逸社会相当性理论作为刑民界分的标准。[②] 有学者认为,"先刑后民"之所以在司法实践中被"原则化",源于人们"重刑轻民"的认识、刑事审判权的扩张性以及"事实揭示刑事优越论",但是从审判权独立行使的原理和《民事诉讼法》第 150 条第 5 项"本案必须以另一案的审理结果为依据"之规定看,"先决关系"才是处理民刑交叉诉讼关系的原则,以实现对裁判一致性的价值追求。[③]

由上可见,有关"先刑后民"原则的理论争议的主要问题是"先刑后民"原则的存废,以及以何种原则替代之。概而言之,理论界主要存在以下几种观点:一是以"先民后刑"原则替代之;[④]二是以"先决关系"原则替代之;[⑤]三是构建一种类似于庭前会议制度的预审机制,先对刑民交错案件进行预审定性,在预审定性基础之上选择是"先刑后民"还是"先民后刑"[⑥];四是对"先刑后民"原则不予置评,而是从程序法与实体法的关系视角,着力于民刑交叉案件中的实体法问题。例如,有学者认为,学界在批判"先刑后民"模式基础倡导的"先民后刑"模式或者"刑民并行"模式,仅仅解决了民刑交错案件的诉讼程序选择问题,并未解决实体法上究竟如何处理民刑交

① 参见陈兴良、胡建生、朱平等:《"先刑后民"司法原则问题研究》,载《北京市政法干部管理学院学报》2004 年第 2 期。

② 参见于改之:《刑民交错案件的类型判断与程序创新》,载《政法论坛》2016 年第 3 期。

③ 除了裁判一致性的价值追求外,诉讼效率这一重要价值也不应被忽视。如果因为先决关系使诉讼过分迟延,法院可以独立行使审判权。换言之,先决原则不可绝对化,在特定情形下,裁判一致性的价值需让位于诉讼效率价值。参见张卫平:《民刑交叉诉讼关系处理的规则与法理》,载《法学研究》2018 年第 3 期。

④ 主张"先刑后民"的文章如曾粤兴:《民刑诉讼关系的辩证思考》,载《甘肃政法学院学报》2008 年第 5 期。

⑤ 参见张卫平:《民刑交叉诉讼关系处理的规则与法理》,载《法学研究》2018 年第 3 期。

⑥ 参见于改之:《刑民交错案件的类型判断与程序创新》,载《政法论坛》2016 年第 3 期。

错案件的根本性问题——哪些民事违法行为应当被认定为犯罪。[①] 尽管理论界对“先刑后民”原则存在一些争议，但是也不乏共同之处：其一，民刑交叉案件的处理既涉及程序法问题，也涉及实体法问题，前者是指民刑交叉诉讼关系的处理，后者则指同一事实引发的民事违法性与刑事违法性的判断问题；其二，“先刑后民”原则在司法实践中确实出现了一些负面性问题——不利于保护当事人合法权益，“重刑轻民”意识突出，刑事审判权过度扩张。与其说理论界反对“先刑后民”原则，不如说是反对“重刑轻民”思想。这些理论共识对于民刑交叉案件的处理无疑具有重要的现实意义和理论价值。基于这些理论共识，笔者以为，应当从程序法与实体法两个维度处理民刑交叉案件，防止当事人利用刑事诉讼程序逃避应当承担的民事责任。从程序法的视角看，笔者赞同以“先决关系”原则处理民刑交叉诉讼关系，以杜绝在司法实践中以“先刑后民”之名行“重刑轻民”之实。从实体法的视角看，应当克服以往学界纠结于民刑交叉案件之程序选择问题而忽视判断行为的罪与非罪的误区，回归民刑交叉问题的实质。[②] 下文笔者就从实体法视角，分析 P2P 网贷平台非法集资风险之民刑规制界分的基本原则。

（二）以刑法谦抑性原则纠正“重刑轻民”式的规制倾向

我国对 P2P 网贷平台非法集资风险的规制在一定程度上呈现出“重刑轻民”的特征。有法律实务专家指出，我国对非法集资的司法处理实践存在追随行政取向、表象化取向和结果取向，即将“未经有关机关批准”作为认定非法集资的重要前提，但是界分非法集资与民间借贷的标准模糊化和表象化，进而导致结果先导的实用主义倾向——以集资者的成败为标准，而非以非法集资类犯罪的核心法律特征为标准甄别非法集资与民间借贷。[③] 有学者认为，“经由‘非法吸收公众存款罪’，各级各类公权机关通过政策性文件，对经济社会中的、以所谓的‘非法’吸储/集资为典型代表的民间非正

---

① 该学者基于刑事违法性是犯罪的本质特征的理论前提，提出依据以下路径处理民事违法性与刑事违法性之间的关系：不具有民事违法性的行为不具有刑事违法性；不具有可罚性（应受刑罚处罚性）的民事违法行为不具有刑事违法性。参见王昭武：《经济案件中民刑交错问题的解决逻辑》，载《法学》2019 年第 4 期。

② 参见王昭武：《经济案件中民刑交错问题的解决逻辑》，载《法学》2019 年第 4 期。

③ 参见林越坚：《非法集资与民间借贷的刑民界分》，载《财经科学》2013 年第 1 期。

规金融活动,施以刑罚规制。在此背景下,那些合法的融资者常常面临着'牢狱之灾',而广大的投资者则常常面临着因民事赔偿责任缺失而导致的'血本无归'"。[①] 该学者甚至认为,非法吸收公众存款罪的罪名助长了国家金融垄断主义之风,应该对其去罪化。[②] 有学者指出,非法集资活动应当分为两类:一类是有正常融资需求但通过正规融资渠道无法获得资金而通过非正规融资渠道集资;另一类是没有融资需求,只是利用非法集资活动骗取他人财物,但是现行处理制度不能准确界定非法集资活动,也无法明确区分一般的商业交易行为与集资行为;以非法吸收或变相吸收公众存款定性非法集资行为,是以间接融资手段处理了所有直接融资问题,既不能保护投资者,也无法为民间融资的合法化预留空间。[③] 换言之,依据现行制度处理,第一类有着正常融资需求、但通过非正规金融渠道集资的民间融资行为也会被认定为非法集资行为。

这些论述非常有力地论证了我国对非法集资行为的规制存在"重刑轻民"的重大缺陷。非法集资与民间借贷之间的性质边界,"本应是行政违法认定与合法民间借贷之间的边界,但由于现行相关刑事司法解释规定入罪的数量化门槛相当低,多数进入刑事处理",[④]从而导致规制非法集资行为的"重刑轻民"缺陷。就 P2P 网贷而言,它比传统的民间借贷更容易构成非法集资类犯罪,因为它更符合向社会不特定公众吸收资金和公开宣传的特征;更容易达到规定的入罪门槛;更容易构成共同犯罪。[⑤]

对非法集资行为的"重刑轻民"式规制不符合刑法的谦抑性原则。刑法的谦抑性意指,"刑法并不适用于所有的违法行为,而只能慎重、谦虚地适用于必要的范围"。[⑥] 日本刑法学者平野龙一将刑法的谦抑性概括为三

---

① 刘新民:《关于"非法"吸储罪立法政策的反思》,载《华东师范大学学报》(哲学社会科学版)2017 年第 1 期。

② 参见刘新民:《非法吸收公众存款罪去罪论》,载《江苏社会科学》2012 年第 3 期。

③ 参见彭冰:《非法集资活动规制研究》,载《中国法学》2008 年第 4 期。

④ 参见林越坚:《非法集资与民间借贷的刑民界分》,载《财经科学》2013 年第 1 期。

⑤ 参见李永升、胡冬阳:《P2P 网络借贷的刑法规制问题研究——以去了近三年的裁判文书为研究样本》,载《政治与法律》2016 年第 5 期。笔者反复阅读该文,未发现作者对"去了"作任何解释,应当为"过去"的笔误。

⑥ 参见张明楷:《外国刑法纲要》(第 2 版),清华大学出版社 2007 年版,第 7 页。

个特征：一是刑法的补充性，即只有在习惯、道德等手段或民事的规制不充分时，才能发动刑法；二是刑法的不完整性，即刑法不能介入国民生活的各个角落；三是刑法的宽容性，也叫自由尊重性，刑法没有必要处罚所有侵犯市民安全的行为，现代社会的个人在某种程度上要相互容忍他人的侵犯，禁止所有的侵犯行为反而会阻碍个人的自由活动。[①] 从法益保护的角度看，并非任何侵犯法益的行为都必须规定或认定为犯罪，依据谦抑的法益保护原则，只有具备以下条件的才能被规定为犯罪：（1）对法益的侵犯非常严重，且大多数人主张以刑法规制；（2）其他制裁方法不足以保护法益、不足以抑制该行为；（3）以刑罚处罚该行为，不会禁止对社会有利的行为，不会不合理限制国民的自由；（4）对该行为能够在刑法上予以客观的认定和公平的处理；（5）以刑罚处罚该行为能够获得预防或抑制该行为的效果。[②] 反之，凡是其他法律足以抑制某种违法行为而使得法益受到保护的，该行为不应被规定为犯罪；凡是能够以较轻的制裁方法抑制某种犯罪行为而足以保护合法权益的，就不应适用较重的制裁方法。[③] 就P2P网贷平台的非法集资行为而言，动辄以刑罚处罚之，不利于具有正常融资需求的融资者通过互联网金融市场筹集资金，也会不合理限制互联网金融市场投融资者的经营自由；而且非法集资类犯罪一直在司法实践中难以进行客观的认定和公平的处理，在结果取向的司法实践中非法集资行为事实上被选择性地定罪处罚；从实施效果看，动辄以刑罚处罚非法集资活动并没有有效预防或抑制非法集资行为的发生。因此，刑法对于P2P网贷平台非法集资行为的规制，必须坚持谦抑性原则，尤其是要纠正夸大刑法规制作用的“重刑轻民”式规制理念。

“重刑轻民”式规制难以实现对平台非法集资行为的最优威慑与有效惩罚。刑法的经济目标是：“刑法应当最小化犯罪的社会成本，该社会成本等于犯罪所导致的净损失和花在预防犯罪方面的成本之和。”[④]刑法通过惩

---

① 参见张明楷：《外国刑法纲要》（第2版），清华大学出版社2007年版，第7～8页。

② 参见张明楷：《刑法学》（第5版），法律出版社2016年版，第66页。

③ 参见张明楷：《刑法格言的展开》，法律出版社1999年版，第289页。

④ ［美］罗伯特·D. 考特、托马斯·S. 尤伦：《法和经济学》（第3版），施少华、姜建强等译，上海财经大学出版社2002年版，第383页。

罚犯罪的威慑作用,以预防犯罪。不过,威慑是有成本的,也有其必要的限度。对轻微犯罪的严厉惩罚会破坏对严重犯罪的威慑,当减少犯罪的边际社会成本与边际社会收益相等时,就实现了刑法对该犯罪的最优威慑与有效惩罚。我国P2P网贷平台非法集资风险规制,进入互联网金融风险专项整治阶段之后秉承严厉打击的立场,“重刑轻民”式规制突出,过于强调了刑法的威慑功能,夸大了刑罚的社会收益,忽视了刑罚的社会成本,难以实现对平台非法集资行为的最优威慑与有效惩罚。

(三)基于市场基础和优先原则最大限度发挥民法对网贷活动的规制功能

众所周知,金融是现代经济的血液,金融安全是国家经济安全的重要组成部分,国家金融管理秩序是社会主义市场经济秩序的重要内容。为了保障金融安全,保障金融管理关系的稳定和资金融通的安全,国家对金融信贷行为实施特别许可制度,只有经过特别许可,具有吸收存款资格的金融机构才能向社会公众吸收闲散资金。从国家干预与市场调节之间的关系视角看,这实质上是国家对金融资源配置的一种行政干预。国家对金融市场活动的行政干预,旨在克服金融市场失灵。近现代以来频繁发生的金融危机已经证实,金融领域的市场失灵是一种客观现象。尽管关于金融市场失灵的原因的争论见仁见智,尤其是金融管制与金融自由化在金融市场失灵中扮演着何种角色存在较大争议,但是国家对金融市场的干预不可能消失,真正的问题是如何在金融领域实现国家干预与市场调节之间的平衡。而要实现这一平衡,必须要遵循市场基础和优先原则。“市场经济本质上就是市场决定资源配置的经济。基于市场经济、市场机制和资源配置之间的应然和实然状态,现代市场经济条件下的国家调制,只能是一种在充分尊重私权基础之上的范围有限的国家调制,其在资源配置中的地位和作用,只能从属于市场的自由调节。”[①]市场基础和优先原则具有以下三个方面的基本内涵:其一,在经济领域优先发挥市场机制的调节作用,国家干预局限于市场失灵的领域和边界中;其二,在市场失灵的场合,国家干预也应当恪守谦抑,应当优先鼓励内嵌于市场机制的干预措施;其三,在既有经验和理性无

---

① 《经济法学》编写组:《经济法学》,高等教育出版社2016年版,第71页。

法判断是否存在市场失灵的领域,应当优先假设市场未失灵,市场调节优先,且暂不进行国家干预。[①] 总之,“作为一个法治国家,如果它同时也想保障其国民的自由与平等,就必须原则上把经济交给个人来进行管理:私法优先”。[②]

相对于国家对金融市场活动的行政干预,将非法集资行为纳入刑法规制范围,是一种比行政干预更高程度的国家干预。因为在任何社会,“犯罪是最严重的违法行为”。“对犯罪就必须基于最严厉的报应,其内容显然是剥夺犯罪人已经享有的利益。”[③]刑法将非法集资行为纳入规制范围,将剥夺犯罪人从非法集资活动中获得的利益乃至其自由和生命,以保护国家的金融管理秩序。它对于金融资源的配置,有着比行政干预更强更大的影响力。

我国刑法将非法集资类犯罪的两个主要罪名均规定在第三章“破坏社会主义市场经济秩序罪”中,非法吸收公众存款罪规定在该章第四节“破坏金融管理秩序罪”中,集资诈骗罪规定该章第五节“金融诈骗罪”中。非法吸收公众存款罪的客观行为是非法吸收公众存款和变相吸收公众存款;[④]关于其犯罪主体存在金融机构能否成为本罪行为主体的争论。有学者认为,不具有吸收存款资格的金融机构,可以成为本罪主体,具有吸收存款资格的金融机构,不能成为本罪主体。[⑤] 有学者则持相反意见,不具有吸收存款资格的金融机构自当可以成为本罪主体,但是经营范围包括了存贷款业务的金融机构也可能成为本罪主体,假如其以擅自提高利率等不法方式吸收存款,严重扰乱金融秩序的,应当以本罪论处。[⑥] 这些争论恰恰表明,非

---

① 参见《经济法学》编写组:《经济法学》,高等教育出版社 2016 年版,第 72 ~ 73 页。

② [德]弗里茨·里特纳、迈因哈德·德雷埃尔:《欧洲与德国经济法》,张学哲译,法律出版社 2016 年版,第 25 页。

③ 张明楷:《刑法格言的展开》(第 2 版),法律出版社 2003 年版,第 112 ~ 113 页。

④ 国务院《非法金融机构和非法金融业务活动取缔办法》第 4 条规定:非法吸收公众存款,即未经中国人民银行批准,向社会不特定对象吸收资金,出具凭证,承诺在一定期限内还本付息的活动;变相吸收公众存款,即未经中国人民银行批准,不以吸收公众存款的名义,向社会不特定对象吸收资金,但承诺履行的义务与吸收公众存款相同的活动。

⑤ 参见王作福主编:《刑法分则实务研究》(第 5 版)(上),中国方正出版社 2013 年版,第 401 页。

⑥ 参见张明楷:《刑法学》(第 5 版)(下),法律出版社 2016 年版,第 780 页。

法吸收公众存款罪的犯罪客体是国家的金融信贷秩序。集资诈骗罪的犯罪客体是国家的金融管理秩序和公私财产所有权,而且国家的金融管理秩序是本罪的主要客体,这是将集资诈骗罪区别于诈骗罪,并将其归入破坏社会主义市场经济秩序罪这一类罪名的主要原因。①

既然国家对金融市场的行政干预应当遵守市场基础和优先原则,那么干预程度更高、干预影响更大的金融刑法规制也应当遵守市场基础和优先原则。从该原则的基本内涵出发,刑法对 P2P 网贷平台非法集资行为的规制应当从以下几个方面遵守市场基础和优先原则:其一,优先发挥金融市场机制的调节作用,充分尊重 P2P 网贷市场主体的意思自治,最大限度发挥民法对网贷平台经营活动的规制功能。其二,刑法对 P2P 网贷平台非法集资行为的规制,应当局限于超出了民法与行政法等部门法的调整范围之外的领域。"刑法与其他实体法并不是同一个层次的部门法:从分工而言,违反其他法律的行为,只要其程度严重、超出了其他法律的调整范围,就由刑法来处理;从相互关系来说,刑法是保障其他法律得以实施的法律。"②同理,市场基础和优先原则意味着民法规制具有优先性,刑法谦抑性原意指刑法规制具有保护性、补充性。刑法对 P2P 网贷平台非法集资行为的规制旨在保障民法规制功能的实现以及弥补民法、行政法等其他部门法对非法集资行为规制的不足。其三,在既有经验和理性无法判断某种行为是否应受刑法规制时,应当遵循市场基础和优先原则,刑法暂不进行规制,优先发挥民法的规制功能。在 20 世纪 70 年代,美国金融专家迈克尔·米尔肯利用高风险的垃圾债券为杠杆收购和恶意企业接管进行融资,因违反美国证券法的规定被判刑入狱。美国有的经济学家认为他通过欺诈破坏了股票市场,但是也有一些经济学家认为他比任何人都更大地促进了美国产业的现代化。③ 这个争论说明对于该犯罪的社会收益存在不同的意见,也说明依据既有经验和理性判断,立法者应当慎重考量是否需要将某种行为规定为

---

① 参见刘远、姜涛、周国强:《金融诈骗罪立案追诉标准与司法认定实务》,中国人民公安大学出版社 2010 年版,第 63 页。

② 张明楷:《刑法格言的展开》(第 2 版),法律出版社 2003 年版,第 116 页。

③ 参见[美]罗伯特·D.考特、托马斯·S.尤伦:《法和经济学》(第 3 版),施少华、姜建强等译,上海财经大学出版社 2002 年版,第 383 页。

犯罪。该案的争论对于我国 P2P 网贷平台非法集资行为的刑法规制具有一定的借鉴意义。在我国 P2P 网贷平台的功能定位存在较大争议和非法集资类犯罪司法实践广受诟病的现实背景下,刑法对 P2P 网贷平台集资行为的规制应当慎之又慎。

第四章　金融监管法视角下我国P2P网贷平台非法集资风险的成因分析

第一节　金融监管体制视角下我国P2P网贷平台非法集资风险的成因分析

一、我国金融监管体制概述

（一）中央集中统一的金融监管体制

1. 分税制与“财政分权与金融集中”模式的形成。自1994年分税制改革之后，我国在中央与地方之间的财政金融关系上形成了“财政分权与金融集中”模式。以中央与地方之间财政分权为核心的分税制改革在一定程度上强化了地方政府的财政约束，地方官员的“晋升锦标赛”激励地方政府大规模举债发展地方经济，①从而对地方政府造成了相当大的财政压力。这迫使地方政府不得不在税收之外寻求其他财政收入，如土地使

---

① 参见周黎安：《中国地方官员的晋升锦标赛模式研究》，载《经济研究》2007年第7期。

用权出让金,又如地方政府介入金融领域与中央政府争夺金融资源。经济学界的实证研究表明,分税制改革之后,地方政府加大了对其管辖区域内银行的信贷决策和信贷行为的干预和影响力。[①] 地方政府在动员金融资源过程中,强化了金融业的财政作用,使得金融业扮演了“第二财政”角色,金融功能财政化。[②] 可见,财政分权实际上强化了地方政府对金融资源的现实需求。

无疑,金融集中模式有利于中央掌控全国金融资源和维护经济大局的稳定,但是难以满足地方政府的金融资源需求。事实上,在财政分权与金融集中模式下,我国地方政府对金融资源的争夺从未停止。地方债务就是中央与地方之间金融分权博弈的结果,尤其是地方政府融资平台,是“地方经济发展迫切需要资金而法律又不允许地方政府直接举债的情况下”,“中央政府、地方政府与银行等债权金融中介在经济发展过程中,经过利益博弈和公共选择而产生的暂时的、过渡性均衡状态”。[③] P2P 网贷平台已经成为地方政府融资平台的重要资金来源。《第一财经日报》调查获悉,“某 P2P 平台参与了贵州、重庆、湖南等多地的地方融资平台融资项目。与传统网络贷款不同,在此过程中,P2P 平台并不负责发放贷款,亦不自行设计产品和经手资金,而是由信托公司或资产管理公司发行信托、资产管理计划,P2P 平台仅负责代销其中部分份额,充当代销商角色,其他则由融资方和信托、资管公司负责”。[④] 有的地方政府甚至利用 P2P 网贷平台筹集资金,如江西省万年县在 2016 年成立了全省首家县级平台,“该平台主要由地方政府主管部门牵头,由政府全资控股国企与江西龙头互联网金融平台合作成立子公司,为企业解决转贷难题”。[⑤]

2. 中央金融监管体制:从“一行三会”到“一行两会”。金融集中模式秉

---

① 参见张军、金煜:《中国的金融深化和生产率关系的再检测:1987—2001》,载《经济研究》2005 年第 11 期。

② 参见周立:《渐进转轨、国家能力与金融功能财政化》,载《财经研究》2005 年第 2 期。

③ 张建伟:《地方债治理的宪政经济学分析》,载《法学》2012 年第 10 期。

④ 杨佼:《P2P 联姻信托公司转型输血地方融资平台》,载《第一财经日报》2013 年 8 月 2 日,第 8 版。

⑤ 金微:《江西打造县级网贷平台支持企业转贷　当 P2P 靠上政府》,载《华夏时报》2016 年 6 月 3 日,第 27 版。

承了金融由国家高度集中统一管理的理念。这一理念在法律上的体现就是将金融作为“法律保留事项”在《立法法》第 8 条加以规定，有关金融的基本制度只能由全国人民代表大会及其常务委员会制定法律加以规定。与分税制改革相配套建立起来的金融监管体制由中国人民银行、中国银监会、中国证监会及中国保监会等组成。“一行三会”都属于国务院的组成部门，并在地方设立派出机构，代表国家在全国进行金融资源的分配，履行金融监管与调控职能，各级地方政府无权干预“一行三会”的活动。① 金融集中模式除了中央加强对金融业的集中监管之外，还表现为中央收回地方政府对当地国有银行的人事权，拒绝下放地方政府的发债权，②以及通过《中国人民银行法》规定中央银行的独立性，使中央银行在各地的派出机构独立于地方政府。2018 年中共中央印发的《深化党和国家机构改革方案》规定：“将中国银行业监督管理委员会和中国保险监督管理委员会的职责整合，组建中国银行保险监督管理委员会，作为国务院直属事业单位。主要职责是，依照法律法规统一监督管理银行业和保险业，保护金融消费者合法权益，维护银行业和保险业合法、稳健运行，防范和化解金融风险，维护金融稳定等。将中国银行业监督管理委员会和中国保险监督管理委员会拟订银行业、保险业重要法律法规草案和审慎监管基本制度的职责划入中国人民银行。”金融集中模式下的金融监管体制由原来的“一行三会”转变为“一行两会”。

（二）基于分业经营的分业监管体制

我国《证券法》第 6 条规定：“证券业和银行业、信托业、保险业实行分业经营、分业管理，证券公司与银行、信托、保险业务机构分别设立。国家另有规定的除外。”我国《商业银行法》第 43 条规定：“商业银行在中华人民共和国境内不得从事信托投资和证券经营业务，不得向非自用不动产投资或者向非银行金融机构和企业投资，但国家另有规定的除外。”我国《保险法》第 106 条与第 107 条规定，保险公司的资金运用限于以下形式：银行存款，买卖股票、债券、证券投资基金份额等有价证券，投资不动产以及国务院规

---

① 参见阳建勋：《央地分权博弈视野下小额贷款公司的困境与出路》，载《西南金融》2015 年第 5 期。

② 参见傅勇：《财政—金融关联与地方债务缩胀：基于金融调控的视角》，载《金融评论》2012 年第 4 期。

定的其他资金运用形式;保险公司可以设立保险资产管理公司从事证券投资活动。依据上述法律规定,我国金融监管体制总体上是基于分业经营的分业监管体制。所谓分业经营,有广义和狭义之分。狭义的分业经营,是指由不同类型的金融机构从事不同类型的金融业务,金融机构不能跨业经营,以防止金融风险在不同金融行业之间的相互渗透。例如,证券公司不能从事保险和银行等其他金融业务,商业银行不能从事证券和保险等其他金融业务,保险公司不能从事银行和证券等其他金融业务。我国《保险法》虽然允许保险公司从事证券投资业务,但是要通过成立保险资产管理公司的形式间接从事证券业务。从比较法上看,美国在1929年经济大萧条之后制定的1933年《格拉斯——斯蒂格尔法》禁止金融机构同时提供商业银行和投资银行服务,摩根银行被分拆成为JP摩根商业银行和摩根士丹利投资银行。广义的分业经营,除了狭义层面的分业经营之外,还指金融业与实体产业之间的分业经营,即金融机构不能投资实体产业,反过来实体产业也不能投资金融业,以隔离金融业与实体产业之间的经营风险。我国《商业银行》第43条中银行“不得向非自用不动产投资或者向非银行金融机构和企业投资”的规定,仅限于银行不能投资实体产业和非银行业金融机构,并未禁止从事实体产业的企业投资设立银行。需要说明的是,在金融全球化趋势下,随着我国近年来金融市场化改革的推进,分业经营的限制性规定在我国金融实践中逐渐被打破,因为法律上的但书规定——“国有另有规定的除外”,为金融机构打破分业经营限制和实行混业经营提供了便利的制度通道。于是,我国金融领域混业经营趋势与分业监管之间的矛盾越来越突出。

二、P2P网贷平台非法集资:基于我国金融监管体制的监管套利

(一)P2P网贷对我国金融监管体制的挑战

P2P网贷作为互联网时代的重大金融创新,无疑给我国经济与社会发展带来了重大机遇,如有利于降低企业融资成本,特别是有利于解决中小企业融资难、融资贵的难题,提高金融效率,促进实体经济发展。这可以为我国新常态时期的经济增长注入新的动力。但是,P2P网贷也对我国现行金融监管体制提出了重大挑战。

首先,P2P网贷对我国中央集中统一的金融监管模式提出了现实挑战。

在中央集中统一的金融监管模式下,P2P 网贷成为地方争夺金融资源的新突破口。许多地方的小额贷款公司为了解决资金来源的问题,纷纷设立 P2P 网贷平台公司,甚至有的地方政府通过地方政府融资平台设立 P2P 网贷平台公司,为促进地方经济与社会发展筹集资金。由于 P2P 网贷平台被定位为金融信息中介机构,不属于金融机构,不属于“一行三会”等中央金融监管部门的监管范畴。然而,我国大量的 P2P 网贷平台异化为类金融机构,实质上从事金融业务,其隐藏的非法集资风险给地方的经济发展与社会稳定带来了极大的隐患。地方政府受制于中央集中统一的金融监管体制,尽管设立了地方政府金融工作办公室之类的机构,但是金融办只是一个协调机构,既缺乏法律授予的金融监管权,也缺乏能够有效实施金融监管的专业人才。可以说,P2P 网贷监管问题,充分暴露了中央与地方之间的金融监管权力配置方面的矛盾。《网贷管理暂行办法》第 4 条规定,国务院银行业监管机构负责制定 P2P 网贷监管制度和实施行为监管、省级政府负责 P2P 网贷机构的机构监管,①就是旨在解决上述矛盾,应对 P2P 网贷对中央集中统一的金融监管模式之现实挑战的制度设计。

其次,P2P 网贷对我国基于分业经营的分业监管体制提出了重大挑战。在互联网金融市场,市场主体很容易规避以往法律的规制。基于分业经营的分业监管体制是传统的线下金融市场领域金融监管经验的法律化、制度化,其能否适用于互联网金融这一新兴的金融业态以及如何适用都是值得探讨的现实问题。毕竟,互联网金融产品的综合性更强,互联网金融领域频繁发生的金融创新使得互联网金融企业更容易突破线下金融市场中的分业经营限制。以投资型众筹中的股权众筹为例,以“余额宝”为代表的“宝宝类”理财产品事实上就是横跨银行与证券两大金融业务的混合型金融产品。这是其广受大众投资者欢迎的重要原因。与大洋彼岸的美国相映成趣

① 《网贷管理暂行办法》第 4 条规定:“……国务院银行业监督管理机构及其派出机构负责制定网络借贷信息中介机构业务活动监督管理制度,并实施行为监管。各省级人民政府负责本辖区网络借贷信息中介机构的机构监管。工业和信息化部负责对网络借贷信息中介机构业务活动涉及的电信业务进行监管。公安部牵头负责对网络借贷信息中介机构的互联网服务进行安全监管,依法查处违反网络安全监管的违法违规活动,打击网络借贷涉及的金融犯罪及相关犯罪。国家互联网信息办公室负责对金融信息服务、互联网信息内容等业务进行监管。”

的是,我国在 2014 年上半年也发生过类似于美国众筹豁免规则之争的余额宝事件。有人主张取缔余额宝,认为它是吸附在银行身上的吸血鬼,不利于实体经济的发展;①有人则力挺余额宝,认为其有利于降低实体经济的融资成本,优化资金配置。② 以余额宝为代表的混业经营型创新金融产品事实上规避了我国金融业分业经营与分业监管的规定。③ 以投资型众筹中的借贷型众筹——P2P 网贷为例,我国大量异化的 P2P 网贷平台变相从事银行、证券等金融业务,事实上突破了分业经营的限制,金融监管部门囿于分业监管的限制难以对其实施有效监管,也缺乏监管激励,进而形成监管真空。大量的 P2P 网贷平台"跑路"事件与余额宝事件表明,如何将众筹纳入法治运行轨道已经成为我国互联网时代金融法治建设的重大课题。

(二)监管套利是 P2P 网贷平台非法集资的重要原因

前文在论述 P2P 网贷的影子银行特征时已经阐明 P2P 网贷机构具有监管套利性。与传统的监管套利相比较,P2P 网贷中的监管套利具有以下几点不同之处:一是监管套利主体不同。P2P 网贷中的套利主体不再是传统的金融机构,而是互联网时代新兴的金融科技公司。"金融科技公司是一个全球性现象,产生于金融公司和技术提供商的交叉领域,目的是利用数字技术和先进的分析方法分界金融服务,通过瞄准长尾客户控制规模经济。""金融科技公司的生态系统提供了从 P2P(点对点)借贷到数字化支付/大数据分析等的各种商业解决方案。"④二是监管套利方式不同。金融科技公司不再是通过规避某一项具体的监管规定来寻求获利空间,例如规

---

① 参见钮文新:《取缔余额宝》,载新浪博客:http://blog. sina. com. cn/s/blog_470dbd1d0102e9tc. html,最后访问日期:2018 年 5 月 11 日。

② 参见戴蕾蕾:《陈志武:余额宝不是金融寄生虫更不是第二个央行》,载《法治周末》2014 年 3 月 5 日,第 5 版。

③ 中央银行和银监会曾试图对余额宝进行严格规制,如《支付机构网络支付业务管理办法》(征求意见稿)规定,个人支付账户转账单笔不超过 1000 元,年累计额不超过 1 万元。后来中央银行与银监会联合下发的《关于加强商业银行与第三方支付机构合作业务管理的通知》(业界称为"10 号文"),要求商业银行设立与客户技术风险承受能力相匹配的单笔支付限额和累计支付限额。这些严格规制余额宝的规范本质上是对风险与利益的重新分配,引起了相关利益主体之间的巨大争议。中国银行业协会、各大银行及主要的第三方网络支付平台商等无不通过各种渠道表达其立场或看法,企图对制定这些规范的监管机构施加影响。

④ [美]保罗·西罗尼:《金融科技创新》,马睿、汪吕杰译,中信出版集团 2017 年版,第 7 页。

避资本监管、利率监管及分支机构监管等方面的规定,而是对既有金融监管制度的全面规避。三是监管套利者获得的收益不同。由于互联网技术的广泛运用,P2P 网贷机构监管套利行为发生的互联网空间较之于传统金融机构套利行为发生的场域大大扩展,加之 P2P 网贷平台市场准入门槛较低,甚至我国在初期没有准入门槛,故其成本大大降低,相对而言其收益大为提高。四是监管套利的社会影响不同。由于 P2P 网贷机构的监管套利是对既有金融监管制度的全面规避,故其对金融市场所产生的影响可谓是全局性和颠覆性的,监管套利所致的非法集资风险可能演变为影响金融稳定与金融安全的区域性或系统性金融风险。五是监管套利行为的法律评价不同。传统金融机构的监管套利行为,如规避资本监管、利率监管等具体金融监管规则的监管套利行为,一般被认为是一种脱法行为。"从事法律所禁止者,系违反法律;虽不违反法律之文字,但迂回法律趣旨者,乃脱法行为。"①脱法行为之本质,是利用契约自由,以迂回方式或间接的方法规避强行法规的适用,谋求实现强行法规所禁止的同一效果。② 因此,"在监管套利中,金融机构作为私法主体,其基于意思自治,利用监管体系的漏洞、空隙或者协调性,选择对自己最为有利的监管者或监管规则"形式上具有合法性,是私法自治的体现,在实践中往往获得监管宽容。③ P2P 网贷机构的监管套利行为,很容易突破以下 4 条红线而涉嫌非法集资:平台的信息中介性质;平台本身不得提供担保;不得将归集资金搞资金池;不得非法吸收公众资金。

从金融创新与金融监管互动的视角看,"技术并不是金融服务变革的唯一动力。监管即使不是主导力量,也是一股重要的驱动力量。"④换言之,P2P 网贷这一互联网时代的金融科技创新,不仅是技术变革的产物,也是金融监管推动的结果。特别是在严格管制的金融市场,市场主体利用技术变革进行金融创新突破或规避金融监管所获得的收益更大,其激励效应更强。此点对于我国 P2P 网贷平台的非法集资行为而言,尤为明显。事实证明,

---

① 王泽鉴:《民法总则》,北京大学出版社 2009 年版,第 227 页。

② 参见杨仁寿:《法学方法论》(第 2 版),中国政法大学出版社 2013 年版,第 350 页。

③ 参见梁家全:《商业银行监管套利的法律规制》,法律出版社 2016 年版,第 25~26 页。

④ [美]保罗·西罗尼:《金融科技创新》,马睿、汪吕杰译,中信出版集团 2017 年版,第 5 页。

监管套利是 P2P 网贷平台非法集资的重要原因。

第二节　市场准入与退出视角下我国 P2P 网贷平台非法集资风险的成因分析

一、P2P 网贷平台市场准入的必要性分析

（一）市场准入：从市场自由到国家干预

何谓“市场准入”？顾名思义，是指进入某个市场需要经过核准或批准。有法学学者认为，市场准入涉及日益复杂的社会关系，需要多个部门法调整，“民商法中的市场准入是一种权利确认及有关权利行使和交易的一般性制度安排；行政法对市场准入的调整明确了政府机构的法律地位、职责、权力和对权力的约束；经济法中的市场准入是对民商法所确认和保障的权利在特定情况下的一种矫正，是在特定情形下对特定事物的公权干预形式；国际经济法中的市场准入主要是指一国企业、产品、服务或投资等如何从实质上进入另一国市场”。[①] 从国际经济法的角度看，市场准入是“一国市场对外国商品或服务的开放程度。关税、进口数量限制、进口许可证、开业许可等是国家控制国外商品和服务进入的数量和范围，保护本国市场和就业的主要手段。以世界贸易组织为主的多边自由贸易谈判，促使各成员国市场准入程度不断提高”。[②] 有学者基于一般准入与特殊准入的经济学划分，认为民商法中的商事登记是一般准入机制，是最初层级的政府规制，是国家对市场主体的确权式干预，与经济法规制下的直接干预存在区别。[③] 换言之，经济法语境中的市场准入是为克服市场失灵的国家干预措施。以国家对银行业务的市场准入为例，“通过对银行机构进入市场、经营金融产品、提供金融服务依法进行审查和批准，将有可能对存款人利益或银行业健康运转造成危害的金融机构拒之门外，保证银行业的安全稳健运行。目的

---

① 戴霞：《市场准入的法学分析》，载《广东社会科学》2006 年第 3 期。

② 杨明基主编：《新编经济金融词典》，中国金融出版社 2015 年版，第 776 页。

③ 参见王兰：《商事登记与市场准入关系的法经济学思辨》，载《现代法学》2010 年第 2 期。

在于防止过度竞争,维护银行特许权价值,抑制逆向选择,防止投机冒险者进入银行市场;促使银行审慎经营,防止银行过度冒险行为”。[①] 显然,经济法语境中的市场准入的国家干预程度较之于民商法中的商事登记要高,实质上是对运用国家公权力限制市场主体进入特定市场的营业自由。

(二)P2P 网贷平台市场准入的特殊原因

在本书的第一章,笔者已经详细论证了 P2P 网贷具有以下主要特征:普惠金融性、风险的双重性、网贷平台市场的双边性以及影子银行性。这些特征正是在 P2P 网贷平台市场实行市场准入制度的特殊原因。P2P 网贷本身是互联网时代金融科技创新与金融自由化理念相互融合的结果,其在金融产品的销售、金融信息的传递以及资金的融通等多方面对传统金融带来了重大挑战。P2P 网贷平台为借贷双方提供了便捷高效的网上交易场所,极大地拓展了资金需求方与供给方的投融资空间。这使 P2P 网贷具有鲜明的普惠金融性。不过,普惠金融的特质也意味着 P2P 网贷具有广泛的社会影响力,P2P 网贷市场风险具有现实性与虚拟性双重特征,P2P 网贷市场的风险传染性在互联网的张力之下比传统金融市场更强。P2P 网贷平台市场是一个具有交叉网络正外部性的市场,而外部性是市场失灵的重要原因。尽管 P2P 网贷平台被定位为信息中介机构而非信用中介机构,但是它不是一般的信息中介机构,而是金融信息中介机构。金融的本质是信用,金融信息中介机构为市场主体的信用活动提供中介服务,与信用活动具有密切的联系,具有从事或变相从事信用中介活动的便利和可能。这正是 P2P 网贷机构被归为影子银行的重要原因。这说明,如果放任 P2P 网贷平台市场的自由发展,将会出现市场失灵,不仅难以实现资源的优化配置,而且会危及金融稳定与安全,甚至诱发社会群体事件,损害社会稳定。

为了克服 P2P 网贷行业的市场失灵,防止投机冒险者进入 P2P 网贷市场,规范 P2P 网贷机构的经营,保障 P2P 网贷市场投资者与融资者的合法权益,防范 P2P 网贷市场风险,应当实行 P2P 网贷平台市场准入制度。此种市场准入,是经济法语境中的市场准入,即运用国家公权力限制市场主体进入 P2P 网贷平台市场的营业自由,只有达到了法律规定的市场准入条件,经过

---

① 杨明基主编:《新编经济金融词典》,中国金融出版社 2015 年版,第 776 页。

P2P 网贷监管机构批准的市场主体才可以设立 P2P 网贷平台,为 P2P 网贷市场的投融资双方提供信息中介服务。科斯在讨论如何解决有害效应问题时指出:“所有解决的办法都需要一定成本,而且没有理由认为由于市场和企业不能很好地解决问题,因此政府管制就是有必要的。”①在科斯看来,市场失灵是市场配置资源的代价,“只有当政府矫正手段能够以较低的成本和较高的收益促成有关当事人的经济福利改善时,这种矫正手段才是正当的。而那种市场交易需要成本,政府矫正手段没有任何代价的观点是不可取的”。② 同理,P2P 网贷市场与 P2P 网贷平台市场准入均有其相应的成本与收益,P2P 网贷市场准入作为解决 P2P 网贷市场失灵问题的办法,只有在其能够以较低的成本和较高的收益促成 P2P 网贷投融资者的经济福利改善时,才是正当的。因此,在设置 P2P 网贷市场准入条件时,应当综合权衡其可能产生的成本与收益,既不能因为市场准入条件太低使得 P2P 网贷市场投机者与冒险者盛行,也不能因为市场准入条件太高而抑制 P2P 网贷市场的发展活力。

二、我国 P2P 网贷平台市场准入制度的演变历程与本质特征

(一)我国 P2P 网贷平台市场准入制度的演变历程:从放任到备案登记

2007 年 6 月 17 日,我国第一家 P2P 网贷平台机构——上海拍拍贷金融信息服务有限公司成立。迄今,我国 P2P 网贷行业已经走过了 10 余年的风雨历程。10 余年来,P2P 网贷行业监管经历了从放任到促进再到整顿的过程。③

---

① [美]R. 科斯:《社会成本问题》,载[美]R. 科斯、A. 阿尔钦、D. 诺斯等:《财产权利与制度变迁——产权学派与新制度学派译文集》,刘守英等译,上海人民出版社 1994 年版,第 23 页。

② [美]理查德 · A. 波斯纳:《法律的经济分析》(上册),蒋兆康译,中国大百科全书出版社 1997 年版,中文版译者序言,第 5 ~ 6 页。

③ 有人将我国 P2P 网贷监管发展进程概括为以下三个时期:包容期(2007 ~ 2010 年),监管部门没有出台政策,对 P2P 网贷行业持包容态度;温和期(2010 ~ 2015 年),监管部门开始介入行业发展,2011 年中国银监会下发《关于人人贷有关风险提示的通知》,2014 年“互联网金融”首次写入工作报告,监管部门的态度从“放养式”开始转向“大力促进”;严管期(2016 年至今),2016 年的政府工作报告提出“规范发展互联网金融”,2016 年 10 月 13 日,国务院发布《关于印发互联网金融风险专项整治工作实施方案的通知》,P2P 网络借贷和股权众筹、第三方支付、互联网金融广告等活动是整顿重点。参见麦子研究院:《网贷行业十年监管政策的演变》,载 http://www.licaizhijia.com/article-35791-1.html,2018 年 10 月 12 日访问。

2016 年 4 月 12 日国务院办公厅发布的《互联网金融风险专项整治工作实施方案》要求“严格准入管理”，“非金融机构、不从事金融活动的企业，在注册名称和经营范围中原则上不得使用‘交易所’、‘交易中心’、‘金融’、‘资产管理’、‘理财’、‘基金’、‘基金管理’、‘投资管理’、‘财富管理’、‘股权投资基金’、‘网贷’、‘网络借贷’、‘P2P’、‘股权众筹’、‘互联网保险’、‘支付’等字样”。凡是在名称和经营范围中选择使用上述字样的企业，是重点监管对象，视情进行整治。在 P2P 网贷平台机构的设立上，以 2016 年 8 月 24 日中国银监会、工信部、公安部及国家互联网信息办公室等发布的《网贷管理暂行办法》为分界点：在此之前，P2P 网贷机构与普通企业在市场准入上相同，仅需要办理工商登记注册即可；在此之后，P2P 网贷机构及其分支机构，应当在领取营业执照 10 个工作日内向工商登记注册地的地方金融监管部门备案登记，在备案登记后，向通信主管部门申请电信业务许可证，否则不得开展网络借贷信息中介业务。2016 年 10 月 28 日，中国银监会、工信部及工商总局等发布了《网络借贷信息中介机构备案登记管理指引》（以下简称《网贷机构备案登记指引》）。《网贷机构备案登记指引》第 2 条第 2 款规定：“本指引所称备案登记是指地方金融管理部门依申请对管辖内网络借贷信息中介机构的基本信息进行登记、公示并建立相关机构档案的行为。备案登记不构成对机构经营能力、合规程度、资信状况的认可和评价。”《网贷机构备案登记指引》分新设机构和已存续机构规定机构在备案登记时应提交的材料。新设机构提交的材料包括：（1）机构的基本信息；（2）股东或出资人名册及其出资额、股权结构；（3）经营发展战略和规划；（4）合规经营承诺；（5）营业执照复印件；（6）法定代表人及董事、监事、高级管理人员的基本信息资料；（7）分支机构名册及其所在地；（8）机构官方网站网址及相关 APP 名称；（9）地方金融监管部门要求提交的其他文件、资料。对于已经存续的网贷机构，除了提交上述材料外，还应当提交机构经营总体情况、产品信息及违法违规整改情况说明等。《网贷机构备案登记指引》与《网贷管理暂行办法》的不同之处，是不再要求网贷机构的分支机构办理备案登记。

依据《网贷机构备案登记指引》的相关规定，地方金融管理部门负责具体实施 P2P 网贷机构备案登记。地方金融监管部门依据 P2P 网贷风险专项整治整改的工作安排，对已经存续的网贷机构分类处置，对合规类机构的备案登记申请予以受理；对整改类机构，在其完成整改并经有关部门认定后受理其备案登记申请。P2P 网络借贷风险专项整治工作领导小组办公室（以下简称网贷整改办公室）2017 年下发了《关于做好 P2P 网络借贷风险专项整治整改验收工作的通知》，要求各地在 2018 年 4 月底前完成辖内主要 P2P 机构的备案登记工作、6 月之前全部完成。这正是上述十几个省市在 2017 年年底或 2018 年年初密集出台地方性网贷机构备案登记规定的现实背景。笔者对我国地方金融监管部门出台的 P2P 网贷机构备案登记规定整理见表 4－1。

表 4－1　地方金融监管部门的 P2P 网贷机构备案登记规定①

地区	时间	政策名称	备案登记机构	地方特色性规定
北京	2017.7.7	《北京市网络借贷信息中介机构备案登记管理办法（试行）（征求意见稿）》	北京市金融工作局及各区金融办	网贷机构的投资者适当性审核义务；与本市监管部门认可的银行业金融机构签订资金存管协议；将业务数据和信息接入本市网络借贷监管系统；加强对网贷机构的信用管理和评估分类
上海	2017.6.1	《上海市网络借贷信息中介机构业务管理实施办法（征求意见稿）》	上海市金融服务办公室	提交股东资料，以及董事监事高管人员的资料（专业资质证明、信用报告及无犯罪记录证明）；选择在本市设有经营实体且符合相关条件的商业银行进行客户资金存管；签订合规承诺书，同意接入有关监管信息系统，及时报送、上传相关数据

① 表格内容系笔者依据网络文献整理，截至日期：2018 年 10 月 13 日。湖北、河北、四川、云南、西藏、宁夏、甘肃、青海、吉林、辽宁、黑龙江及安徽 12 个省（自治区）没有出台地方性的网贷机构备案登记规定（征求意见稿）或者已经出台但无法在网上查找到。贵州省在 2018 年 9 月通过了《贵州省网络借贷信息中介机构业务活动管理办法（试行）》，但是无法在网上查到具体的文件。

续表

地区	时间	政策名称	备案登记机构	地方特色性规定
广东	2017.2.13	《广东省〈网络借贷信息中介机构业务活动管理暂行办法〉实施细则》(征求意见稿)	工商登记注册地所在地地级以上市政府金融监管部门	省金融办对网贷机构进行分类评估,并在官网上公布评估结果
	2017.7.3	《深圳市网络借贷信息中介机构备案登记管理办法(征求意见稿)》	深圳市金融发展服务服务办公室	第9条规定备案登记应当符合的条件;①第10条规定董事、监事及高级管理人员任职的消极条件②
广西	2017.5.10	《广西网络借贷信息中介机构备案登记管理实施细则(征求意见稿)》	广西壮族自治区金融办	注册地所在市金融工作部门受理,自治区金融办统一备案;鼓励引进有实力的法人股东,增加注册及实缴资本至人民币5000万元以上
天津	2018.3.26	《天津市网络借贷信息中介机构备案登记管理实施细则(征求意见稿)》	天津市金融局和各区金融工作部门	网贷机构的投资者适当性审核义务;签订合规承诺书,业务系统接入本市网络借贷监管系统,准确、及时填报或提供监管部门所需相关数据、信息,并做好技术配合,同意并授权资金存管银行、第三方电子数据存证平台等根据监管部门要求提供数据

① 备案登记应符合条件:设置风控合规部门,具有开展网贷中介服务的风险管理能力;拥有独立的销售监督和投诉受理部门;建立了网络安全保护管理制度,落实网络安全保护技术措施;机构注册地不得为居住用地;经营地址和注册地址应当一致,不一致的应将注册地址变更为经营所在地;经营场所面积应当不小于100平方米;网络借贷信息中介机构的主要资金结算账户(包括网络借贷资金专用账户)应当开设在商业银行在深圳市行政辖区内的分支机构;与在深圳市行政辖区内设有分行以上(含)级别机构的商业银行达成资金存管安排;从事金融业相关工作5年以上,并具有大学本科以上(含)学历的高级管理人员不少于3名。

② 具有以下情形之一者,不得担任网贷机构的董事、监事和高级管理人员:有犯罪记录或严重不良信用记录的;担任破产清算的公司、企业的董事、监事和高级管理人员,对该公司、企业的破产负有个人责任的,自该公司、企业破产清算完结之日起未逾3年的;担任因违法被吊销营业执照、责令关闭的公司、企业的法定代表人和高级管理人员,并负有个人责任的,自该公司、企业被吊销营业执照之日起未逾3年的;被国家金融监管部门取消董事、监事或高级管理人员任职资格,或禁止从事金融行业工作而期限未满的。

续表

地区	时间	政策名称	备案登记机构	地方特色性规定
重庆	2018.4.4	《重庆市 P2P 网络借贷风险专项整治整改验收工作实施方案》	重庆市金融办	整改验收合格一家、备案一家;4 种情况不予备案登记①
浙江	2017.12.18	《浙江省网络借贷信息中介机构备案登记管理实施细则(试行)》(征求意见稿)	浙江省设区的市人民政府金融管理部门	鼓励实缴注册资本达到人民币 5000 万元以上
山东	2018.3.2	《山东省网络借贷信息中介机构备案登记管理暂行办法(征求意见稿)》	山东省地方金融管理局	市地方金融管理局负责申请材料的受理和初审;规定网贷机构高管人员的任职条件
山西	2018.3	《关于开展山西省网络借贷信息中介机构整改验收及备案工作的通知》	山西省互联网金融风险专项整治领导小组	3 月 10～31 日期间,向省互金整治办申请整改验收及备案,逾期未申请的不予备案登记

① 4 种情况如下:《网贷管理暂行办法》发布以后新设立的 P2P 网贷机构或新从事网络借贷业务的机构;自始未纳入本次 P2P 网贷专项整治的机构;严重不配合整改验收工作,违规违法行为严重,已有公安机关介入或已经失联的机构;存量不合规业务未化解完成的机构。不合规业务包括但不限于:(1)单一借款人超限额的业务;(2)违反《网贷管理暂行办法》规定的 13 项禁止性行为的业务;(3)有与各类地方金融交易所合作的业务;(4)未实现出借人与借款人之间直接借贷的业务;(5)其他经整改验收小组认定必须化解完成的不合规业务;相关监管要求下发后,继续违规提供房地产首付贷、房地产场外配资、校园贷以及现金贷等借贷撮合业务,继续撮合或变相撮合不符合法律有关利率规定的借贷业务,以及上述业务未化解完成的机构;未严格按照整改通知书要求完成整改的机构,如控制和压缩业务规模未完成、借款余额不降反升、业务模式整改未达到规范要求等情况的;其他经整改验收小组认定不予备案的情形。

续表

地区	时间	政策名称	备案登记机构	地方特色性规定
江西	2018. 1. 26	《江西省网络借贷信息中介机构备案登记管理实施细则(二次征求意见稿)》	江西省人民政府金融办公室	未明确资金存管属地化;网贷机构应在取得备案登记后3个月内接入中国互联网金融协会信用信息共享平台、省互联网金融征信系统,依法提供、查询和使用有关信用信息
福建	2018. 1. 21	《福建省网络借贷信息中介机构备案登记管理实施细则(试行)(公开征求意见稿)》	福建省金融工作办	网贷机构存管银行"属地化"。具备信息系统安全等级保护三级以上备案证书;在申请备案通过后,申请增值电信业务经营许可
	2017. 2. 4	《厦门市网络借贷信息中介机构备案登记管理暂行办法》	厦门市金融办	率先在全国出台网贷备案登记办法;要求企业承诺自愿加入厦门市金融风险防控预警平台,同意并授权将存证合同内容中的业务数据按要求上传,同意并授权存管银行将资金流数据按要求上传,并与业务数据进行匹配
湖南	2017. 6	《湖南省网络借贷信息中介机构备案登记管理暂行办法(征求意见稿)》(未公开,只是内部征求意见)	湖南省金融办	县(区)级政府金融监管部门受理、市州政府金融办初审、省政府金融办备案制①

① 参见昏晓:《湖南下发P2P平台整改通知书最快8月开始备案》,载https://www.wdzj.com/news/zhengce/115582.html,2018年10月12日访问。

续表

地区	时间	政策名称	备案登记机构	地方特色性规定
江苏	2017.12.29	《江苏省网络借贷信息中介机构备案登记管理暂行办法(征求意见稿)》	江苏省设区的市金融办	各设区市金融办办理备案登记,各县(市、区)金融办负责受理和初审备案材料;接入江苏省网络信息中介机构监管系统
河南	2018.3	《河南省网络借贷信息中介机构备案登记管理办法(征求意见稿)》	河南省金融办	规定9种可以注销备案的情形①
新疆	2017.10.1	《新疆网络借贷信息中介机构备案登记管理实施细则》	新疆维吾尔自治区金融办	机构注册所在地的地(州、市)金融办受理,自治区金融办统一备案;机构的高管以及财务、风控、信息技术部门的主要负责人应提交1个月内的个人信用报告和无犯罪记录证明
陕西	2017.8.22	《陕西省网络借贷信息中介机构业务管理实施办法(暂行)》	陕西省金融工作办公室	机构法人、高级管理人员需具备以下条件:(1)至少有1人从事金融、信贷工作5年以上;(2)最近3年没有重大失信记录;(3)最近5年没有违法违纪行为发生

① 9种情形是:(1)提供虚假备案材料的;(2)未获批增值电信业务许可证的;(3)信息安全测评报告达不到要求的;(4)未实际开展资金存管的;(5)未实际接入“河南省网络信息中介机构监管系统”的;(6)拒不配合监管部门依法依规监管的;(7)未按规定及时填报业务数据或者进行信息更新,且拒不整改的;(8)备案后连续1年未开展网络借贷信息中介业务的;(9)存在违法犯罪或严重违规情形的。

续表

地区	时间	政策名称	备案登记机构	地方特色性规定
内蒙古	2018.2.13	《内蒙古自治区网络借贷信息中介机构备案登记管理实施细则(试行)(征求意见稿)》	内蒙古自治区金融办	建立网贷机构信用“红黑名单”制度,对网贷机构实施信用分类监管
大连	2018.3.20	《大连市网络借贷信息中介机构备案登记管理实施细则》	大连市金融发展局	法定代表人、董事、监事以及总经理、副总经理和实际履行上述职务的高级管理人员应提交个人信用报告和无犯罪记录证明
海南	2017.12.29	《海南省网络借贷信息中介机构备案登记管理暂行办法(征求意见稿)》	海南省金融办	提交网贷机构的股东或出资人名册及其出资额、股权结构,企业股东及个人股东的信用报告,个人股东户籍地公安机关出具的无犯罪记录证明,以及不得为他人代持股份的承诺书;财务、技术、风控等主要部门负责人基本信息

(二)作为互联网金融风险整治措施的备案登记实质是变相的行政许可

在我国当前的社会实践中,充斥着各种形形色色的备案登记,但是现行法律制度缺乏对“备案”这一概念的统一界定。以备案主体作为划分标准,有行政管理备案、司法执法备案与立法监督备案。① 就行政备案而言,有学者指出,行政备案已经不再局限于“移送资料给主管机关,以备查考”的功能,而是承载着越来越多的功能,并将这些形形色色的行政备案概括为以下

① 《人民检察院刑事诉讼规则》设置了多项刑事检察诉讼备案制度,例如,县处级干部的要案线索一律报省级人民检察院备案,其中涉嫌犯罪数额特别巨大或者犯罪后果特别严重的,层报最高人民检察院备案。《立法法》第五章规定了法律、法规、规章的适用与备案,例如行政法规报全国人大常务委员会备案。参见谢靖、谢海宁:《备案制度属性与分类刍议》,载《青海社会科学》2009 年第 2 期。

主要 4 种:行政许可意义上的备案;行政确认意义上的备案;告知意义上的备案;监督意义上的备案。[①] 有学者认为,“行政备案大量出现的原因之一是《行政许可法》推动的以‘政府让位市场’为主旨的审批制度改革。从积极角度看,其在转变政府职能、提高行政效率、推动经济社会发展方面起到了十分重要的作用。但是行政备案存在很多不规范现象并产生了消极影响”。[②] “在行政审批制度改革背景之下,行政备案逐渐成为被取消行政审批项目的‘避风港’”。[③] 广为诟病的行政许可式备案就是这些消极影响的集中反映,其实质是行政机关不依据《行政许可法》的规定设定和实施行政许可,借“备案”的名义限制行政相对人的权利,可能会过度干预市场并侵害市场主体的自由和权利。[④] 为了规范行政备案的设定与实施,保护行政相对人的合法权益,《广州市行政备案管理办法》第 11 条第 2 款规定:“行政备案实施机关不得以行政备案名义变相实施行政许可和行政确认。”行政备案登记的上述问题在 P2P 网贷备案登记中同样存在。具体而言,我国 P2P 网贷备案登记存在以下不足之处:

其一,《网贷机构备案登记指引》对 P2P 网贷备案登记的法律性质规定存在相互矛盾之处。P2P 网贷备案登记是行政确认意义上的备案、告知意义上的备案还是监督意义上的备案,甚或是行政许可意义上的备案呢?从《网贷机构备案登记指引》第 2 条第 2 款对“备案登记”所界定的涵义看,

---

① 行政许可意义上的备案是指在主管机关备案完成以后,申请人才具备从事某项活动的资格或条件;行政确认意义上的备案不直接为当事人设定权利义务,只是在法律上确认或否定某行为或事实的存在,以便行政机关统计汇总;告知意义上的备案是为了获得有关行政资讯;监督意义上的备案对报送备案的事项本身不产生直接的法律效果,旨在通过对备案事项的事后审查与监督,实现对特定事项的监管管理,维护社会公共利益。参见朱最新、曹延亮:《行政备案的法理界说》,载《法学杂志》2010 年第 4 期。例如,《中国(上海)自由贸易试验区外商投资企业备案管理办法》中的外商投资备案是一种监督型备案,因为该备案事项的生效不取决于备案机构是否同意,对外资企业准入实施备案管理,不仅是为了确认或否定,而是为了加强对外资企业的事后监管。参见孟小龙:《中国(上海)自贸区外商投资备案管理研究——以现行〈备案管理办法〉为视角》,载《上海政法学院学报(法治论丛)》2014 年第 4 期。

② 其消极影响主要表现:随意设定备案,有的是不必要的备案;设定备案的主要依据是政策而非法律,制度规范性不强;在备案替代审批的一些领域,缺乏替代监管措施和配套机制。参见朱宝丽:《行政备案制度的实践偏差及其矫正》,载《山东大学学报》(哲学社会科学版)2018 年第 5 期。

③ 张红:《论行政备案的边界》,载《国家行政学院学报》2016 年第 3 期。

④ 参见关保英:《行政法的私权文化与潜能》,山东人民出版社 2003 年版,第 29 ~30 页。

P2P 网贷备案登记只是对网贷机构的基本信息进行登记、公示并建立相关机构档案的行为,而且强调备案登记不构成对机构经营能力、合规程度、资讯状况的认可和评价。从该款规定可以推知,P2P 网贷备案登记只是告知意义上的备案,其目的是获得有关行政资讯。然而,备案登记作为我国 P2P 网贷风险专项整治工作的一项重要措施,其目的是加强 P2P 网贷行业的规范和优化,扭转行业机构异化趋势,支持鼓励依法合规的网贷机构开展业务,整治和取缔违法违规的网贷机构。依据分类处置的原则,地方金融监管部门对于合规类的 P2P 网贷机构予以备案登记;对于整改类的网贷机构,经过有关部门认定符合整改验收标准的,予以备案登记,没有通过整改验收的机构可以逐步清退业务和退出市场,或者采取市场化方式,进行并购重组;对于违法违规行为严重甚至有经侦部门介入或失联的平台,予以取缔。可见,在互联网金融风险专项整治这一现实背景下出现的 P2P 网贷备案登记,事实上就是对 P2P 网贷机构合规程度的认可。这说明 P2P 网贷风险专项整治工作的备案登记所发挥的实际功能与《网贷机构备案登记指引》对 P2P 网贷备案登记的功能定位不相符符合。此外,《网贷机构备案登记指引》第 13 条规定,网贷机构在完成备案登记后,应当持备案登记证明,向通讯主管部门申请增值电信业务经营许可。没有取得备案登记,网贷机构就不能取得增值电信业务许可。未取得增值电信业务许可,P2P 网贷机构就无法在互联网上提供金融信息中介服务。该规定实质上是将 P2P 网贷备案作为网贷机构申请增值电信业务经营许可的前置程序,备案登记成为网贷机构申请增值电信业务经营许可的前置性行政许可。这显然与《网贷机构备案登记指引》第 2 条第 2 款对 P2P 网贷备案登记的功能定位——“告知意义的备案”相互矛盾。

其二,大量的地方性 P2P 网贷备案登记实质上是行政许可式的备案。从地方政府已经出台或正在制定的 P2P 网贷机构备案登记规定可以发现,备案登记已经成为已经存续的网贷机构继续经营的必要条件,也是新设网贷机构的必要条件。我国《行政许可法》第 2 条规定,“行政许可,是指行政机关根据公民、法人或者其他组织的申请,经依法审查,准许其从事特定活动的行为。”行政备案是一种事实行为,对备案申请人不产生特定的法律效果,是否产生特定的法律效果,是行政备案与行政许可的最大区别。① 然而,如前文所述,P2P 网贷备案登记是网贷机构从事经营活动的资格和条件,这种备案实质上是一种行政许可,也就学者们所言的行政许可式备案。“与审批制相比,备案制中政府干预的力度明显减小,当事人权利则明显扩大,但是,作为一项正式行政管理法律制度,这种类型的备案与行政审批并没有本质差别,只不过批了一层‘备案’的外衣,在性质上都属于行政许可。”②

三、从平台市场准入制度的缺陷看我国 P2P 网贷平台非法集资风险

(一)放任式的平台市场准入机制诱发 P2P 网贷平台非法集资风险

在放任式的市场准入机制下,我国 P2P 网贷机构的设立与其他普通企业的设立没有不同之处,只需要在工商部门登记注册即可。依据我国现行《公司法》等法律规定,普通企业的注册资本实行认缴制而非实缴制,对企业的从业人员也无资质要求。因此,网贷机构的设立成本很低。如此低廉的企业设立成本,与设立者利用网贷机构从事非法集资活动所获得的收益相比,几乎可以忽略不计。在大量出现的 P2P 网贷平台非法集资案件中,一些 P2P 网贷平台的设立者以进行非法集资犯罪活动为目的设立企业,或者在企业设立以后,以实施非法集资犯罪为主要活动,对这些案件以自然人犯罪而非单位犯罪论处。这些犯罪实际上是以往非法集资犯罪活动的互联网化。放任式的 P2P 网贷平台市场准入机制为以往非法集资活动提供了新的犯罪手段和犯罪场域。犯罪行为的经济理论认为,理性的犯罪是罪犯比较犯罪的收益与刑事审判体系所施加的预期惩罚所作出的“煞有介事”的选择,当罪犯的边际收益等于其边际预期惩罚成本时,罪犯就实现了其犯罪净收益的最大化。③ 罪犯利用 P2P 网贷平台进行非法集资犯罪活动,有利于提高其犯罪活动的边际收益。这正是 P2P 网贷平台非法集资犯罪活

① 参见王宏宇、刘刊:《证券公司行政备案监管的权责及边界研究》,载《金融监管研究》2018 年第 5 期。

② 朱最新、曹延亮:《行政备案的法理界说》,载《法学杂志》2010 年第 4 期。

③ 参见[美]罗伯特 · D. 考特、托马斯 · S. 尤伦:《法和经济学》(第 3 版),施少华、姜建强等译,上海财经大学出版社 2002 年版,第 379 ~381 页。

动的经济根源。

此外,在放任式的市场准入机制下,由于对网贷机构的出资者与从业人员没有资质要求,对网贷机构也没有实缴资本的要求,网贷机构设立之后往往缺乏具有金融专业知识的管理人员,缺乏风险控制意识和风险控制能力。为了追求利益最大化,网贷机构很容易陷入以高息回报吸引投资者的经营模式。这种高杠杆率的经营模式,无疑会加大网贷机构的经营风险。一旦出现逾期支付等信用违约事件,会引发平台出借人的挤兑现象,进而危及整个平台的正常运行。总之,在放任式的平台市场准入机制下,正所谓泥沙俱下,既有可能涌现出发展良好的 P2P 网贷平台企业,也注定会夹杂着一些以进行非法集资犯罪活动为主要目的的 P2P 网贷平台企业。[①] 事实胜于雄辩,放任式的市场准入机制,无疑是诱发我国 P2P 网贷平台非法集资风险的重要因素。媒体所言的我国 P2P 网贷行业的野蛮式发展,就是对放任式 P2P 网贷平台市场准入机制这一缺陷的形象总结。

(二)平台登记备案条件的差异为网贷机构的监管套利提供了新空间

各地 P2P 网贷平台备案登记所要求的条件存在较大差异。在注册资本方面,浙江与广西鼓励实缴注册资本达到 5000 万元以上。在网贷机构的高管任职资格上,上海要求提交高级管理人员的专业资质证明、信用报告及无犯罪记录证明。深圳市既规定了高级管理人员任职的积极条件,也规定了消极条件,如要求从事金融业相关工作 5 年以上且具有大学本科以上学历的高级管理人员不少于 3 名,借鉴《公司法》的相关规定,规定担任破产清算的公司、企业的董事、监事和高级管理人员,对企业破产负有个人责任的,自企业破产清算完结之日起 3 年内不得担任网贷机构的高级管理人员。陕西省则要求网贷机构的法定代表人、高级管理人员至少要有 1 人从事金融、信贷工作 5 年以上,最近 3 年没有重大失信记录,最近 5 年没有违法违纪行为。大连市则只是要求法定代表人、董事、监事及总经理、副总经理和实际履行上述职务的高级管理人员提交个人信用报告和无犯罪记录证明;新疆不仅要求高级管理人员,还要求财务、风控、信息技术部门的主要负责人提交 1 个月内的个人信用报告和无犯罪记录证明。

---

① 据厦门市金融办的工作人员介绍,一家 P2P 网贷平台运营不到一天就“跑路”。

在资金存管方面,北京市要求网贷机构与本市监管部门认可的银行业金融机构签订资金存管协议;深圳市要求网贷机构的主要资金结算账户开设在商业银行在深圳市行政辖区内的分支机构,并且要求网贷机构在与深圳市设有分行以上级别的商业银行达成资金存管安排,即存管银行属地化;福建省也有要求网贷机构的存管银行属地化。在监管信息系统接入方面,北京市要求将业务数据和信息接入本市网络借贷监管系统;上海市要求网贷机构在签订合规承诺书时,同意接入有关监管信息系统,并及时报送和上传相关数据;天津市要求网贷机构在签订合规承诺书时同意将业务系统接入本市网络借贷监管系统;江西省要求网贷机构在取得备案登记后 3 个月内接入中国互联网金融协会信用信息共享平台、省互联网金融征信系统;福建省厦门市要求企业承诺自愿加入厦门市金融风险防控预警平台,同意并授权将业务数据按要求上传;江苏省要求网贷机构接入江苏省网络信息中介机构监管系统。

在投资者保护方面,北京市和天津市规定了网贷机构的投资者适当性审核义务。由于 P2P 网贷备案登记实质上是行政许可,因此各地备案登记条件的差异实际上使得各地 P2P 网贷平台的市场准入条件各不相同。考虑到各个地方的经济发展程度与金融生态环境存在较大的差异,各个地方的 P2P 网贷市场准入条件存在差异似乎具有一定的合理性。不过,鉴于 P2P 网贷经营事实上突破了传统金融业务的地域性限制,P2P 网贷平台市场准入条件的差异性就为网贷机构的监管套利提供了新的空间。网贷机构的设立者可以选择在市场准入门槛低的地域设立网贷机构。从互联网金融风险防控的视角看,备案登记条件的差异会使 P2P 网贷风险从市场准入门槛高的地域向市场准入门槛低的地域转移,这不利于对 P2P 网贷风险的统一预防和处置。

四、市场退出制度视角下 P2P 网贷平台非法集资风险的成因分析

(一)我国关于 P2P 网贷平台市场退出的主要规定

《网贷管理暂行办法》在第三章"业务规则与风险管理"的第 24 条就 P2P 网贷机构退出涉及的几个问题作了如下规定:一是规定了 P2P 网贷机构的通知义务,即 P2P 网贷机构在暂停、终止业务时应当至少提前 10 个工作日通过

官方网站等有效渠道向出借人与借款人公告,并通过移动电话、固定电话等渠道通知出借人与借款人;二是规定了 P2P 网贷机构的妥善处理义务,即 P2P 网贷机构因解散或宣告破产而终止的,应当在解散或破产前,妥善处理已撮合存续的借贷业务,按照有关法律法规的规定办理清算事宜;三是明确 P2P 网贷合同效力不受网贷机构业务暂停或终止的影响,即 P2P 网贷机构退出网贷平台市场,不影响已经签订的借贷合同当事人有关的权利义务;四是规定了 P2P 网贷机构清算时的清算财产范围,即出借人与借款人的资金分别属于出借人与借款人,不属于 P2P 网贷机构的财产,不列入其清算财产。

国务院办公厅在 2016 年 4 月 12 日发布的《互联网金融风险专项整治工作实施方案》要求对互联网金融行业实施清理整顿,各有关部门与各省级政府牵头对本领域或本行政区域内的互联网金融从业机构和业务活动集中整治:对违规情节较轻的从业机构,要求其限期整改,拒不整改的,依法依规予以关闭或取缔;违规情节较重的,予以关闭或取缔;涉嫌犯罪的,移送相关司法机关。

2016 年 4 月 13 日,中国银监会发布的《P2P 网络借贷风险专项整治工作实施方案》明确了专项整治工作的重点、分类处置标准和分类处置措施。重点是整治和取缔互联网企业违规或超范围开展网贷业务,以网贷名义开展非法集资等违法违规活动。分类处置标准要求合规的网贷机构满足以下 6 个方面的要求:一是满足信息中介的定性;二是业务上是直接借贷;三是不触及业务"红线",即不设立资金池、不自融、不向出借人承诺保本保息或提供担保、不误导性宣传、不搞期限拆分、不发售银行理财和券商资管等产品,等等;四是出借人与借款人的资金由第三方存管;五是信息披露完整、客观、及时;六是网络安全设施合规。分类处置措施是依据上述标准,将 P2P 网贷平台分为三类,并采取相应的处置措施:一是合规类,对其设施持续监管、支持鼓励其合规发展,督促规范运营;二是整改类,该类机构大多异化为信用中介并触及业务"红线",故对其采取的处置措施是要求限期整改,整改不到位的,责令继续整改或淘汰整合,并依法处置;三是取缔类,该类机构涉嫌从事非法集资活动,对其处置措施是严厉打击,坚决实施市场退出,依法给予行政处罚或追究刑事责任。

2017 年 12 月 8 日,P2P 网贷风险专项整治工作领导小组办公室发布的

《关于做好 P2P 网络借贷风险专项整治整改验收工作的通知》，对 P2P 网贷平台依据不同的时间节点，分类规制：

一是在《网贷管理暂行办法》发布之日（2016 年 8 月 24 日）之后设立的网贷机构或新从事网贷业务的网贷机构，在本次专项整治期间原则上不予备案。至今依然不明确的是，在 2016 年 8 月 24 日之后设立的网贷机构或新从事网贷业务的网贷机构，在本次专项整治结束之后，这些网贷机构是否可以申请备案？如果不能申请备案，这些网贷机构实质上将被强制退出网贷市场。不过，中国银监会、工业和信息化部、国家工商总局等在 2016 年 10 月 28 日发布的《网贷机构备案登记指引》第 3 条第 1 款规定："新设立的网络借贷信息中介机构在依法完成工商登记注册，领取企业法人营业执照后，应当于 10 个工作日内向工商注册地的地方金融监管部门申请备案登记。"显然，整治整改验收的通知与《网贷机构备案登记指引》的相关规定存在冲突。笔者以为，在专项整治期间，为防范化解 P2P 网贷市场风险和维护金融稳定，暂停对新设的网贷机构予以备案，尚符合法理。但是，在专项整治工作结束之后，应当依法依规对新设的网贷机构予以备案。因为，如前文所述，此种备案本质上是行政许可，对符合规定要求的 P2P 网贷机构不予备案，实质上相当于强制令其退出网贷市场。

二是自始就未纳入整治的各类机构，在整改期间提出备案登记申请的，各地整治办不得对其进行整改验收和备案登记。这些机构实质上被强制退出网贷市场。

三是自 2016 年 8 月 24 日后，不再违反《网贷管理暂行办法》规定的 13 项禁止性行为及单一借款人借款上限规定，且相应存量业务化解完成的网贷机构可以进行备案。反之，网贷机构自 2016 年 8 月 24 日后有违反上述规定之行为的，或者相应存量业务没有化解完成的，不得进行备案登记。

四是曾经开展过房地产首付贷、校园贷以及现金贷等业务的网贷机构，应当按照中国银监会的相关规定的要求，①暂停新增业务，逐步压缩存量业

---

① 关于校园贷，银监会、教育部、人力资源和社会保障部发布了《关于进一步加强校园贷规范管理工作的通知》（银监发［2017］26 号）。关于现金贷，互联网金融风险专项整治工作领导小组办公室、P2P 网络借贷风险专项整治工作领导小组办公室发布了《关于规范整顿"现金贷"业务的通知》。

务并制定退出时间表。反之,在相关监管规定实施之后继续违规从事首付贷、校园贷及现金贷等业务的网贷机构,不予备案。

五是对于没有通过整改验收,无法完成备案登记但是实质上从事网贷业务的机构,由各省、自治区、直辖市等政府协调相应职能部门进行处置,注销其电信经营许可、封禁其网站、要求金融机构不得向其提供各类金融服务。

除了中央层面的P2P网贷机构退出规定之外,我国一些地方政府为了规范P2P网贷机构的市场退出行为,也试图在相关地方性立法中对P2P网贷机构的市场退出问题进行规定。笔者将其整理见表4-2。

表4-2　各地关于P2P网贷平台市场退出的规定

制定主体	发布时间	文件名称	市场退出的基本原则
深圳市互联网金融协会	2017.9.29	《深圳市网络借贷信息中介机构业务退出指引(征求意见稿)》	市场化、积极稳妥、协作配合、分类处置和三个"不可"等原则①
济南市互联网金融协会	2017.11.24	《济南市网络借贷信息中介机构业务退出指引(试行)》	保护投资人权益、规范稳序、协作配合及诚信透明等原则
浙江互联网金融联合会,杭州市互联网金融协会	2018.7.25	《网络借贷信息中介机构业务退出指引(试行)》	保护投资人权益、规范稳序、协作配合、"三不可"、诚信透明等原则
北京市互联网金融协会	2018.7.20	《北京市网络借贷信息中介机构业务退出指引(草案)》	依法进行、市场化运作、优先保护出借人、政府监管、协会监督等原则
广州市互联网金融协会	2018.7.30	《广州市网络借贷信息中介机构业务退出指引(试行)》	稳妥有序、出借人权益保护、协作配合与"三不可"等原则
广东省互联网金融协会	2018.10.13	《广东省网络借贷信息中介机构业务退出指引(试行)》	市场化法治化、最大限度保护出借人合法权益、协作配合、公平公开透明、打击犯罪与维护稳定等原则

① 网贷机构退出期间,网贷机构经营地址不可搬迁、平台网站不可关闭、平台的高级管理人员不可失联。

续表

制定主体	发布时间	文件名称	市场退出的基本原则
安徽省互联网金融协会	2018.8.2	《安徽省网络借贷信息中介机构退出指引(试行)》	主动报备、依法退出、审慎性、积极配合、公开透明与控制风险等原则
大连市互联网金融协会	2018.10.10	《大连市网络借贷信息中介机构退出指引(试行)》	规范有序、协作配合、真实透明、出借人权益保护和“三不可”等原则
上海市互联网金融行业协会	2018.8.3	《上海市网络借贷信息中介机构业务退出指导意见(试行)》	出借人权益充分保护、退出路径市场化运作、各参与主体充分协作、退出期间平台正常运作、从业人员合法权益保护、坚决打击违法犯罪行为
江西省互联网金融协会	2018.11.16	《江西省网络借贷信息中介机构退出指引(试行)》	法制化、最大限度保护投资者合法权益、市场化和接受指导等原则
厦门市金融办	2018.12.21	《厦门市网络借贷风险专项整治工作领导小组办公室关于做好厦门市网络借贷信息中介机构良性退出工作的通知》	市场化法治化、最大限度保护投资者合法权益、坚决打击犯罪与维护稳定、坚持积极稳妥与分类施策、落实属地责任与加强协作配合及发挥监督作用等原则

例如,《山东省网络借贷信息中介机构备案登记管理暂行办法》第 30 条规定了网贷机构市场化退出的条件与程序:网贷机构拟终止网贷信息中介服务的,应当在终止业务前不少于 30 个工作日,向市地方金融监管局提交备案注销资料,市地方金融监管局收到资料后立即报送省地方金融监管局;在备案注销前,网贷机构平台网站不得关闭,平台的高级管理人员不得失去有效联系;市地方金融监管局应督促网贷机构妥善处理好存量业务,完成风险处置,在此之后报工商登记部门办理登记注销、报省地方金融监管局备案注销。《山东省网络借贷信息中介机构备案登记管理暂行办法》第 33 条规定了网贷机构强制退出的情形,赋予省地方金融监管局在网贷机构具有以下情形之一的,有权督促其限期整改,在规定期限内整改不到位的,有

权注销其备案:提供虚假备案材料的;增值电信业务许可证未获批的;信息安全测评报告达不到三级以上要求的;未实际开展资金存管的;拒不配合监管部门依法依规监管的;未按规定及时报送业务数据或者进行信息更新的;备案后连续 6 个月未开展网贷信息中介业务的;存在违法犯罪或严重违规情形的。

又如厦门市金融工作办公室、厦门市网络借贷风险专项整治工作领导小组办公室在 2018 年 12 月 21 日发布了《关于做好厦门市网络借贷信息中介机构良性退出工作的通知》(以下简称《厦门市网贷机构良性退出通知》)。《厦门市网贷机构良性退出通知》规定,做好网贷机构良性退出工作应当坚持的工作原则:市场化、法治化原则,即网贷机构应遵循市场化准则、运用市场化手段合理退出,退出过程严格遵循法律法规,确保公开公正透明,杜绝违法违规犯罪行为;最大限度地保护投资者合法权益原则;打击犯罪,维护稳定原则;积极稳妥,分类施策原则;落实属地责任、加强协作配合、发挥监督作用原则,网贷机构注册地政府对其辖区内的网贷机构负有风险防范处置的属地责任,应当做好辖区内网贷机构的良性退出工作,网贷机构退出必须要接受市属各区金融监管部门的指导以及厦门市地方金融协会的监督,对于注册地与经营地分离、所在地与投资人、借款人所在地分离的网贷机构,由其注册地所在区牵头,其他相关区协作配合。《厦门市网贷机构良性退出通知》规定了网贷机构退出的参与主体及其责任。各区应当组建网贷机构退出专项工作组,该工作组由金融管理、公安、市场监管、通信管理、信访等部门选派人员组成。该工作组主要承担以下职责:建立网贷机构退出申报机制;要求暂不选择退出的网贷机构制定"生前遗嘱"(Living Wills)式退出计划;及时报告网贷机构退出工作进展情况和存在的问题;及时对提出退出申报的网贷机构进行监督,确保退出过程合规合法;对可能出现恶意退出的网贷机构,应在第一时间向市专项整治工作领导小组提示风险,并商请金融监管部门对其账户进行监控,必要时采取冻结其银行账户等措施。《厦门市网贷机构良性退出通知》还规定,网贷机构决定终止网贷业务、退出网贷行业的,应当立即组建退出工作组,由退出工作组作为网贷机构的管理机构承担退出期间的管理职责。《厦门市网贷机构良性退出通知》还压实网贷机构的股东责任,规定违反法律法规规定的网贷机构股东要承担相应的连带责任；在退出期间，网贷机构运营资金不足时，股东应当提供资金援助，确保机构正常运转，以确保网贷机构良性退出。

（二）平台市场退出制度供给不足是诱发平台非法集资风险的重要原因

优胜劣汰是市场竞争的必然结果，也是市场经济的客观规律。P2P 网贷平台退出网贷市场，是网贷市场竞争的必然结果。确保 P2P 网贷平台依法依规退出市场，对于维护 P2P 网贷市场的公平竞争、保护网贷市场投融资者的合法权益，防范化解 P2P 网贷行业风险，保障互联网金融安全等具有十分重要的现实意义。因此，构建完善的 P2P 网贷平台退出机制，是 P2P 网贷法律制度建设的重要内容。尽管《网贷管理暂行办法》以及互联网金融风险专项整治的有关通知就 P2P 网贷机构退出问题作了一些规定，一些地方金融监管部门也作了一些规定，但是相对于我国 P2P 网贷行业发展的现实需求，尤其是大量 P2P 网贷平台“跑路”的现实而言，我国 P2P 网贷平台退出的制度供给存在严重不足。

首先，我国尚未建立起全国统一的 P2P 网贷平台退出制度。《网贷管理暂行办法》第 24 条只是对 P2P 网贷机构退出的几个问题作了原则性规定，规定了网贷机构退出时的通知义务和妥善处置义务。网贷机构退出时涉及的问题绝非该条规定的几个问题，例如网贷监管部门在网贷机构退出中的职责、网贷机构的股东以及高级管理人员在网贷机构退出时的权利义务与责任、第三方机构在网贷机构退出时的法律地位与职责，等等。这些问题在《网贷管理暂行办法》中均未提及。即使是《网贷管理暂行办法》已经规定的几个问题，在各个地方的 P2P 网贷监管规定中就出现了不同的要求。例如《山东省网络借贷信息中介机构备案登记管理暂行办法》第 30 条只是要求拟终止网贷信息中介服务的网贷机构在终止业务前不少于 30 个工作日向市地方金融监管局提交备案注销资料，并未要求其在暂停、终止业务时至少提前 10 个工作日通过官方网站等有效渠道向出借人与借款人公告，并通过移动电话、固定电话等渠道通知出借人与借款人。从山东省这个地方性立法的名称就可以看出，它只是从备案登记管理的角度规定了 P2P 网贷机构的备案注销问题，尚未意识到 P2P 网贷机构退出机制的重要性。当然，由于我国 P2P 网贷备案登记实质上是变相的行政许可，其备案注销会产生市场退出的实际效果。相对而言,目前国内有关P2P网贷机构退出的地方性规定,《厦门市网贷机构良性退出通知》的理念较为先进,内容比较全面。窥一斑而见全豹,山东与厦门两个地方的P2P网贷机构退出规定的明显差异表明,我国尚未建立起全国统一的P2P网贷平台退出制度。

其次,我国尚未建立起符合网贷行业特殊需求的P2P网贷平台市场化退出制度。在市场经济条件下,P2P网贷机构退出网贷行业应当遵循优胜劣汰的市场规律,遵循网贷机构投资者的意思自治,即以市场化退出为主,强制性的行政式退出为辅。恰恰相反,在互联网金融风险专项整治背景下,我国P2P网贷机构的退出方式以强制性的行政式退出为主。因为我国P2P网贷行业早期的野蛮式发展积聚了大规模的市场风险,在宏观经济下行压力加大的背景下,近年来我国P2P网贷行业进入了行业风险的释放期,为防范化解金融风险,监管部门不得不对其进行风险整治。相应地,我国有关P2P网贷平台退出的制度建设以行政式退出为主。互联网金融风险专项整治的有关通知,就赋予了监管部门以不予备案登记方式强制取缔P2P网贷机构的权力;《山东省网络借贷信息中介机构备案登记管理暂行办法》第33条赋予了省地方金融监管局在特定情形下有权注销网贷机构的备案。《网贷管理暂行办法》第24条第2款规定:“网络借贷信息中介机构因解散或宣告破产而终止的,应当在解散或破产前,妥善处理已撮合存续的借贷业务,清算事宜按照有关法律法规的规定办理。”这是关于P2P网贷平台市场化退出的制度依据。该款规定中的“有关法律法规”是指《企业破产法》与《公司法》等法律。由此可见,我国P2P网贷平台的市场化退出适用的是一般的企业市场化退出制度,并未针对P2P网贷行业的特殊性构建符合其行业特殊需求的市场化退出制度。

再次,监管部门在网贷平台的行政性强制退出方面的自由裁量权过大,网贷平台退出的法治化程度有待提高。在P2P网贷风险专项整治中,依据分类处置标准网贷机构被分为合规类、整改类和取缔类,归入整改类网贷机构的条件是其“运行不规范,风险控制不足,缺乏持续经营能力和自我约束能力,大多数异化为信用中介,存在触及业务‘红线’问题”;归入取缔类网贷机构的条件是其“涉嫌从事非法集资等违法违规活动”。从前文的论述可知，触及业务“红线”问题的网贷机构实际均涉嫌非法集资活动。这意味着认定整改类网贷机构与取缔类网贷机构的条件实质上相同。依据《P2P网络借贷风险专项整治工作实施方案》，认定网贷机构是属于整改类还是属于取缔类，是关系到网贷机构是否会被强制退出网贷行业的关键问题。然而，由于认定整改类网贷机构与取缔类网贷机构的条件实质上相同，监管部门在网贷平台的行政性强制退出方面享有过大的自由裁量权。“现代法治实践证明，当裁量太宽或过度时，公正也可能被专断和不平等所侵害，从而构成对个案正义的一种潜在的威胁，甚至直接的危害。”①在网贷平台的行政性强制退出方面，我国金融监管部门享有过大的自由裁量权，难以最大限度地实现个案正义，很容易出现“同案异判”和违反平等对待原则的情形，进而损害个案的实质正义。

又如《厦门市网贷机构良性退出通知》提出坚持法治化原则，但是在“压实网贷机构股东责任”部分又规定：网贷机构在退出过程中出现资金运营不足时，股东应当对网贷机构提供资金援助。该规定缺乏上位法依据和法理支撑。股东和网贷机构各自具有独立法律人格，依据《公司法》等法律规定，股东只有在出资不实、滥用公司人格等法律规定的情形下才负有补足出资、承担连带责任等义务；《公司法》与《企业破产法》等法律从未规定在企业资金运营不足时，股东负有向企业提供资金援助的法律义务。如此规定明显有悖于公司法上的股东有限责任的基本法理。窥一斑而见全豹，我国 P2P 网贷平台退出的法治化程度有待提高。

最后，P2P 网贷平台市场退出的违法违规行为加剧了平台的非法集资风险。我国 P2P 网贷平台市场退出制度的供给不足，使得 P2P 网贷平台的市场退出行为无法可依，也促使一些网贷平台在退出网贷市场时实施违法违规行为，甚至为了非法占有网贷市场投融资者的资金，恶意退出网贷行业。频繁发生的 P2P 网贷平台“跑路”事件就是典型的恶意退出行为。这些违法违规的市场退出行为无疑加剧了网贷平台的非法集资风险，造成了整个 P2P 网贷行业的无序的、没有法治约束的市场退出状态，严重损害了网贷市场投资者的信心。这种无序的、没有法治约束的市场退出状态，加剧

① 周佑勇：《裁量基准的正当性问题研究》，载《中国法学》2007 年第 6 期。

了网贷平台非法集资风险的传染性。即使个别的网贷平台暴雷,也会对整个网贷平台市场投资者的信心产生重大影响,最终会引发多米诺骨牌效应。总之,P2P 网贷平台市场退出制度的供给不足,是诱发我国 P2P 网贷平台非法集资风险的重要原因之一。

第三节 信息不对称视角下我国 P2P 网贷平台非法集资风险的成因分析

一、完全竞争市场与不完全竞争市场的信息特征

完全竞争市场具有以下 4 个基本特征:每个厂商都是价格承担者,其决策对市场价格不产生影响;产品具有同质性,即每个厂商生产相同的产品,各厂商之间的产品具有完全可替代性;资源的完全流动性,每个厂商可以自由地进入和退出市场;完全的信息,不仅是厂商对产品的成本、价格和技术等拥有完全的信息,而且消费者对于所购商品的质量、自己的消费偏好和收入水平等拥有完全的信息。① 与完全竞争市场不同,不完全竞争市场的信息特征是信息不完全,即信息并不是充分而完全地在市场主体之间得到传播,信息的不完全至少在以下两个方面影响市场结果:一是厂商的技术信息优势使得厂商之间的信息不完全,从而可能阻碍其他竞争者进入,"厂商从事研究与开发以便拥有超过其竞争对手的技术优势。即使它们没有获得专利,它们掌握的知识扩散到其他竞争对手也需要时间。行业之外的厂商不知道该行业的商业秘密这一事实提供了重要的进入障碍"。② 二是消费者对于产品具有不完全信息。厂商对产品质量、价格等作虚假宣传的现象客观存在。对于新厂商来说,要使消费者信赖其产品质量需要将真实的产品信息充分传播给消费者。"作为一家新厂商,你不仅必须让潜在的买主了解你的产品,你还必须使他们相信你的产品比竞争对手的产品更好。当商

---

① 参见[美]平狄克、鲁宾费尔德:《微观经济学》(第 4 版),张军、罗汉等译,中国人民大学出版社 2000 年版,第 244 ~255 页。

② [美]斯蒂格利茨:《经济学》(第 2 版),梁小民、黄险峰译,中国人民大学出版社 2000 年版,第 325 页。

品在质量尚存在很大的不易察觉的差异时,仅仅按较低的价格出售可能还不够。消费者可能将低价格理解为低质量的信号。"[①]

总之,完全信息是完全竞争市场的市场主体理性决策的信息基础。在不完全竞争市场,由于没有完全信息,"市场不能自动恢复均衡,市场交易也不能瞬间完成,必然有一定的搜索成本"。[②] 毕竟,"信息也是社会必须花费资源才能产生的一种物品。那些寻找可供选择供应商的购买者,在搜寻过程中必须花费时间、努力与金钱。卖方为了使自己的身份与产品质量广为人知,也要花钱做研究、贴标签、做广告"。[③]

二、P2P 网贷平台并未消除借贷双方之间的信息不对称

时至今日,人类社会已经进入信息社会。在信息社会,信息对于市场主体活动发挥着越来越重要的影响。布雷耶指出,不充分的信息是规制的典型正当化根据之一:"生产与散布信息的激励有可能被扭曲";"交易中的一方当事人可能会处心积虑地通过传递虚假信息或者遗漏关键性事实的方法来误导另一方当事人";"即使购买者找到了具有潜在竞争关系的销售者,他仍然可能无法评估这些销售者所提供的产品或服务的特性";"在供方这一边,市场竞争性或许不足以保证提供给消费者愿意购买的所有信息"。[④] 依据科斯在《社会成本问题》中提出的关于政府干预的成本收益比较方法,在信息确实需要且干预能够降低信息提供的成本时,政府应当通过规制帮助消费者获得必要的信息。

金融市场的不完全信息更有其特殊性。"在金融市场上,交易一方对另一方缺乏充分的了解,以至于无法作出正确的决策。这种不对等的状态

---

① [美]斯蒂格利茨:《经济学》(第 2 版),梁小民、黄险峰译,中国人民大学出版社 2000 年版,第 325 页。

② 陈雨露、汪昌云:《金融学文献通论·宏观金融卷》,中国人民大学出版社 2006 年版,第 580~581 页。

③ [美]史蒂芬·布雷耶:《规制及其改革》,李洪雷、宋华琳等译,北京大学出版社 2008 年版,第 40 页。

④ [美]史蒂芬·布雷耶:《规制及其改革》,李洪雷、宋华琳等译,北京大学出版社 2008 年版,第 40~43 页。

被称为信息不对称。”①“由于金融市场中小道消息、虚假信息的客观存在，投资者对信息的分析、鉴别、处理能力的差异以及信息在传递过程中的扭曲、失真，也使金融资产价格对市场的反映出现偏差。”②

信息不对称是银行等金融中介机构存在的信息基础，银行作为专业的信用中介机构有助于缓解资金供求双方之间的信息不对称，帮助资金实现在贷款人和借款人之间的转移。然而，银行作为贷款人，其与借款人之间仍然存在信息不对称。信息不对称会造成逆向选择和道德风险问题。“金融市场上的逆向选择是指，那些最有可能造成不利（逆向）后果即制造信贷风险的潜在借款人，往往是那些最积极寻求贷款，并且最有可能获取贷款的人。由于逆向选择使贷款可能遭致信贷风险，贷款人可能决定不发放任何贷款，尽管金融市场上存在着信贷风险很小的选择。”③“金融市场中的道德风险是借款人从事不利于贷款人的（不道德）活动的风险（危险），因为这些活动增大了贷款无法清偿的概率。由于道德风险降低了贷款偿还的可能性，贷款人可能决定不发放贷款。”④金融市场的不完全信息，尤其是金融市场主体之间的信息不对称所致的逆向选择与道德风险最终会影响金融资源的最优配置，是金融市场失灵的重要原因之一。

让·梯若尔在分析不对称信息下的公司融资理论时指出，投资者可能会被两种类型的信息不对称所左右：发行者与投资者之间的信息不对称；投资者与投资者之间的信息不对称。前者会导致所谓的“柠檬问题”——当卖者比买者拥有更多的产品质量的信息时，旧货市场会收缩甚至消失殆尽，因为市场受信息不对称所致的逆向选择问题困扰，市场交易得不到充分实现；同理，当资本市场对企业的信息认知有限时，发行者能够募集到的资金

---

① ［美］弗雷德里克·S. 米什金：《货币金融学》（第7版），郑艳文译，中国人民大学出版社2006年版，第34页。

② 陈雨露、汪昌云：《金融学文献通论·宏观金融卷》，中国人民大学出版社2006年版，第581页。

③ ［美］弗雷德里克·S. 米什金：《货币金融学》，郑艳文译，中国人民大学出版社2006年版，第34页。

④ ［美］弗雷德里克·S. 米什金：《货币金融学》，郑艳文译，中国人民大学出版社2006年版，第35页。

可能要低于平时能募集到的资金。[①] 以上理论观点同样可以推及 P2P 网贷市场,如果 P2P 网贷平台有助于缓解借贷双方之间的信息不对称,那么借款人就可以在 P2P 网贷市场筹集到比其他市场更多的资金;如果不能缓解甚至加剧借贷双方之间的信息不对称,那么柠檬问题同样会在 P2P 网贷市场发生。互联网金融时代,该问题的另一面向,就是作为技术平台的 P2P 网贷平台能否替代传统的信用中介。“技术替代就是指大数据、云计算或者一些还未出现的革命性技术手段发展到极为先进的程度,可以直接刻画出个人或企业的信用状态或‘信用画像’,以‘数据 + 技术 + 算法’来测量信用和定价风险,从而解决信息不对称的问题。如果互联网金融可以发展出这样的模式,那么信用中介赖以生存的信息不对称情况将大大减少,自然很大一部分融资可以实现点对点的直接资源配置。”[②]然而,有人认为,在依靠互联网的 P2P 网贷市场,信息不对称问题比传统的金融市场更加严重,因为投资人并没有与借款人见面,更不能当面索要借款。[③] 正是由于 P2P 网贷市场的信息不对称,美国才将 P2P 网贷纳入证券业监管,并强制要求平台披露每笔借款的信息;英国和中国的监管机构对 P2P 网贷“无信息披露监管,投资人无法识别借款人的状况,只能依靠平台去识别借款人的优劣,平台需要通过为借款人担保作为信号,吸引投资人的投资”。[④]

笔者以为,尽管以大数据和区块链为核心的金融科技近年来得到了迅猛的发展,但是尚不足以解决信息不对称问题。作为互联网时代的一种新金融模式,P2P 网贷与属于金融旧模式的银行相比,存在以下主要差别:银行以在特定地区域内开设营业网点的模式开展业务,银行业务以手动处理和人工服务为基础;P2P 网贷以网络世界中数据的数字化分布为基础,P2P 网贷业务建立在数字处理和自动化服务基础上;银行是一个成本高昂的信

---

① 参见[法]让·梯若尔:《公司金融理论》(上),王永钦、许海波等译,中国人民大学出版社 2015 年版,第 394 页。

② 霍学文:《新金融,新生态:互联网金融的框架分析与创新思考》,中信出版社 2015 年版,第 64 页。

③ See Freedman, Seth and Jin, Ginger Zhe, “Do Social Networks Solve Information Problems for Peer-to-Peer Lending? Evidence from Prosper. com”, Available at SSRN: https://ssrn. com/abstract = 1936057 or http://dx. doi. org/10. 2139/ssrn. 1936057, 2019 - 05 - 30.

④ 张海洋:《信息披露监管与 P2P 借贷运营模式》,载《经济学(季刊)》2016 年第 1 期。

用中介,P2P网贷平台通过大数据与区块链等信息技术的应用有助于减少借贷双方的信息不对称,从而有可能减少违约风险。英国的P2P网贷平台Zopa自启动以来的违约率是0.69%,并在网站上承诺减少借贷风险:“如果借款者没有偿还借款,专职的收款团队会代表你去追账。如果借款者在借款偿还期4个月后仍没有还款,我们设立的保障基金就会介入,把你的钱连本带息还给你。基金来自借款者借款批准后所缴纳的手续费。”①不过,即使有大数据、区块链等信息技术的广泛应用,P2P网贷平台也不能消除借贷双方之间的信息不对称,借贷双方之间的信息不对称仍然客观存在。例如,美国2016年发生的Lendingclub信息欺诈事件和我国大量的P2P网贷平台“跑路”事件就充分体现了P2P网贷之借贷双方间的信息不对称。各国P2P网贷市场发生的信用违约事件与欺诈事件表明,信息不对称仍然是P2P网贷市场失灵的重要原因之一。

三、平台非法集资:信息不对称下的逆向选择与道德风险的典型表现

P2P网贷这一新兴的互联网金融业态,就是通过互联网平台促成贷款人和借款人达成借贷协议,贷款人和借款人无须通过银行等传统的信用中介机构就可以实现资金融通。P2P网贷是一种典型的金融脱媒行为。如同银行只是缓解资金供求双方之间的信息不对称一样,P2P网贷平台也只是可能缓解但是无法消除借贷双方之间的信息不对称。在传统金融市场中存在的信息不对称所导致的逆向选择与道德风险问题,在P2P网贷市场同样存在。我国一些P2P网贷平台的非法集资行为,就是信息不对称的网贷市场中的逆向选择与道德风险的典型表现。前文对我国P2P网贷平台非法集资案件的实证分析表明,通过P2P网贷平台非法集资的行为人正是利用了网贷市场的信息不对称。例如,资金出借人难以核实网贷借款人的真实身份、信用状况、借款用途等相关信息。在这种信息不对称的状态下,P2P网贷的借贷双方本难以达成借贷协议。于是,大量的P2P网贷平台为平台促成的借款违规提供担保。无论是平台发布虚假借款信息进行自我融资,

---

① [英]克里斯·斯金纳:《FinTech,金融科技时代的来临》,杨巍、张之材、黄亚丽译,中信出版社2016年版,第124页。

还是违规提供担保，其最终目的只有一个——从出借人处筹集资金。这正是典型的逆向选择。这些平台公司所筹集的资金，有的被平台高管挥霍一空，有的用于偿还平台投资者设立的企业的债务，有的被投资于高风险业务。这些高风险活动无疑增加了贷款无法清偿的概率，是信息不对称下的 P2P 网贷市场之道德风险的典型表现。

信息披露制度缺失使我国 P2P 网贷市场的信息不对称更加严重。在《网贷管理暂行办法》之前，我国监管机构对 P2P 网贷持放任态度，也没有进行相应的制度建设，P2P 网贷信息披露制度曾经一片空白。《网贷管理暂行办法》第五章专章规定了信息披露：第 30 条规定网贷机构应当在其官方网站向出借人充分披露借款人基本信息、融资项目基本信息、风险评估及可能产生的风险结果、已撮合的未到期的融资项目资金运用情况等；第 31 条规定网贷机构应当在网站显著位置披露本机构所撮合的借贷项目等信息、定期向公众披露年度报告，网贷机构应当聘请会计师事务所对本机构的资金存管、信息披露情况、信息科技设施安全、经营合规性等环节定期审计，聘请有资质的信息安全测评认证机构进行测评认证，并向出借人和借款人披露审计和测评认证结果；第 32 条规定了网贷机构董事、监事及高级管理人员负有忠实和勤勉义务，并保证披露的信息真实、准确、完整、及时和公平，不得有虚假记载、误导性陈述或者重大遗漏。不过，《网贷管理暂行办法》的制定者显然认识到了这些规定只是原则性规定，不具有实践操作性，故规定网络借贷信息披露具体细则另行制定。2017 年 8 月 24 日中国银监会公布了《网络借贷信息中介机构活动信息披露指引》（以下简称《信息披露指引》）。《信息披露指引》从加强消费者权益保护的角度出发，明确了网贷信息披露的基本概念和原则；明确了在网络活动中应当披露的信息内容包括网贷机构的基本信息、网贷机构的运营信息、项目信息、重大风险信息、消费者投诉渠道信息等；制定了详细的信息披露说明，以规范信息披露的口径和标准；强调披露主体的责任及监管要求。考虑到网贷行业的现实情况，《信息披露指引》规定整改的过渡期限为 6 个月。

《信息披露指引》自公布之日生效。时至今日，6 个月的过渡期早已过去。然而，仍有大量的 P2P 网贷机构没有完成《信息披露指引》规定的整改要求。“冰冻三尺，非一日之寒。”《信息披露指引》整改规定的难以落实，恰恰也说明了我国 P2P 网贷信息披露制度长期缺失的严重程度，也说明我国 P2P 网贷市场的严重信息不对称并未从根本上得以解决。大量异化的 P2P 网贷平台不仅未能缓解借贷双方之间的信息不对称，反而捏造、散布和传播虚假信息，诱使投资者作出错误的投资行为，实际上加剧了 P2P 网贷市场的信息不对称。

第五章　美国与英国的 P2P 网贷监管制度述评与启示

第一节　美英等国 P2P 网贷监管制度述评

一、美国与英国的 P2P 网贷监管制度概述

（一）美国的 P2P 网贷监管制度概述

1. 美国的 P2P 网贷平台市场准入制度。美国没有将投资型众筹进一步区分为借贷型众筹与股权众筹，而是将投资型众筹作为一种证券统一纳入证券法的调整范围。美国 2012 年《促进创业企业融资法案》（the Jumpstart Our Business Startups Act，简称“JOBS 法案”）和美国《众筹条例》关于众筹发行的中介制度中，就包含了美国的 P2P 网贷平台市场准入制度。依据美国 1934 年《证券交易法》的规定，本应当由在 SEC 注册设立的证券经纪人设立 P2P 网贷平台，以便为投融资双方提供中介服务，但是众筹的发行人是经营规模小的成长型公司，且其融资规模小，对于大多数证券经纪人而言，为此种规模的证券交易提供中介服务，很可能是并不划算的

买卖。① 为了防止众筹融资平台被认定为美国1934年《证券交易法》上的“经纪人”而被纳入严格监管体系，解决因此而导致的监管成本过高问题，JOBS法案创立了“集资门户”这一新的中介类型。② 集资门户是JOBS法案界定的一种新的网上小额融资交易的中介机构。美国《众筹条例》第227.300条规定，集资门户指的是，“在依据《证券法》第4(a)(6)条[《美国法典》第15卷77d(a)(6)]进行的证券发行或出售的相关交易中作为中介的经纪人”。③ 美国《众筹条例》第227.400条规定，集资门户必须在SEC注册，提交集资门户表格，并注册成为全国性证券业协会成员，集资门户在从事与集资门户相关的活动时，将豁免其依据美国1934年《证券交易法》第15(a)(1)条要求的经纪人注册义务。④

集资门户具有以下法定职责：采取措施防止证券欺诈，例如，审查筹资人及其筹资行为是否合规，披露筹资人信息；采取措施保障投资人进行理性投资，例如加强对投资者的投资教育，对投资人进行风险能力测验，告知其投资风险；建立投融资双方共享的信息平台；记录和保存投融资双方及其交易相关的信息。⑤ 集资门户与1934年《证券交易法》第15(a)(1)条规定的注册券商(证券经纪人)相比，其在设立门槛和经营成本等方面的要求都比较低，但是其行为也受到较多限制。JOBS法案对于集资门户的行为做出了明确规定，如集资门户不能提供投资建议，不能推荐证券，不能买卖证券、不能管理、持有或以其他方式处理投资基金或证券等，⑥以规范融资行为保护投资者利益。美国SEC《众筹条例》进一步规定，集资门户不得从事以下行为：(1)提供投资建议或推荐；(2)为平台上展示的证券招揽购买、发售、

---

① 参见[美]丹尼尔·高凡：《“众投”引发大众关注》，李丹译，载《金融市场研究》2013年第10期。

② 参见毛海栋：《美国〈众筹条例〉评述》，载彭冰主编：《互联网金融的国际法律实践》，北京大学出版社2017年版，第152～153页。

③ 谭思瑶、陈嘉希、袁义萍译：《美国SEC〈众筹条例〉》，载彭冰主编：《互联网金融的国际法律实践》，北京大学出版社2017年版，第181页。

④ 参见谭思瑶、陈嘉希、袁义萍译：《美国SEC〈众筹条例〉》，载彭冰主编：《互联网金融的国际法律实践》，北京大学出版社2017年版，第189～192页。

⑤ 参见刘明：《美国〈众筹法案〉中集资门户法律制度的构建及其启示》，载《现代法学》2015年第1期。

⑥ See Bradford, C. Steven, "The New Federal Crowdfunding Exemption: Promise Unfulfilled", *Securities Regulation Law Journal*, Vol. 40, No. 3, Fall 2012, pp. 199－206.

出售；(3)不因上述招揽行为、平台展示证券的销售或者向平台引流而向员工、代理商或者其他人提供报酬；(4)拥有、管理、持有或处理投资者资金或证券。① “与此形成鲜明对照的是，证券承销商可以作为投资顾问推销证券，并向从事这种推销证券活动的雇员和代理人支付酬金，也可以作为投资者的中介机构，为投资者持有资金和证券。”②总之，集资门户是一种特殊的证券发行中介机构，是一个独立提供众筹中介服务，又与注册券商在功能和经营模式上存在差异性与互补关系的众筹平台类型。

2. 美国众筹豁免规制之争的 P2P 网贷监管。争议缘起于众筹对美国证券法的挑战。P2P 网贷是互联网时代金融领域出现的一种新生事物，其在西方英美国家的产生与发展恰值金融危机发生之时。在很大程度上，作为一种创新性融资方式，它被寄予了促进创业企业发展和为国民经济发展提供新动力的厚望，因此，英美国家金融监管部门对 P2P 网贷的规制总体上是比较宽松和放任的。在 P2P 网贷规制立法的进程中，西方国家理论界也曾发生过不少争议。例如，美国 2012 年 JOBS 法案第三章的众筹豁免规则就在美国引起了激烈的争议。争议的焦点主要有三：

一是众筹在美国证券法上的法律地位。美国法只是将众筹分为捐赠型众筹与投资型众筹，没有将投资型众筹再分为借贷型众筹与股权众筹。由于投资型众筹的投资者是以营利为目的，故投资型众筹是美国 1933 年《证券法》第 2 节(a)款(1)项规定的“投资合同”。有争议的是捐赠型众筹是不是一种“投资合同”，并接受美国《证券法》的规制。美国《证券法》没有明确界定到底由什么构成投资合同，只是在法院的相关案例中有过对投资合同的解释。在 SEC. v. W. J. Howey Co. 案中，美国最高法院确定投资合同成立的标准是，“该方案是否涉及对某项共同事业的金钱投资，而收益完全来自于他人的努力”。③ 该标准包括了金钱投资、共同事业、预期收益及

---

① 参见谭思瑶、陈嘉希、袁义萍译：《美国 SEC〈众筹条例〉》，载彭冰主编：《互联网金融的国际法律实践》，北京大学出版社 2017 年版，第 181 页。

② 徐冬根：《论网络股权众筹集资门户的法律地位：以美国法为视角》，载许多奇主编：《互联网金融法律评论》，法律出版社 2016 年版，第 8 页。

③ ［美］莱瑞·D. 索德奎斯特：《美国证券法解读》，胡轩之、张云辉译，法律出版社 2004 年版，第 101 页。

完全来自于他人的努力等 4 个构成部分。就此标准而言,一般性的捐赠型众筹的捐赠人并未获取收益回报,不应当属于投资合同。不过,也有一些捐赠型众筹变相地给予回报。比如,有的通过预先购买方式向捐资者提供企业正在研发的产品样品,或者给予捐资人各种各样的非经济利益方面的回报。这些众筹具有通过上述手法以规避证券法规制的嫌疑。

二是众筹如何适用证券法上的豁免规定。依据 1933 年美国《证券法》的规定,除了该法规定的豁免情形之外,证券的发行必须在美国证券交易委员会注册。从理论上分析,捐赠型众筹可以作为教育、慈善等机构发行的证券进行豁免,而投资型众筹的受要约人是成千上万的网络用户,网络发行方式也突破了州的地域限制。发行人主张州内发行豁免必须确认每个投资者的住所地,而且要确保所有投资者是发行人所在地的居民。因此,投资型众筹的发行人难以主张州内发行豁免与私募豁免,只能主张限制性要约的豁免。

三是众筹网站平台是否需要在美国证券交易委员会注册。与传统的证券发行方式不同的是,众筹是通过互联网上的众筹网站平台向网上投资者发行。众筹网站平台作为证券发行人与投资者之间的交易媒介,事实上发挥了证券经纪功能。这些网站平台是否需要依法在美国证券交易委员会注册?这是众筹给以往证券法律制度带来的又一个挑战。

3. 美国众筹发行豁免规则的立法考察。第一,JOBS 法案之前关于众筹发行豁免的 4 个立法建议或草案。在 JOBS 法案之前,美国曾经出现过 4 个相关的立法建议或草案。《创业者融资法案》是 2011 年 11 月美国众议院通过的第一个有关众筹的法案,其主要目的是试图为众筹型证券的发行创立一个证券法上的豁免规则。依据该法,众筹发行人必须遵守以下三个方面的限制才能适用豁免规则:其一,发行人筹集的资金不超过 100 万美元,向投资者提供了经审计过的财务报表的发行人最多可以筹集 200 万美元;其二,每个投资者的投资限额是 10,000 美元或者不超过其年度收入的 10%;其三,发行人必须采取风险防范与提示措施,如向投资者提示众筹的投资风险及其再售的限制,回答投资者有关风险的问题,向证券交易委员会提交要约公告等。美国第二个有关众筹的法案是马萨诸塞州参议院布朗·斯科特提交的《融资民主化法案》。与《创业者融资法案》相比,它将个人投资者的限额降到了1000美元，但只有通过众筹平台融资的发行人才能主张该豁免规则，而且要求众筹的发行人必须至少在一个州注册。第三个有关众筹的法案是俄勒冈州参议员默克里·杰夫在2011年12月提交的《网络融资与反欺诈及保密法案》。该法案对众筹的个人投资者的限额采取了超额累进制：收入5万美元以下的为500美元；收入5万～10万美元的增加到该部分收入的1%；收入10万美元以上的增加到该部分收入的2%。北美证券管理协会建议，由州监管机构作为众筹的主要监管组织；发行人筹集的资金不超过50万美元；对于个人投资者，不管其个人收入多少，最高限额统一为1000美元。①

第二，JOBS法案关于众筹豁免规定的主要内容。JOBS法案第三章是关于众筹的豁免规定，即众筹型证券的发行可以免于1933年《证券法》规定的注册要求。该豁免的基础是1933年《证券法》的第4节(6)款规定。主张第4节(6)款规定的豁免必须符合以下4个要求：发行总额的限制；每个投资者的投资总额限制；证券由符合1933《证券法》第4节A(a)规定的中介机构发行；发行人符合1933年《证券法》第4节A(b)规定的要求。JOBS法案从以上4个方面规定了众筹型证券发行的豁免条件，具体如下：

(1)众筹型证券的发行总额限制。发行人在12个月之内可以通过众筹发行的证券不超过100万美元。

(2)众筹型证券投资者投资总额的限制。JOBS法案从三个方面对投资者进行了限制性的保护。①每个投资者向单个众筹的投资限额。这取决于投资者的财产净值与年度收入。财产净值与年度收入均低于10万美元的投资者，向单个众筹的最高投资额是2000美元，或者是其年度收入的5%，或者是其财产净值的5%。财产净值与年度收入均达到或超过了10万美元的投资者，向单个众筹的最高投资额是其财产净值或年度收入的10%。但是，该法案并没有明确当财产净值与年度收入不相等时以哪个为准，也没有明确财产净值与年度收入中的一个达到了10万美元，另一个却低于10万美元时如何确定最高投资限额。②每个投资者的总投资限额。

---

① See Andrew Fink, "Protecting The Crowd and Raising Capital through The JOBS Act", Available at SSRN: https://ssrn.com/abstract=2046051, 2014-05-06.

众筹的中介机构有义务保证投资者在 12 个月之内向所有发行人购买的众筹型证券总额不超过规定的限额。该限额与每个投资者向单个众筹的投资限额是相同的。尽管中介机构的交易记录会显示投资者通过其网站购买了多少证券,但是投资者也可能通过其他网站购买证券。因此,要求中介机构履行上述义务事实上存在较大困难,目前尚不清楚的是证券交易委员会要求中介结构如何执行总投资限额的规定。③对投资者的风险管理要求。由于 1933 年《证券法》第 4 节(6)规定适用于合格投资者的发行注册豁免,故对于该投资者具有一定的风险管理要求。以众筹为例,投资者必须回答有关问题,以表明其认识到了投资创业企业和小企业的风险并能够承担损失。

(3)对众筹型证券发行人的要求。发行人负有比较广泛的信息披露义务。发行人应当向证券交易委员会、投资者及中介机构披露法定的信息,包括发行人公司的总体情况、财务信息、股权结构及有关证券发行要约的具体信息。发行人需要提供的财务信息因证券发行总额而不同:发行总额低于或等于 10 万美元的,发行人应当提供最近年度的所得税申报表及其主要管理层确认真实的财务报表;发行总额在 10 万 ~ 50 万美元的,发行人应当提供经独立的会计师审核的财务报表;发行总额超过 50 万美元的,发行人应当提供经过审计的财务报表。发行人还必须向证券交易委员会提交年度报告。证券交易委员会还被授权可以要求增加其他必要的信息披露要求,以保护投资者利益与公共利益。

(4)经纪人与集资门户(funding portal)的注册要求。主张适用第 4 节(6)款豁免规定的众筹必须通过在证券交易委员会注册的经纪人或集资门户发行。

第三,美国《众筹条例》对 JOBS 法案的进一步完善。2015 年 10 月 30 日美国证券交易委员会(SEC)在 2015 年 10 月 30 日通过的《众筹条例》中对 JOBS 法案做了进一步的完善。例如,在单个投资者的众筹投资限额方面规定:以投资者的年收入或净资产中的较小的一项是否达到 10 万美元为标准,低于 10 万美元的,投资限额不超过该项数值的 5% 或者 2000 美元;高于 10 万美元的,投资限额不超过该项数值的 10%。此外,美国《众筹条例》要求中介平台提供公开的、开放的交流渠道,以便于投资者相互交流信息,有助于防止欺诈的发生。

(二)英国 P2P 网贷监管制度概述

英国 P2P 网贷最初属于民间消费信贷,依据英国《消费信贷法》由英国公平交易管理局监管,其监管事项主要是规范借贷双方的信贷行为,缺乏对 P2P 网贷平台公司的监管,在对 P2P 网贷平台公司的风险管控方面存在相当大的"监管真空"。2014 年 3 月 6 日,英国行为金融监管局(Financial Conduct Authority,FCA)发布了《关于网络众筹和通过其他方式推介不易变现证券的监管规则》(以下简称《众筹监管规则》),《众筹监管规则》自 2014 年 4 月 1 日起实施。借贷型众筹是《众筹监管规则》界定的 5 种主要类型众筹之一。[①] FCA 界定的借贷型众筹不仅包括 P2P(个人对个人)借贷平台,还包括 P2B(个人对企业)。依据英国《2000 年金融服务与市场法》的要求,经营借贷型众筹业务的公司必须获得 FCA 的行政许可。对于借贷型众筹平台,FCA 主要从以下几个方面进行监管。

1. 最低资本要求。为了应对平台企业未来可能发生的财务危机,监测和防控平台企业的经营风险,《众筹监管规则》要求借贷型众筹平台企业保持与其贷款资金总额相对应的资本金:贷款资金总额不超过 5000 万英镑的部分,资本金为贷款总额的 0.2%;5000 万~2.5 亿英镑的部分,为0.15%;2.5 亿~5 亿英镑的部分,为 0.1.%;5 亿英镑以上的部分,为 0.05%。

2. 客户资金规则。英国《众筹监管规则》与美国 JOBS 法案及《众筹条例》的一个显著不同之处,是平台企业可以为客户持有资金,但是平台企业要严格遵守 FCA 制定的客户资金管理手册所提出的客户资金规则:平台企业必须以法定信托形式持有客户资金;平台企业对客户负有信义义务,只能在依照客户要求履行职责时才能够支配资金;平台企业必须将客户资金存放于适当银行,并得到银行的如下承诺:银行不从存放资金账户中扣款抵销平台企业债务,以保证客户资产的独立性。

3. 信息披露与报告义务。为了确保投资者公平地获得真实的、明确的无误导性的信息,FCA 要求平台企业披露如下信息:借款人相关信息;违约

① 5 种众筹分别是:捐赠型众筹;预付型或奖励型众筹;被豁免型众筹;借贷型众筹与投资型众筹。

相关信息;回报率相关信息;担保情况;投资者税务等其他信息。此外,平台企业应当通过FCA在线报告系统定期向其提交总结报告,报告平台企业的财务状况、持有客户资金情况、投诉与控告等方面的信息。

4. 投资者的撤销权。2011年10月25日,欧盟颁布了编号为2011/83/EU的消费者权益保护的最新指令。该指令第9条规定:“除非有指令第16中所规定的例外,否则从远程合同或无店铺销售合同签订之日起消费者享有为期14天的撤销合同的期限,行使撤销权时消费者无须提供任何理由,也无须支付任何费用。”①借贷型众筹平台投资者与平台签订的服务协议,以及投资者与借款人签订的借贷合同,都属于欧盟指令第9条规定中的远程合同,投资者是否享有该条规定的撤销权呢?“FCA认为,在每一笔贷款中都赋予投资者同意投资后又反悔的权利是不可行的,撤销权更适用于投资者决定是否接受一个平台的服务,故撤销权只适用于投资者与众筹平台之间的服务协议。”②

二、美英等国家的P2P网贷监管法律制度评析

(一)美国众筹豁免规则之争及其法与经济学分析

1. 美国关于众筹豁免规则的主要争议。第一,强调投资者利益保护的反对意见。JOBS法案对众筹证券的豁免规定自制定与实施以来在美国社会引起了广泛的争议。反对者认为,豁免规定不利于保护投资者利益。如美国《芝加哥论坛报》在评论该法案时就指出,前证券交易委员会主席玛丽·夏皮罗从一开始就极力反对JOBS法案。玛丽·夏皮罗警告该法案必将增加资本市场的欺诈行为,损害市场信心,进而会提高融资成本。③ 美国证券法专家托马斯·李·哈森对豁免规定中的有限信息披露要求提出了批评,他指出,豁免规定以“小的东西往往是好的”这一信条为基础,但是小的东西也可能伴随着欺诈,尽管众筹中欺诈行为发生的概率小,总体上也会损

---

① 胡田野:《最新欧盟消费者权益指令的解读与借鉴》,载《河北法学》2012年第12期。

② 张雨露:《英国借贷型众筹监管规则综述》,载彭冰主编:《互联网金融的国际法律实践》,北京大学出版社2017年版,第228页。

③ See Chicago Tribune, “An American Growth Bill”, https://www.chicagotribune.com/opinion/ct-xpm-2012-03-21-ct-edit-investors-20120321-story.html,2019-05-30.

害经济，而且众筹网络平台投资者之间的关联性增加了欺诈的可能性，网络的非人格化本质要求更多的而非更少的投资者保护，无论是合格投资者还是非合格投资者都需要一定程度的保护，即使是合格投资者也有可能沦为欺诈的牺牲品。①

第二，注重发挥众筹促进资本市场效率的支持意见。JOBS 法案的支持者认为，豁免规定有助于促进资本市场效率且需要证券交易委员会进一步落实。如果众筹不能适用豁免规定，那么众筹的发行人必须履行证券注册与定期报告义务，那样势必会增加众筹的融资成本，损害资本市场的效率，进而影响到以众筹作为主要资金来源的小企业尤其是创业企业的发展。这些企业又提供了大量的就业机会，对于解决金融危机后欧美国家普遍存在的高失业率问题发挥了重要作用。欧美国家立法者非常注重发挥众筹在解决失业与促进经济发展方面的功能。而要发挥众筹的这些社会功能，就必须要在证券法上建立起行之有效的适用于众筹的豁免规则。美国有律师指出，JOBS 法案的豁免规则存在三个缺陷：一是证券发行中的财务信息披露要求；二是证券发行中的非财务信息披露要求；三是发行之后的持续信息披露要求。这些缺陷会给众筹型证券的发行增加不合理成本。实际上美国的堪萨斯州、佐治亚州及威斯康星州等已经采取措施避免这些成本的发生。如依据《堪萨斯州投资法》，众筹的发行与交易都无须履行信息披露义务。②

2. 美国众筹豁免规则之争的法与经济学分析。第一，法律正义视角的分析。尽管正义是法律人所宣称的永恒追求，但令人困惑的是法律人所追求的正义有“一张普洛透斯似的脸……变幻无常、随时可呈不同形状并具有极不相同的面貌”。③ 自由、安全、平等、公平、效率与秩序等都是法律人所追求的正义目标。无疑，这些具体类型的正义之间存在着一定的矛盾或冲突。以众筹豁免规则之争为例，它就充分体现了众筹立法者在追求法律

---

① See Thomas L. Hazen, “Crowdfunding or Fraud funding-Social Networks and the Securities Laws-Why the Specially Tailored Exemption Must Be Conditioned on Meaningful Disclosure”, *North Carolina Law Review*, Vol. 90, 2012, pp. 1736 – 1769.

② See Guzik, Samuel, “SEC Crowdfunding Rulemaking Under the Jobs Act—An Opportunity Lost?” Available at SSRN: https://ssrn.com/abstract = 2393897, 2019 – 05 – 30.

③ ［美］E. 博登海默：《法理学：法律哲学与法律方法》，邓正来译，中国政法大学出版社 2004 年版，第 261 页。

正义时面临的现实困惑。这种困惑源于互联网金融领域的自由市场与社会正义、金融安全与金融效率之间的矛盾。

如孙斯坦教授所言，自由市场具有许多优点，但是也会做一些不应该做的事情，换言之，自由市场的所有结果并不都是符合社会正义的，那么，入侵自由市场就能产生好的结果吗？法律经济学研究表明，入侵自由市场常常会导致不幸的，甚至荒谬的结果。[①] 事实上，一个积极的政府往往以维护社会正义如安全保障之名入侵自由市场，而自由市场的捍卫者总是以自由市场配置资源的高效率加以抗衡。因此，自由市场与社会正义之间的矛盾在法律价值上演变为安全与效率之间的矛盾，在金融领域又表现为金融安全与金融效率之间的矛盾。JOBS 法案豁免规则的反对者强调加强投资者利益保护与维护资本市场诚信，关注的是上述矛盾中的金融安全因素；支持者看重的是众筹领域市场主体的自由，重在发挥众筹促进资本市场效率的功能，而众筹投资的低门槛及通过互联网投资的便利性使得投资不再是富人的专利，众筹这一普惠金融产品有利于促进金融资源在社会大众之间的公平分配。然而，矛盾本身就是一个对立统一体，具有两面性，无论是 JOBS 法案的反对者还是支持者，都只是关注了矛盾的某个方面，因而都有失片面。法律毕竟是善良与公正之术，是秩序与正义的综合体，法律人应当平衡相互冲突的法价值，不可偏废任何一方。

第二，法律经济学视角的分析。从法律经济学视角看，美国有关 JOBS 法案豁免规则的争议实质上是众筹规制过度与否的问题。美国学者在评价 JOBS 法案的主要争议时指出："问题的解决有赖于进行成本收益分析：是否存在这样的监管缺口——它会造成很多人失去较少数额金钱的风险，而这种风险是他们所能忍受的；这些风险是否超过了该监管缺口所带来的诸如创业企业促进经济增长与就业之类的收益呢？"[②]美国 JOBS 法案豁免规则的支持者认为，对众筹发行人的信息披露要求、对经纪人与集资门户确保单个投资者不超过投资总额限制的要求等使豁免规则过于复杂且成本

---

① 参见[美]凯斯·R. 孙斯坦：《自由市场与社会正义》，金朝武、胡爱平等译，中国政法大学出版社 2002 年版，序言 1～2 页。

② Andrew Fink, Protecting The Crowd and Raising Capital through The JOBS Act, Available at SSRN: https://ssrn.com/abstract=2046051, 2019-05-30.

高昂。[①] 也有人在评价 SEC 依据 JOBS 法案制定的众筹监管规则建议时指出,JOBS 法案对众筹发行人的信息披露要求增加了不合理成本,若国会在立法时进行成本收益分析,这些缺陷在很大程度上是可以避免的,SEC 应当利用国会的授权制定规则来减少或消除这些不合理的成本,如简化信息披露。然而,SEC 的规则建议在一些方面却增加了规制成本,如 SEC 对发行总额超过 500 万美元的众筹发行人的年度持续信息披露要求就过于严格,并没有提供最优的简化的信息披露格式,使得国会通过 JOBS 法案授权 SEC 减少众筹发行人信息披露范围的目的落空,[②]以至于有人认为新的联邦众筹豁免立法只不过是一项未曾实现的承诺罢了。[③]

第三,美国众筹豁免规则的落空源于规制实践中的矛盾状态。孙斯坦教授指出,规制实践中存在以下矛盾状态:规制过度反而造成规制不足,因为"特别强硬的法律控制通常对私人市场产生的规范效应太小",[④]新危险的严格控制可能会增加总的危险程度;要求采用可得到的最佳技术结果却阻碍技术的发展;重新分配的规范往往损害处于社会经济底层人们的利益;披露规定可能使人们知情更少;独立的规制机构事实上并不独立,因为其很容易受到私人集团压力的影响。[⑤] 总之,规制措施"最后的结果恰好与其本意或与得到公众支持的唯一正当的理由相反"。[⑥] 这些矛盾状态在互联网金融规制中也不同程度地存在。以美国众筹规制为例,对于众筹这种新型投资业务风险的过度关注和严格规制可能增加资本市场总体上的危险程度,因为"常用的策略是对新的根源进行特别严格的限制,而对旧的却网开

---

① See Bradford, C. Steven, "The New Federal Crowdfunding Exemption: Promise Unfulfilled", *Securities Regulation Law Journal*, Vol. 40, No. 3, Fall 2012, pp. 199 – 206.

② See Guzik, Samuel, "SEC Crowdfunding Rulemaking Under the Jobs Act—An Opportunity Lost?" Available at SSRN: https://ssrn.com/abstract=2393897, 2019 – 05 – 30.

③ See Bradford, C. Steven, "The New Federal Crowdfunding Exemption: Promise Unfulfilled", *Securities Regulation Law Journal*, Vol. 40, No. 3, Fall 2012, pp. 199 – 206.

④ [美]凯斯·R. 孙斯坦:《自由市场与社会正义》,金朝武、胡爱平等译,中国政法大学出版社 2002 年版,第 369 页。

⑤ [美]凯斯·R. 孙斯坦:《自由市场与社会正义》,金朝武、胡爱平等译,中国政法大学出版社 2002 年版,第 369 ~ 385 页。

⑥ [美]凯斯·R. 孙斯坦:《自由市场与社会正义》,金朝武、胡爱平等译,中国政法大学出版社 2002 年版,第 360 页。

一面”。[1] 对于众筹投资者个人的投资额度限制尽管是出于保障其投资安全的目的,但实质上也限制了个人向优质众筹的投资机会,剥夺了其获得更多投资收益的机会,损害了其现实的经济利益;对于众筹发行人的信息披露要求也不一定会使得投资者知情更多,“信息过量的危险在于使消费者对大量的信息熟视无睹……多余的信息会造成混乱,并使人们无法理解所面临的形势”。[2] 正是众筹规制的上述矛盾状态造成了美国众筹豁免规则的落空。

“立法结果通常是组织良好的私人集团运用压力的产物……法律实际上不会危及有强大政治影响力的集团,公众才是唯一的损失者。”[3]我国最终授权银行实施第三方支付机构支付限额规定的 10 号文在相当程度上是我国银行强势施压的结果,忽视了支付限额规定可能给公众利益造成的损害,最终可能导致对余额宝的过度规制。殊不知,过度规制反而会导致规制不足。这正是规制中矛盾状态的典型表现。

我国余额宝事件中的规制之争表明,如何克服众筹规制中的矛盾状态已经成为我国众筹规制立法面临的现实难题。鉴于互联网这一新兴技术在金融领域中的广泛应用已经改变了以往金融法产生的前提,如果仍然依据原有法律对众筹进行规制必然会导致规制失灵。法律人应当依据互联网时代这一新的时空条件解释或改变原有金融法律制度,以填补众筹规制的法律缺位,同时也要防止对众筹的过度规制。即对于众筹行业,在秉承“风险自负”原则,发挥市场调节机制决定性作用的前提下加强政府规制,同时必须要考虑规制运行的自身成本,不能高估政府规制的优点。因为“所有解决的办法都需要一定的成本,而且没有理由认为由于市场和企业不能很好

① [美]凯斯·R. 孙斯坦:《自由市场与社会正义》,金朝武、胡爱平等译,中国政法大学出版社 2002 年版,第 373 页。

② [美]凯斯·R. 孙斯坦:《自由市场与社会正义》,金朝武、胡爱平等译,中国政法大学出版社 2002 年版,第 381 页。

③ [美]凯斯·R. 孙斯坦:《自由市场与社会正义》,金朝武、胡爱平等译,中国政法大学出版社 2002 年版,第 385 ~386 页。

地解决问题,因此政府管制就是有必要的”。① 美国众筹豁免规则之争为我国众筹规制立法提供了值得借鉴的经验。为了避免对我国互联网金融市场的过度规制,应当结合我国实际情况全面分析和衡量众筹规制措施的成本与收益,以实现互联网金融中的市场自由与社会正义之间的平衡。

（二）英国 P2P 网贷监管制度评析

1. FCA 的监管以原则性监管为主,平台企业自主空间较大。原则性监管是与规则性监管相对应的概念。规则性监管是以规则为基础的监管;原则性监管是以原则为基础的监管。原则性监管与规则性监管在监管理念、监管的法律依据、监管的确定性等方面存在着较大差异。在监管理念方面,原则性监管以结果为导向,而非以过程为导向,以监管对象的内部管理为基础,强调监管对象的主动参与。② 在监管的法律依据上,规则性监管是依据确定的、具体的法律规则对监管对象的行为予以监管,例如 FCA 对 P2P 网贷平台公司的资本充足率监管就是一种规则性监管;原则性监管依据的是概括性的、抽象的原则或一般条款。在监管的确定性方面,由于“规则在适用时,是以完全有效或者完全无效的方式”,③因此,在规则性监管中,监管者对于一个具体的规则只能做出适用或者不适用的决定,规则性监管具有较强的确定性;反之,原则性监管的确定性较弱,因为“原则之间的选择并不是非此即彼的关系,当多个原则在司法过程中相互交叉时,冲突的解决必须考虑有关原则分量的强弱,结合具体的案情作出判断”。④ 由于原则性监管的确定性较弱,监管者享有较之于规则性监管更大的自由裁量权。对于被监管者而言,原则性监管也为其金融创新活动提供了自主空间。

英国在 20 世纪 80 年代的金融监管改革中,将在会计、税务及公司治理等领域早已存在的原则性监管引入了金融领域。英国 1986 年《金融服务

---

① [美]R. H. 科斯:《社会成本问题》,载[美]R. 科斯、A. 阿尔钦、D. 诺斯等:《财产权利与制度变迁——产权学派与新制度学派译文集》,刘守英等译,上海三联书店、上海人民出版社 1994 年版,第 23 页。

② 参见刘媛:《金融领域的原则性监管》,载《法学家》2010 年第 3 期。

③ [美]罗纳德·德沃金:《认真对待权利》,信春鹰、吴玉章译,中国大百科全书出版社 1998 年版,第 43 页。

④ 杨建、庞正:《法律原则与法律规则的界限——以德沃金与阿列克西的原则理论为主线》,载《河北法学》2009 年第 11 期。

法》要求自律性管理组织采取更高层次的原则或规则管理其成员的经营活动;1998 年英国金融服务管理局(Financial Service Authority,FSA)明确了 8 条金融监管原则,2006 年 10 月宣布其监管方法从规则性监管转变为原则性监管。[①] 由上可见,原则性监管是自 20 世纪 80 年代以来英国金融监管的传统特色。在 P2P 网贷监管方面,FCA 沿袭了英国金融监管的传统特色,除了在最低资本要求上明确具体的监管规则外,以原则性监管为主。毕竟,P2P 网贷是一种新兴的互联网金融业态,刚性的规则性监管容易窒息互联网金融的活力,不利于发挥互联网金融促进和优化金融资源配置的优势。原则性监管一方面给予监管机构较大的自由裁量空间,另一方面给予了 P2P 网贷平台企业较大的自主空间,有利于促进 P2P 网贷领域的金融创新。

2. 政府监管与行业自治相结合,注重发挥行业协会的自治功能。除了 FCA 的政府监管之外,英国 P2P 金融协会(P2PFA)的自律性监管对于规范英国 P2P 网贷行业的发展发挥着重要作用。P2PFA 由英国 P2P 行业三巨头 Zopa、Ratesetter 和 Funding Circle 在 2011 年 8 月成立。P2PFA 从加强内部管理和对外行为规范两个方面进行行业自律。《P2PFA 会员资格标准》和《P2PFA 内部治理章程》是两个重要的内部管理规定。前者规定了 P2P 网贷企业申请加入 P2PFA 的具体条件和程序。“本国企业凡从事 P2P 业务、经营时间超过 6 个月,并在信用与操作风险、信息提供与透明度方面都达到一定水准,向董事会进行证明,经董事会决定通过后即可成为会员,且会员数量暂无限制;同时,对外国 P2P 平台,在经董事会同意的前提下每年有一次申请成为协会会员的机会,但必须接受审查且不具备参会、投票权与其他财产性权利。”[②]在对外行为规范方面,P2PFA 制定的《P2PFA 协会原则》提出了协会会员在经营行为与人员资质方面必须遵守的原则。

由上可见,英国 P2P 网贷监管,实行政府监管与行业自律相结合的方式,注重发挥行业协会的自律功能。与政府监管相比,“行业自治是行业协会的固有属性,对国家或者其他平等主体而言,自治是行业协会的权利,是

---

① 参见曹建华、高泽潮:《从规则到原则——FSA 监管方法改革及对我国银行业监管的启示》,载《中国金融》2007 年第 13 期。

② 邓建鹏:《英国 P2P 网贷行业内部治理模式及借鉴》,载《清华金融评论》2017 年第 1 期。

会员以集群方式实现个人权利的手段;对其内部成员而言,自治是行业协会的权力,属于社会公权力范畴”。[①] 行业协会“出于保护行业声誉、行业利益等‘行业公地’,避免遭受更严厉的政府规制、弥补市场失灵的期望等需要”,[②]具有促进行业自律的动机和意愿,而且行业协会较之于政府监管机构更加了解协会成员的经营状况和经营行为,享有更为充分的市场信息,在市场治理上更具优势与能力。这些正是行业协会与政府监管机构优势互补的合作基础。英国金融业的行业自律监管传统,正是英国实施柔性宽松的原则性监管的现实基础。事实上,英国的 P2PFA 作为 P2P 网贷行业的自治性组织,在淘汰劣质的 P2P 网贷平台,防范 P2P 网贷平台风险,维护 P2P 网贷行业的投资者信心等方面发挥了重大作用。

第二节　对完善我国 P2P 网贷平台非法集资风险规制的启示

“他山之石,可以攻玉。”结合前文所述的我国 P2P 网贷平台非法集资风险的制度成因,美国和英国的 P2P 网贷监管制度对于完善我国 P2P 网贷平台非法集资风险的法律规制具有以下启示。

一、P2P 网贷监管应当秉承和践行法治理念

市场经济是法治经济,市场不是自然或者自发秩序,应当是一种法律架构,即市场的存在依赖于其在法律上的存在,没有法律的保障,市场交易难以持续。[③] P2P 网贷市场,作为一种新兴的虚拟金融市场,同样依赖于其在法律上的存在。这一新兴的虚拟金融市场,与以往的线下金融市场仍然存在本质上的共同点——是“资金供应者和资金需求者双方通过信用工具进

① 高俊杰:《论行业自治的正当性》,载《深圳大学学报》(人文社会科学版)2017 年第 3 期。

② 郭薇、秦浩:《行业协会与政府合作治理市场的可能性及限度》,载《东北大学学报》(社会科学版)2013 年第 1 期。

③ 参见[美]凯斯·R. 孙斯坦:《自由市场与社会正义》,金朝武、胡爱平等译,中国政法大学出版社 2002 年版,原书序,第 5 页。

行交易而融通资金的市场。”①因此，以往的金融法律制度仍然可以调整和规范 P2P 网贷市场活动。然而，P2P 网贷市场与以往金融市场在交易场所、交易组织形态及交易习惯等方面存在较大的差异。这些差异正是其对以往法律制度的重要挑战，也是 P2P 网贷市场法律制度完善的重点所在。美国和英国的 P2P 网贷监管立法就是应对这些挑战的举措。

应对这些挑战，不仅需要加强和完善 P2P 网贷法律制度，而且要切实遵循和落实法治理念。美国和英国的 P2P 网贷监管，就秉承和践行了法治理念。美国 JOBS 法案和《众筹监管条例》的制定过程，尽管争议很大，但是充分考虑了各方的利益诉求，是切合美国 P2P 网贷实际和法律传统的立法。英国基于其原则性监管与行业自治的金融监管传统，形成了由 FCA 与 P2PFA 相结合的 P2P 网贷监管体系。正是因为秉承和践行了法治理念，将 P2P 网贷始终约束在法治的轨道上运行，美国和英国的 P2P 网贷业才没有出现类似我国 P2P 网贷初期野蛮式发展的情况。作为一种治国的理论、原则和方法，法治有以下三个基本特征：“一是国家应该制定一套比较完备的法律，作为人们的行为准则；二是任何人包括国家领导人在内都要遵守法律，严格依法办事；三是法律面前人人平等，谁违法犯罪都要受到同样的制裁。”②从法治的基本特征出发，P2P 网贷监管法治化应当从以下几个方面着手：首先要制定比较完备的 P2P 网贷法律，作为 P2P 网贷市场主体和监管部门的行为准则；其次，监管部门应当严格依法监管，既不能放任不管，也不能搞运动式监管；最后，对于 P2P 网贷业中的违法犯罪行为，要坚持平等原则，给予同样的法律制裁。总之，只有善于运用法治思维和法治方式，才能有效防范和处置 P2P 网贷业的各种风险，尤其是 P2P 网贷平台的非法集资风险。

二、构建符合本国实际的 P2P 网贷平台市场准入制度

美国将 P2P 网贷作为一种投资型众筹纳入证券法的调整范围，考虑到证券法对证券发行的经纪人——注册券商——有比较严格的注册要求，为

---

① 杨明基主编：《新编经济金融词典》，中国金融出版社 2015 年版，第 449 页。
② 李步云：《走向法治》，湖南人民出版社 1998 年版，第 112 页。

了鼓励P2P网贷的发展，增加了集资门户这一新型的证券中介机构，即P2P网贷平台企业可以注册从而为集资门户为网贷市场的投融资者提供中介服务。可见，美国P2P网贷平台市场准入实行的是注册制。“美国对于P2P网络贷款平台依据证券经纪交易性质的市场准入规定，在一定程度上提高了平台的市场准入门槛，从而将不具备交易资格以及存在原罪风险的平台阻止在外，有效地维护了互联网金融秩序。”①在英国经营P2P网贷业务的公司必须要获得FCA的行政许可，英国P2PFA制定的《P2PFA会员资格标准》实质上是以自律性监管方式设置了P2P网贷平台的市场准入标准。可见，英国P2P网贷市场准入方面实行的是政府许可与行业自律相结合的方式。

美国和英国依据本国实际情况所建立的P2P网贷平台市场准入制度，对于保证P2P网贷平台的质量，防止平台被利用从事违法犯罪活动，防范互联网金融风险等具有重要的现实意义。如前文所述，我国P2P网贷平台市场准入制度的缺陷是诱发我国P2P网贷平台非法集资风险的重要制度原因。初期的放任使P2P网贷平台市场鱼龙混杂，泥沙俱下，为不少人利用P2P网贷平台进行违法犯罪活动打开了方便之门。互联网金融风险专项整治背景下的P2P网贷备案登记实质上是运动式监管加行政许可。尽管运动式监管加行政许可式备案登记使以往累积的网贷平台非法集资风险暴露，使主要从事违法犯罪活动的网贷平台出清，但只能是应急之策，并非治本之策。治本之策应当是结合我国的实际情况，借鉴美国和英国的P2P网贷平台市场准入制度，健全P2P网贷平台市场准入制度，如设立一定的资本金准入门槛，规定平台公司在设立时的最低注册资本，且为实缴资本；规定平台公司的股东的经济实力与业务能力要求；规定平台公司的高管人员的任职资格等，以便从源头上预防和控制P2P网贷平台的非法集资风险。

三、以成本收益分析方法界定P2P网贷平台非法集资风险规制的合理限度

成本收益分析方法是法律经济学的重要研究方法之一，“主要是通过

---

① 高圆：《P2P网络借贷平台市场准入法律制度研究》，天津工业大学2017年硕士论文，第18页。

对成本与收益的比较,来判断决策或者行动的效率与效益”。[1] 美国总统里根曾经要求将成本收益分析方法应用于政府规制实践。“里根总统在 1981 年任命波斯纳、博克、温特三位具有经济学倾向的法学家为美国联邦上诉法院法官,并通过 12291 号总统令,要求所有新制定的政府规章都要符合成本—收益分析的标准。”[2]美国众筹豁免规则之争,以及英国的政府监管与行业自律的结合,从法价值目标上看,是对金融安全与金融效率等价值目标的权衡;从法经济学视角看,则需要运用法律经济学研究的主要方法之一——成本收益分析方法,全面衡量每项 P2P 网贷监管规则的成本与收益。只有当收益大于成本时,该项监管规则才是必要的,即政府对于 P2P 网贷市场的干预才是正当的。

蕴含成本收益比较理念的美国与英国的 P2P 网贷监管,对于我国 P2P 网贷平台非法集资风险规制具有重要的现实意义。众所周知,我国对网贷平台非法集资风险的规制具有如下特征:事前放任不管与事后严厉惩罚。在网贷平台出现信用违约之前,监管部门对其非法集资行为基本上持放任态度,美其名曰鼓励互联网金融发展和促进创新创业。一旦网贷平台出现大规模信用违约甚或平台高管“跑路”,公安经侦部门则以涉嫌非法集资犯罪为由介入,美其名曰处置金融风险,守住不发生区域性金融风险事故的底线,维护社会稳定。事前对非法集资风险置之不理,事后严厉惩罚乃至逾越民刑之间的界限,动辄进行刑罚制裁,既难以有效预防平台的非法集资风险,也不符合刑法的谦抑性原则。因此,应当运用成本收益分析的方法,全面衡量刑法介入每一个具体案件的成本与收益,恪守刑法的谦抑性原则,确定 P2P 网贷平台非法集资风险规制的合理限度。

---

① 张守文:《经济法理论的重构》,人民出版社 2004 年版,第 167 页。

② [美]理查德·A. 波斯纳:《法律的经济分析》(上),蒋兆康译,中国大百科全书出版社 1997 年版,中文版译者序言,第 11 页。

第六章　我国 P2P 网贷平台非法集资风险规制的金融监管法制完善

第一节　引入监管沙盒，构建顺应金融科技创新趋势的 P2P 网贷监管制度

一、监管沙盒：应对金融科技挑战的金融监管创新

近年来，随着大数据、区块链、云计算等一系列技术创新，金融与科技相互渗透并实现深度融合，金融科技(Financial Technology，FinTech)已经全面深入地应用于金融体系之中。金融科技在拓宽金融可获得性、提高金融体系深度和效率的同时，也会引发新的风险问题，为金融监管带来了新的挑战。互联网金融市场中的金融受众大大增加，金融风险与互联网风险交织在一起。这将极大地增加维护金融稳定与金融安全的难度。互联网金融中的自由市场与社会正义、金融安全与金融效率之间的矛盾较之于传统的金融市场发展到了一个新的高度。在金融科技时代，如何处理好金融创新与金融风险防范之间的关系，在提高金融效率与维护金融稳定之

间实现平衡，是各国金融监管部门面临的现实难题。在此背景之下，各国金融监管部门积极探索金融监管创新，监管科技（Regulatory Technology, RegTech）应运而生，英国首创的监管沙盒（Regulatory Sandbox）便是其中的典型代表。根据英国金融行为监管局（Financial Conduct Authority, FCA）的定义，监管沙盒是在一定时间和有限范围内的“安全空间”（safe place），金融科技企业可以在沙盒内测试新产品、新服务，监管部门将对其降低准入门槛并放宽监管限制。

在英国 FCA 推出监管沙盒之前，已经有学者提出过类似的概念。Crosman（2015）提到的“金融科技沙盒”（FinTech Sandbox）是指一家非营利性推广金融科技创新的组织，该组织积极寻找商业银行和信用社合作者，从而为金融科技初创企业提供数据和支持，同时银行也相应能够得到来自金融科技初创企业的直接反馈，表明传统银行业与新兴金融科技企业之间存在一种合作互补的关系。① 监管沙盒的概念被正式提出以后，国外对这一新兴金融监管模式的研究也日益兴起，研究重点主要是监管沙盒与金融科技发展之间的关系以及监管沙盒对于金融监管创新的积极意义。Lawrence（2016）认为，包括英国监管沙盒在内的监管科技是防范金融机构风险的创新方式，监管机构可以采用科技手段对测试企业进行监管，提高监管的实时性、动态性和精确性，同时提升金融机构的合规效率。② Knight（2016）指出，监管风险及监管的不确定性是中小企业追求创新金融产品的主要障碍，这既有损消费者的利益也不利于监管机构本身职能的发挥，监管机构需要作出相应调整以适应创新的发展；监管沙盒作为解决创新企业与监管机构之间不平衡关系的潜在方法，可以为金融科技创新提供安全的测试环境，亦能使消费者得到切实保护。③ Douglas, Janos, Ross（2017）认为，金融科技创

---

① See Penny Crosman, "Players Wanted: FinTech Sandbox Seeking Bank Partners", https://www.americanbanker.com/news/players-wanted-fintech-sandbox-seeking-bank-partners, 2019-05-30.

② See Lawrence G. Baxter, "Adaptive Financial Regulation and RegTech: A Concept Article on Realistic Protection for Victims of Bank Failures", *Duke Law Journal*, Vol. 66, 2016, pp. 567-604.

③ See Brian Knight, "Innovation Will Stall without a Regulatory FinTech Sandbox", https://www.americanbanker.com/opinion/innovation-will-stall-without-a-regulatory-fintech-sandbox, 2019-05-30.

新推动了监管科技的发展,监管沙盒作为监管科技2.0向监管科技3.0转变的典型代表能够促使监管模式的变革;监管沙盒通过安全的虚拟环境测试软件与产品,实现金融科技创新与有效监管的平衡,其背后所体现的是"最低限度监管"理念,因而需要辅之以相应的恢复与处置方案(Recovery and Resolution Plan,RRP)。① Mark,Wulf,Erik(2017)指出,在复杂多变的科技时代,法律的变革跟不上技术更新的节奏,监管部门应转变监管理念和监管方式,实施积极主动的、动态调整的、回应型的监管,英国提出的监管沙盒为这一目标的实现提供了有益借鉴;监管沙盒体现的是最低限度监管理念,其最大创新之处在于金融创新产品和服务能够在"真实"的环境中进行测试,这一新型监管模式也得到了澳大利亚、新加坡等国的认可和借鉴。② Luke(2018)立足于美国实践,探讨了监管沙盒的发展历史、价值和功能以及美国在联邦层面和各州层面监管沙盒发展的现状,分析了监管沙盒之于金融科技公司的好处;指出了美国的监管沙盒模式相较于英国的不同,以及与传统监管方式相比的优势和缺点;认为在美国推行监管沙盒有利于降低监管的不确定性,更好地鼓励金融科技创新。③ Christopher(2018)论证了金融科技的双面性,即金融可获得性和复杂性的提高不仅为金融业的发展带来了前景,更增加了风险,特别是对金融消费者而言;认为在理想的监管沙盒下,监管者与市场主体共同收集信息并预测风险和收益,进而调整监管措施,是金融科技领域新型监管手段的典型代表,体现了实验主义和利益相关者参与的理念,有利于更好地保护消费者的权益和推动金融科技的发展。④

自英国2016年正式启动监管沙盒以来,我国学术界对这一新型金融监管模式的讨论热度持续不减,特别是在新加坡、澳大利亚及中国香港陆续推

① See Douglas W. Arner, Jànos Barberis & Ross P. Buckley, "FinTech, RegTech and the Reconceptualization of Financial Regulation", *Northwestern Journal of International Law & Business*, Vol. 37, No. 3 2017, pp. 371 - 413.

② See Mark Fenwick, Wulf A. Kaal, Erik P. M. Vermeulen, "Regulation Tomorrow: What Happens When Technology Is Faster than the Law", *American University Business Law Review*, Vol. 6, No. 3, 2017, pp. 561 - 594.

③ See Luke G. Thomas, "The Case for a Federal Regulatory Sandbox for Fintech Companies", *North Carolina Banking Institute*, Vol. 22, 2018, pp. 256 - 281.

④ See Christopher G. Bradley, "FinTech's Double Edges", *Chicago-Kent Law Review*, Vol. 93, 2018, pp. 61 - 95.

出各自的监管沙盒以后,许多学者通过比较分析和实证研究探讨了主要国家监管沙盒的适用条件、运作机制和对金融科技创新的价值,并为我国是否引入监管沙盒以及如何构建适合国情的监管沙盒提出了基本构想或具体的制度设计。有人认为,从监管的介入时间、差异性和持续性等视角看,监管沙盒是前准入金融监管、差异化金融监管和临时性金融监管。① 有人基于克雷顿·克里斯汀生的"破坏性创新"理论,从技术的非竞争性、初始阶段的低端性、易获得性和消费者价值导向性4个方面,分析得出金融科技具有"破坏性创新"的本质特征并将深刻影响金融风险防范与金融监管;提出监管者要善于识别金融科技带来的"改变"、捕捉变革的"替代性潜力"并预见替代性变化的"结构性冲击";认为包括监管沙盒在内的金融科技监管新形式是实现保持金融稳定和推动金融创新双重目标的有益尝试。② 有人认为,监管沙盒是金融科技创新的容错监管制度,通过"风险容错"与"合规容错"双重机制包容金融科技创新对滞后规则的突破和经营中的风险,实现创新试错与风险控制、法律稳定性与灵活性、严格执法与灵活执法之间的平衡。③ 有人认为,监管沙盒源于金融科技引发的监管困境,是组织化的"试验主义"监管。④ 有人认为,金融科技时代风险外部性扩大给金融监管带来了很大挑战,而监管沙盒有助于减少金融科技创新的制度障碍,增强监管的适应性,是实现金融创新和有效监管双赢的积极尝试。⑤ 有人指出了尚处在探索阶段的监管沙盒存在的不足之处,认为监管沙盒在实际操作中存在测试成本较高、测试效果准确性难以判断、可能产生新的不公平竞争等局限性。

对于中国借鉴监管沙盒的具体构想,大多数学者都强调了监管理念的

---

① 参见李有星、柯达:《我国监管沙盒的法律制度构建研究》,载《金融监管研究》2017年第10期。

② 参见许多奇:《金融科技的"破坏性创新"本质与监管科技新思路》,载《东方法学》2018年第2期。

③ 参见龚浩川:《金融科技创新的容错监管创新——基于监管沙盒与金融试点的比较》,载《证券法苑》2017年第3期。

④ 参见李敏:《金融科技的监管模式选择与优化路径研究——兼对监管沙盒模式的反思》,载《金融监管研究》2017年第11期。

⑤ 参见柴瑞娟:《监管沙箱的域外经验及其启示》,载《法学》2017年第8期。

转变。陈冠华认为,我国监管机构应借鉴监管沙盒背后的创新监管理念和监管方式:树立服务型监管理念,变被动监管为主动引导;坚持法治原则,依法监管;加强不同部门之间的协同共治,充分调动社会资源。[①] 张景智主张原则导向监管理念,在把握监管沙盒的监管目标和原则的前提下,根据沙盒运行状况、行业反馈及监管经验对申请标准等具体要求进行适时调整,增强监管的灵活性。[②] 柴瑞娟建议我国积极借鉴域外经验,实现从"行政区域实验"到"产品或服务实验"的监管模式转变,进行由"监管限制产品或服务"的被动监管向"产品或服务引领监管"的主动监管的监管理念更迭。[③] 张红主张由传统以事后监管、结果监管为主的静态监管模式向监管沙盒所体现的动态监管模式转变,同时避免过度强调金融监管者的主体性,要注重被监管者的主观能动性。[④] 在具体的制度安排方面,张景智提出以银行业为试点建立监管沙盒,再逐步拓宽申请主体和业务范围;在制度设计上由简入繁,建立规则动态调整机制和信息交流机制;充分重视对金融消费者知情权、自由选择权、财产安全权和依法求偿权等权益的保护;同时积极探索跨地区监管沙盒合作机制。[⑤] 柴瑞娟主张结合我国具体国情推行本土化监管沙盒,在具体制度架构上首先要解决监管沙盒的负责主体问题,其次是适度借鉴各国在准入标准、运行程序、运行期限、消费者保护措施等方面的规定。[⑥] 叶文辉则着眼于监管沙盒在我国互联网金融发展中的应用,提出建立监管部门主导的互联网金融"沙盒"测试工具,根据测试结果出台或调整监管规定,并通过适当的信息披露避免暗箱操作。[⑦]

---

① 参见陈冠华:《英国"监管沙盒"项目对我国金融创新监管的启示》,载《证券法律评论》2017 年第 1 期。

② 参见张景智:《"监管沙盒"的国际模式和中国内地的发展路径》,载《金融监管研究》2017 年第 5 期。

③ 参见柴瑞娟:《监管沙箱的域外经验及其启示》,载《法学》2017 年第 8 期。

④ 参见张红:《监管沙盒及与我国行政法体系的兼容》,载《浙江学刊》2018 年第 1 期。

⑤ 参见张景智:《"监管沙盒"的国际模式和中国内地的发展路径》,载《金融监管研究》2017 年第 5 期。

⑥ 参见柴瑞娟:《监管沙箱的域外经验及其启示》,载《法学》2017 年第 8 期。

⑦ 参见叶文辉:《英国"监管沙箱"及对我国金融监管的启示》,载《金融理论探索》2017 年第 1 期。

二、监管沙盒的内涵与本质

(一)监管沙盒的内涵

沙盒(Sandbox)是一个虚拟化的概念,最初来源于计算机用语,是指在软件开发过程中建立的一个与外界环境隔绝的测试空间,用以检验一些来源不可信、可能具有破坏性或者无法判断程序意图的计算机软件或应用程序的功能,及时发现问题并弥补漏洞,监管沙盒(Regulatory Sandbox)便是在金融监管领域对这一计算机技术理念的创新适用。监管沙盒最初诞生于英国,根据英国金融行为监管局(Financial Conduct Authority,FCA)的定义,监管沙盒可以理解为一个"安全空间"(safe place),在这个安全空间内,金融科技企业可以测试其创新的金融产品、服务、商业模式和营销方式等,从而避免在相关活动触碰监管红线时立即受到监管规则的约束。具体而言,一部分获得监管部门许可的金融机构或科技企业,可以通过监管沙盒在一定时间和有限范围内对其新产品、新服务进行测试,在测试过程中,监管部门将对其降低准入门槛并放宽监管限制,对于顺利通过测试的项目,即使尚不满足现行法律法规的要求,也可经监管部门授权进入市场,但如果测试未能达到预期效果或对金融消费者的合法权益造成严重损害,监管部门则有权停止测试并禁止有关产品或服务进入市场。[①] 随着监管沙盒模式在国际范围得到认可与推广,各国基于自身实际国情对这一新型监管模式进行了不同程度的创新适用,其内涵也渐趋丰富,不仅体现在英国模式下对创新产品和服务的提前测试评估,还包括在一定条件下或一定范围内豁免或放宽有关市场主体在监管标准、市场准入条件、牌照管理等方面的要求。

根据监管沙盒的基本概念和制度构想,可以归纳出以下特点:其一,监管沙盒是一项豁免机制,沙盒内部实行弹性监管。监管沙盒给予FinTech企业一定的监管豁免权,当金融创新产品或服务可能与现行法律法规相抵触时,可以申请在沙盒这一"安全空间"内进行测试而豁免监管部门的追究,同时企业能够基于金融消费者的反馈和监管部门的意见不断对产品和

---

① 参见张景智:《"监管沙盒"的国际模式和中国内地的发展路径》,载《金融监管研究》2017年第5期。

服务进行完善和调整。当然,这一豁免也是依法的、有限度的,需要得到相关法律或监管部门的明确授权或许可,参与测试的企业还必须遵守沙盒内的有关规定。其二,进行沙盒测试的前提是达到金融创新标准。监管沙盒诞生的背景在于金融科技驱动下的金融创新,制度设计初衷即在风险可控的情况下更好地鼓励创新,因此"创新"是沙盒测试标准中最为核心的内容。就目前不同国家和地区对测试项目的评估审核而言,其中一项重要的考量因素便是产品或服务的创新程度。其三,监管沙盒与金融消费者保护的理念具有内在一致性。以英国为例,虽然监管沙盒对企业在金融科技创新中可能存在的违法违规行为进行一定程度的豁免,但出于金融消费者保护的目的,FCA 要求在沙盒测试的全过程贯穿消费者保护措施,具体内容笔者在第三章介绍过。另一方面,实施监管沙盒的最终目的是在风险可控的前提下鼓励金融创新,促进金融效率的提高和金融体系的稳定,该等目标得以实现的最终受益者亦将是广大金融消费者。

基于上述分析,笔者认为监管沙盒的定义可以概括为:以平衡金融科技创新与金融风险防范为基本目标、以一定程度和有限范围的监管豁免或市场准入为主要方式、以满足一定标准的金融市场主体和金融创新产品、服务为适用对象的金融科技监管新模式。

(二)监管沙盒的本质

1. 监管沙盒与金融改革试点。有学者指出,监管沙盒与我国现有金融改革试点具有相似之处。① 二者均通过一定程度的监管豁免在小范围内鼓励创新,而待到相关制度或产品、服务发展成熟后再进一步向更大范围推广,因此就制度设计的基本逻辑而言,监管沙盒所创造的"安全空间"实际上与区域试点异曲同工。② 但笔者认为,二者在很多方面仍存在明显差异:其一,就适用范围和适用对象而言,金融改革试点通常是以行政区域为依托的创新试验,如中国(上海)自由贸易试验区、珠江三角洲金融改革创新综合试验区等;而监管沙盒则以产品或服务为试验对象,申请沙盒测试的主体

---

① 参见朱太辉、陈璐:《Fintech 的潜在风险与监管应对研究》,载《金融监管研究》2016 年第 7 期。

② 参见黄震、蒋松成.:《监管沙盒与互联网金融监管》,载《中国金融》2017 年第 2 期。

一般不会受到地域限制。其二,就国家干预与市场调节的关系而言,金融改革试点是国家政策推动下的产物,市场主体被动接受既定改革措施或政策法规,且该等改革措施或政策法规一般适用于所有市场主体及产品和服务,因此更多体现为国家宏观调控手段对金融市场的引导和规范;而监管沙盒强调弹性监管,重视市场主体与监管部门之间的良性互动,且相应的要求仅适用于申请进行沙盒测试的产品或服务,更多体现为市场调节的基础性作用和市场发展变化对政府干预方式的反作用。其三,金融改革试点背后的逻辑在于"摸着石头过河",走一步看一步,如果存在问题或发现错误再进行修改和完善,就监管的介入时间而言,本质上仍为事后监管;而监管沙盒的设计理念中包含通过技术手段实现过程中的实时动态监管,在进行沙盒测试的同时根据金融创新的需要和不时暴露的问题不断调整监管框架,使监管效率大幅提高。

2. 监管沙盒与柔性监管。柔性监管既可以理解为一种监管理念,亦可以理解为一种监管方式。① 就经济法领域国家干预与市场调节的平衡而言,作为监管理念的柔性监管,一方面强调市场理性和市场的基础性作用,即监管部门在市场中仅应发挥辅助性的功能而不能取代市场或抑制市场作用的发挥,监管应以市场为导向;②另一方面应注重被监管主体的权利和主观能动性,强调以监管的适时调整回应市场的不断变化。就国家干预的实现方式而言,作为监管方式的柔性监管,提倡监管的灵活性与柔软性(即非强制性),主张通过原则指导、沟通协商及自我监管等方式提高监管效率,不仅体现为监管部门在传统监管模式的基础上增加对柔性监管方式的运用,同时也要求在传统监管中融合原则导向、主动回应等柔性监管理念。监管沙盒具有动态调整和双向反馈等特征,因此在一定程度上体现了柔性监管理念在金融监管领域的运用。但监管沙盒与柔性监管最大的不同在于,就监管的实现方式而言,监管沙盒的测试机制还包含着对互联网、大数据等技术手段的运用,是监管科技对金融科技的回应。

---

① 参见蒋建湘、李沫:《治理理念下的柔性监管论》,载《法学》2013年第10期。

② 参见陈云良:《中国经济法的国际化路径》,中国政法大学出版社2004年版,第221~222页。

3. 监管沙盒与试验性立法。试验性立法通常被理解为暂时性立法（temporal legislation）的一种表现形式，此外在欧盟还存在立法实验（legislative experiment）和试点项目（pilot project）等类似概念，但其具体涵义在理论界实际上并未达成共识。根据有关学者的总结，试验性立法通常具有以下特征：(1)对现行有效的法律法规进行暂时性的突破或一定程度的偏离；(2)立法试验的周期、对象和区域是特定的；(3)需要对暂时适用的规则进行测试和评估；(4)如评估结果达到预期目标，则相关试验性立法将上升为正式法律。[①] 监管沙盒的运作机制与试验性立法存在诸多相似之处：其一，沙盒内部的豁免机制是对现有监管法律法规的暂时性突破；其二，沙盒具有一定的测试周期和确定的测试对象，不同国家和地区亦可以根据各自国情的实际需要率先在特定区域引入沙盒模式；其三，监管沙盒将对创新项目的测试结果进行评估；其四，通过沙盒测试的产品或服务将在监管部门的支持下进入市场。但二者也具有本质上的差别，试验性立法以制度或法规为试验对象，评估标准更多体现为现有市场主体对相关制度或法规的适应情况，但监管沙盒以产品或服务为测试对象，评估标准在于产品或服务对于金融体系和金融消费者的价值，而相关制度和法规将据此不断修订和调整。

4. 监管沙盒与智慧监管。智慧监管（smart regulation）理论最初由部分西方学者提出，[②]其本质是一种具有灵活性、创造性和创新性的监管多元主义。[③] 总体而言，智慧监管旨在实现命令控制型监管与放任自由型监管之间的平衡，[④]该理论强调公众对监管的参与，即利用公共资源促进多元监管方式的运用，最终实现公共利益的最大化。智慧监管最初应用于环境治理

---

① 参见黎娟：《"试验性立法"的理论建构与实证分析——以我国〈立法法〉第 13 条为中心》，载《政治与法律》2017 年第 7 期。

② See Neil Gunningham, Peter Grabosky, Darren Sinclair, *Smart Regulation: Designing Environmental Policy*, Oxford Clarendon Press, 1998.

③ 参见朱娟：《我国区块链金融的法律规制——基于智慧监管的视角》，载《法学》2018 年第 11 期。

④ See Stepan Wood & Lynn Johannson, "Six Principles for Integrating Non-Governmental Environmental Standards into Smart Regulation", *Osgoode Hall Law Journal*, Vol. 46, 2008, pp. 345 – 396.

领域，以期实现可持续发展，但随着智慧监管理论的深入发展，这一理念逐渐应用于金融领域。如 Lawrence G. Baxter 在智慧监管的基础上进一步提出了适应性监管（adaptive regulation）的概念，认为在金融监管环境愈发复杂的背景下，为了节省监管资源、降低监管成本，监管方式应更为多元化；① Sofia Ranchorddis 指出，运用智慧对创新进行规制，采取更灵活的方式监管金融创新。② 监管沙盒是在金融科技背景下诞生的新型监管工具，体现了监管方式的多元发展和监管工具创新对金融市场发展的适应性变革，同时监管沙盒注重金融科技企业和金融消费者的反馈，强调金融监管的社会参与，就其该等特点而言，在一定程度上体现了智慧监管理念。Dirk A. Zetzsche 等学者亦指出，创新需要智慧监管，而监管沙盒是由传统监管向智慧监管过渡的重要举措。③

基于上述分析，笔者认为监管沙盒与诸多现有金融监管方式和监管理念具有相似特征，而监管沙盒亦是在既有经验基础上结合金融科技发展而对金融监管方式和监管理念的进一步创新。就其本质而言，笔者很难将其与金融改革试点、柔性监管、试验性立法和智慧监管等类似概念完全等同，因此本书尝试以监管时间、监管方式和监管理念三个不同的维度对监管沙盒的本质进行概括。就监管时间而言，监管沙盒是创新金融产品或服务正式进入市场前的测试与评估，而只有通过沙盒测试者才能进入市场，因此是事前监管和准入监管。就监管方式而言，监管沙盒为金融科技企业提供了豁免监管的创新环境，并根据沙盒测试的实际情况不断调整监管规则，因此是容错监管和弹性监管。就监管理念而言，监管沙盒将监管部门的介入提前，并不断对监管方式进行调整以适应金融市场的发展变化，因此是前瞻性监管、主动性监管和适应性监管。

---

① See Lawrence G. Baxter, "Adaptive Financial Regulation and RegTech: A Concept Article on Realistic Protection for Victims of Bank Failures", *Duke Law Journal*, Vol. 66, 2016, pp. 567 - 604.

② See Sofia Ranchorddis, "Innovation-friendly Regulation: The Sunset of Regulation, the Sunrise of Innovation", *Jurimetrics*, Vol. 55, No. 2, 2015, pp. 201 - 224.

③ See Dirk A. Zetzsche, Ross P. Buckley, Janos N. Barberis, Douglas W. Arner, "Regulating a Revolution: From Regulatory Sandboxes to Smart Regulation", *Fordham Journal of Corporate and Financial Law*, Vol. 23, 2008, pp. 31 - 103.

三、监管沙盒之于我国 P2P 网贷监管的必要性分析

国内外学者对于监管沙盒的上述研究,指出了监管沙盒在应对金融科技创新挑战、实现促进金融创新和防范金融风险之间的平衡等方面的重要作用和现实意义。这些研究对于我国 P2P 网贷平台非法集资风险规制的金融法制完善无疑具有十分重要的现实意义和理论价值。

从金融科技视角看,我国 P2P 网贷平台的非法集资风险是金融科技对于传统的金融监管模式挑战的集中体现。金融科技创新既有可能促进金融资源优化配置和提高金融效率,也会导致"金融风险泛化"——非金融机构或者个人可以提供过去依赖于金融机构才能获得的服务,从事金融服务的门槛被降低,金融风险变得更加频发和严重,金融风险在金融系统内外之间的传递更加频繁,维护金融稳定的难度更大。[①] 我国频繁发生的 P2P 网贷平台非法集资案件,就是一种典型的"金融风险泛化"现象。然而,在我国 P2P 网贷市场发展的起初阶段,为了推动互联网金融这一新业态的发展,我国金融监管部门对其持名为包容实则放任的监管立场,对其可能出现的"金融风险泛化"问题认识不够,对这些风险可能造成的社会损害估计不足。随着 P2P 网贷平台"跑路"现象的增加,P2P 网贷平台非法集资风险日渐凸显出来,我国金融监管部门自 2015 年起陆续出台《关于促进互联网金融健康发展的指导意见》(简称《指导意见》)和《网贷管理暂行办法》等监管文件,我国对 P2P 网贷的监管进入学者所言的原则性监管阶段。面对大量的 P2P 网贷平台非法集资案件所暴露的金融风险,侧重于鼓励金融创新的原则性监管在防范和处置金融风险方面就显得无能为力。2016 年 4 月 14 日,全国范围内的互联网金融专项整治行动启动,我国对 P2P 网贷的监管进入学者所言的运动式监管阶段。[②] 原本为期一年的互联网金融风险专项整治工作一再延期,直至今日尚未结束,我国整个 P2P 网贷行业仍然处

---

① 参见周仲飞、李敬伟:《金融科技背景下金融监管范式的转变》,载《法学研究》2018 年第 5 期。

② 许多奇教授依据监管措施的宽严程度和监管方式的不同,将我国监管部门应对互联网金融风险的措施分为不同的阶段:1999~2013 年的包容性监管阶段;2013~2015 年的原则性监管阶段;2016~2017 年的运动式监管阶段。参见许多奇:《互联网金融风险的社会特性与监管创新》,载《法学研究》2018 年第 5 期。

在运动式监管的高压之下。

笔者以为，将“金融包容”理念嵌入金融监管体系而衍生出的“包容性监管”，具有“重包容轻监管”的特征，在具有金融抑制特征的金融业不发达国家，往往会为了金融包容而放松金融监管。就此而言，包容性监管实质上是一种去管制化或放松管制的金融监管。不过，去管制或放松管制应当有其限度，无论如何去管制或放松管制，金融监管部门都不应当对金融市场的风险视而不见，完全放任金融市场风险的扩散。包容性监管绝非放任不管。在我国 P2P 网贷行业发展的初期阶段，金融监管部门放任 P2P 网贷行业野蛮生长，对其市场风险视而不见。这本质上不是包容性监管，而是放任不管。事实已经证明，由于对 P2P 网贷行业放任不管，该行业在初期经历了野蛮生长的过程。尽管该行业在短期内获得了较大的发展，但是这种缺乏规则约束的市场发展必然会带来巨大的市场风险，进而损害广大投融者的利益，以“机会均等、互惠共生和合作共赢”为核心的金融包容理念不可能在这样的市场中得以实现。[①] 原则性监管一直是英国金融监管的特色，在 2008 年全球金融危机之后，原则性监管在欧美各国引起了不同的反响。例如，美国前财政部长保尔森和前美联储主席伯南克建议美国考虑采用原则性监管，因为以规则性监管为主的美国金融监管体系难以满足金融创新趋势下的矛盾性需求——既要促进金融创新，又要有效防范金融风险，尤其是在衍生金融领域，规则性监管的灵活性不及原则性监管。在欧洲，2008 年在英国剑桥大学的一次名为“金融监管中的原则与规则之争”的论坛上，原则性监管则受到了质疑。戴维 · 梅耶斯教授认为，欧盟成员国监管者应当努力在银行监管中实现原则性监管与规则性监管之间的平衡，因为原则性监管关注的是单个金融机构的经营活动，没有考虑整个金融体系的系统性风险，为了应对系统性风险，原则性监管应当更多地转向规则性监管，以确保对单个的金融机构的风险监管符合宏观审慎监管的目标要求。[②] 欧美对

---

① 参见孟娜娜、蔺鹏：《监管沙盒机制与我国金融科技创新的适配性研究——基于包容性监管视角》，载《南方金融》2018 年第 1 期。

② See Kern Alexander, “Principles v. Rules in Financial Regulation: Re-assessing the Balance in the Credit Crisis Symposium at Cambridge University”, *European Business Organization Law Review*, Vol. 10, 2009, pp. 169 – 173.

原则性监管与规则性监管的争论表明,原则性监管有利于促进金融创新,但是不利于防范金融风险和维护金融安全;规则性监管则恰恰与之相反。在我国互联网金融风险不断积聚且日渐凸显的现实背景下,我国金融监管部门仍然坚持原则性监管的基本立场,表明了其促进金融创新、鼓励互联网金融发展的意图。当大量 P2P 网贷平台"跑路"和互联网金融风险集中爆发时,为了维护金融安全与稳定,我国金融监管部门对 P2P 网贷等互联网金融转向了运动式监管。显然,作为应对和处置特定时期与特定行业的金融风险的运动式监管是一种非常态监管,它只能治标,绝非治本之策。

回顾我国 P2P 网贷市场的发展历程,反思我国 P2P 网贷监管的经验教训,可以发现,我国 P2P 网贷监管未能处理好促进金融创新与防范金融风险之间的矛盾,未能实现金融效率与金融安全之间的动态平衡。在互联网金融风险专项整治行动之前,为了鼓励互联网金融业的发展,监管部门几乎放弃了对 P2P 网贷的监管;促进金融创新、以互联网金融创新优化金融资源配置、解决中小企业融资难融资贵、推进普惠金融发展等成为金融监管追求的主要目标;金融风险防范则基本上被忽视,在金融效率与金融安全之间的天平上过于偏向金融效率。在 P2P 网贷市场风险显露之后仍然采取原则性监管,任由市场风险积聚和扩大,最终导致 P2P 网贷平台大规模"跑路"和爆雷。在互联网金融风险专项整治行动开展之后,金融风险防范与处置被提高到前所未有的高度——打好防范化解金融风险攻坚战,坚决守住不发生区域性与系统性风险的底线,在金融效率与金融安全之间的天平上过于偏向金融安全。形象地说,我国 P2P 网贷监管经历了一场以金融效率与金融安全为两端的"跷跷板游戏"。这些事实表明,"'一行三会'的分业监管体制及缺乏科技支撑的传统监管模式难以遏制互联网金融的野蛮生长以及防范金融风险的积累和传染,须以先进的监管理念、信息共享与合作联动的监管主体、与基础风险源相匹配的监管原则以及科技化的监管模式为内容,建构互联网金融监管体系"。① 具体而言,监管沙盒就是一种顺应金融科技创新趋势的科技化监管模式。它有助于克服传统金融监管面临的困境——基于"命令和控制式规则"的规则监管容易产生监管套利且缺乏

① 许多奇:《互联网金融风险的社会特性与监管创新》,载《法学研究》2018 年第 5 期。

监管实时性,“静态的、缺乏实时性的金融技术性规则所使用的模型无论多么复杂,也无法全面、有效、实时地计算金融科技驱动下的市场和产品瞬息变化的风险,其在检测金融机构文件安全运行方面更加显得力不从心”,[①]有助于实现金融效率与金融安全之间的动态平衡。因此,我国应当引入监管沙盒,以构建顺应金融科技创新趋势的 P2P 网贷监管制度。

第二节　完善金融监管体制,压缩 P2P 网贷平台的套利空间以抑制其套利行为

一、中央与地方金融分权视角下 P2P 网贷监管权配置的现状与完善

1. 中央与地方之间的金融集权与金融分权。金融分权是指政府对金融资源分配享有的控制力和权力地位。从广义上看,金融分权有两个层面的涵义:一是政府和市场之间的金融分权,即政府与市场在金融资源配置中的作用边界;二是政府内部层面的金融分权,具体而言,就是中央政府与地方政府之间、政府不同部门之间的金融权力分配。[②] 依据科斯定理,在交易成本不为零的现实社会,权利的初始界定会影响资源配置的效率。政府与市场之间、政府内部之间的金融权力分配,对金融权利的初始界定具有重大影响,因而也是影响金融资源配置效率的重要因素。例如,在计划经济体制下,政府垄断了金融资源,金融资源由国家统一分配,市场很少发挥作用;在市场经济体制下,市场在金融资源配置中起决定性作用,金融市场的价格如利率、汇率等由市场自主决定。金融集权与金融分权相对应,是指中央政府与地方政府之间的金融权力配置上金融权力高度集中于中央。例如中华人民共和国成立之后,就是实行金融集权,金融机构高度集中统一,信贷分配权高度集中于中国人民银行和财政部,地方政府享有很少的金融权力。

---

① 周仲飞、李敬伟:《金融科技背景下金融监管范式的转变》,载《法学研究》2018 年第 5 期。

② 参见傅勇:《中国的金融分权与经济波动》,中国金融出版社 2016 年版,第 40 页。

1979 年实施改革开放以后，为调动地方经济建设的积极性，中央政府逐步向地方政府让渡金融资源分配权，地方政府组建了许多地方性金融机构，地方政府对金融资源的支配能力大大增强，以至于影响到中央的宏观调控效果。1993 年分税制改革之后，为了加强对金融业的集中统一管理，中央又收回了地方政府的金融权力，限制地方政府干预金融资源配置的权力，但是地方政府通过融资平台、地方性的城市商业银行、农村信用合作社等获取金融资源。随着 2008 年全球金融危机的发生，为了应对危机的挑战，保持经济稳定增长，中央政府又向地方政府下放金融管理权力，允许地方政府通过融资平台举债，批准一些地方政府发行地方政府债券。2013 年十八届三中全会通过的《中共中央关于全面深化改革若干重大问题的决定》指出，让市场在资源配置中起决定性作用，确定完善金融市场体系，深化财税体制改革的重大决策。2014 年 8 月 31 日全国人民代表大会常务委员会通过修改的《预算法》，规定地方政府只能以发行地方政府债券的方式举借债务，①中央与地方之间的金融分权进入更加规范化、法治化的阶段。②

2. 中央与地方的 P2P 网贷监管权配置现状。如前文所述，P2P 网贷对我国金融集中模式下的金融监管体制提出了严峻挑战，中央与地方之间的 P2P 网贷监管权配置成为规范 P2P 网贷行业亟须解决的重大现实问题。《网贷管理暂行办法》第 4 条规定："……国务院银行业监督管理机构及其派出机构负责制定网络借贷信息中介机构业务活动监督管理制度，并实施行为监管。各省级人民政府负责本辖区网络借贷信息中介机构的机构监

---

① 该法第 35 条规定："……经国务院批准的省、自治区、直辖市的预算中必需的建设投资的部分资金，可以在国务院确定的限额内，通过发行地方政府债券举借债务的方式筹措。举借债务的规模，由国务院报全国人民代表大会或者全国人民代表大会常务委员会批准。省、自治区、直辖市依照国务院下达的限额举借的债务，列入本级预算调整方案，报本级人民代表大会常务委员会批准。举借的债务应当有偿还计划和稳定的偿还资金来源，只能用于公益性资本支出，不得用于经常性支出。除前款规定外，地方政府及其所属部门不得以任何方式举借债务。除法律另有规定外，地方政府及其所属部门不得为任何单位和个人的债务以任何方式提供担保。……"

② 傅勇将 1949～2015 年的我国金融集权与分权作如下区分：1949～1978 年金融权力高度集中于中央；1979～1993 年中央逐步给地方让渡金融资源分配权力；1994～2008 年中央收回地方金融资源分配权；2008～2012 年中央向地方下放金融管理权力；2013～2015 年中央和地方金融分权更加规范化。参见傅勇：《中国的金融分权与经济波动》，中国金融出版社 2016 年版，第 42～52 页。

管。……"《网贷管理暂行办法》第33条规定:"国务院银行业监督管理机构及其派出机构负责制定统一的规范发展政策和监督管理制度,负责网络借贷信息中介机构的日常行为监管,指导和配合地方人民政府做好网络借贷信息中介机构的监管和风险处置工作,建立跨部门跨地区监管协调机制。各地方金融监管部门具体负责本辖区网络借贷信息中介机构的机构监管,包括对本辖区网络借贷信息中介机构的规范引导、备案管理和风险防范、处置工作。"《网贷管理暂行办法》第39条规定:"地方金融监管部门存在未依照本办法规定报告重大风险和处置情况、未依照本办法规定向国务院银行业监督管理机构提供行业统计或行业报告等违反法律法规及本法规定情形的,应当对有关责任人依法给予行政处分;构成犯罪的,依法追究刑事责任。"《网贷管理暂行办法》第39条强调了地方金融监管部门不履行监管职责时,其责任人应当承担的法律责任。

《网贷管理暂行办法》以"行为监管"和"机构监管"划分中央与地方之间的P2P网贷监管权,初步明确了中央与地方之间的P2P网贷监管权配置。具体而言,就是中国银监会(机构改革之后的中国银保监会)负责实施行为监管,还包括制定P2P网贷监管制度、指导和配合地方政府对P2P网贷机构的监管和风险处置、建立监管协调机制;地方金融监管部门实施机构监管。

行为监管理念源于英国著名经济学者迈克尔·泰勒的"双峰式"(twin peaks)监管理论:金融监管具有两个最主要的目标:"一是针对系统性风险进行审慎性监管,以维护金融机构的稳健运行和金融体系的稳定,尽量防止发生系统性金融危机或金融市场崩溃;二是针对金融机构的机会主义行为进行合规监管,以防止发生欺诈行为,保护中小消费者和投资者的合法利益。"①第一个目标对应的是审慎性监管,第二个目标对应的是行为监管。澳大利亚和荷兰是采用双峰式监管的典型国家,澳大利亚审慎监管局和澳大利亚证券与投资委员会分别负责审慎监管和金融机构行为监管;荷兰中央银行负责审慎监管,荷兰金融市场监管局(AFM)负责所有类型金融机构

① 陈雨露、汪昌云:《金融学文献通论》(宏观金融卷),中国人民大学出版社2006年版,第597页。

的行为监管。金融消费者保护是行为监管的重要内容,但是行为监管不完全等同于金融消费者保护,“行为监管是指监管机构对金融机构经营行为提出的规范性要求和监督管理,不仅包括零售市场上的金融消费者保护,还包括批发市场上对金融机构道德操守和行为规范的要求”。[①] 机构监管又叫部门监管,“是按照金融机构的类型设立监管机构,不同的监管机构分别管理各自的金融机构,但是某一类型金融机构的监管者无权监管其他类型金融机构的金融活动”。[②] 在金融分业经营条件,机构监管可以避免交叉管理,但是在混业经营条件下,容易造成监管重复和监管套利,无法解决金融机构之间的不公平竞争。

笔者以为,《网贷管理暂行办法》对中央与地方之间的 P2P 网贷监管权配置存在以下几个问题:

其一,由国务院银行业监管部门负责对 P2P 网贷机构的日常行为监管不妥。日常行为监管事务繁杂,而且我国 P2P 网贷机构数量较多,国务院银行业监管部门及其派出机构事实上无力对其实施行为监管。

其二,以行为监管和机构监管的二分法来划分中央与地方之间的 P2P 网贷监管权,既会造成监管冲突,也会导致监管真空。机构监管、功能监管与目标型监管是三种主要的金融监管模式,目标型监管有双峰式监管和矩阵式监管之分,行为监管与审慎监管构成双峰式监管,审慎监管包括微观审慎监管和宏观审慎监管。地方金融监管部门对 P2P 网贷机构实施机构监管,而机构监管本身就包括了对金融机构机会主义行为的合规监管和对金融消费者权益的保护。由此可见,地方监管部门对 P2P 网贷机构的机构监管与中央金融监管部门的行为监管势必产生冲突。这种冲突源于以行为监管和机构监管之二分法的逻辑错误,因为与行为监管相对应的是审慎监管,机构监管与功能监管、目标型监管相对应。同时,这种二分法不仅没有将 P2P 网贷风险纳入宏观审慎监管体系,还会导致对系统性风险的监管真空。事实上,中国人民银行发布的《中国区域金融运行报告(2017)》已经要求将

---

① 惠平:《积极适应行为监管的新理念》,载《中国金融》2017 年第 17 期。

② 陈雨露、汪昌云:《金融学文献通论》(宏观金融卷),中国人民大学出版社 2006 年版,第 594 页。

规模较大、具有系统重要性特征的互联网金融业务纳入宏观审慎监管框架。

其三,中央与地方的 P2P 网贷监管的权责配置不平衡。地方金融监管部门负责 P2P 网贷机构的风险防范与处置工作,尽管作为中央金融监管部门的国务院银行业监管部门及其派出机构负责对 P2P 网贷机构的日常行为监管,但是对于 P2P 网贷机构的风险防范与处置却只承担指导和协调等职责。这种权责配置显然不平衡。

其四,地方金融监管部门虚设,直接影响 P2P 网贷监管绩效。在 2018 年《深化党和国家机构改革方案》实施前,地方政府并没有设立专门的地方金融监管部门,而是通过设立"金融工作办公室""金融工作局"等履行监管职责。但是,这些部门并没有行政执法权,其主要功能是实施备案登记和协调各职能部门防范和处置金融风险。

3. 中央与地方之间 P2P 网贷监管权配置的完善建议。针对《网贷管理暂行办法》中的中央与地方的 P2P 网贷监管权配置存在的主要问题,结合 2018 年《深化党和国家机构改革方案》的实施情况,笔者建议从以下几个方面完善我国中央与地方之间的 P2P 网贷监管权配置。

首先,不再以行为监管与机构监管的二分法来划分中央与地方的 P2P 网贷监管权。行为监管与机构监管只是金融监管理论上的概念,这些概念的内涵与外延本身就具有不确定性,而且其在实践中犹存争议。例如,正是机构监管在应对金融业混业经营挑战方面存在重大缺陷,才会出现功能监管、目标型监管等金融监管理论。诚然,理论对于实践的指导作用不容否认。就此而言,行为监管、机构监管等金融监管理论可以为我国 P2P 网贷监管立法提供理论指导。但是,这些金融监管理论方面的概念不宜直接出现在金融监管立法中,因为法律语言是法律人之间的身份语言,是法律专业人士之间共同同意使用的一种语言习惯(专业的日常语言)。① 尤其是在这些概念本身存在较大的不确定性时,更容易导致法律适用的困惑。以《网贷管理暂行办法》为例,它只是语焉不详地规定国务院银行业监管部门实施行为监管,地方金融监管部门实施机构监管,却没有明晰"行为监管"与"机构监管"的内涵与外延,最终会导致中央与地方之间的 P2P 网贷监管职

① 参见[德]考夫曼:《法律哲学》,刘幸义等译,法律出版社 2004 年版,第 174~175 页。

责不明。

其次,作为中央监管部门的中国银保监会负有以下 P2P 网贷监管职责:制定网贷机构业务活动监督管理制度,指导和配合地方人民政府做好网络借贷信息中介机构的监管和风险处置工作,建立跨地区监管协调机制;作为宏观审慎监管机构的中国人民银行负责将规模较大、具有系统重要性特征的 P2P 网贷机构的业务活动纳入宏观审慎监管框架。

最后,由地方金融监管部门履行以下 P2P 网贷监管职责:网贷机构的市场准入与退出监管;P2P 网贷机构日常经营行为的合规性监管,保护金融消费者、投融资者的合法权益;建立本地区的跨部门协调机制;防范和处置 P2P 网贷风险,依法依规提供行业统计或行业报告、报告重大风险和处置情况。为了保障地方金融监管部门履行上述 P2P 网贷监管职责,需要在 2018 年《深化党和国家机构改革方案》实施进程中,将"地方金融办"等升级为地方金融监督管理局,同时制定地方性监管法规,同时赋予地方金融监督管理局以金融监管权。

二、应对混业经营挑战需要基于成本收益衡量确定 P2P 网贷监管机构

笔者在从金融监管体制论述 P2P 网贷平台非法集资风险的成因时指出,P2P 网贷平台非法集资具有监管套利性,中央与地方之间的 P2P 网贷监管权配置不明以及混业经营趋势是 P2P 网贷平台得以进行监管套利的重要制度诱因。因此,防范和化解 P2P 网贷平台的非法集资风险,需要完善金融监管体制,压缩 P2P 网贷平台的套利空间以抑制其监管套利行为。众筹在我国产生之后,如何依据众筹的性质以及我国金融监管体制的实际情况建立我国众筹监管体制,一直是实务界和理论界比较关心的问题。

在混业经营趋势下,几乎每种金融模式都在跨界经营,互联网金融也是如此,P2P 网贷平台的跨界经营特征也非常明显。"在缺少统一的综合监管的机制下,许多跨界业务成了监管的盲区,容易形成系统性风险。"①尽管从

① 刘力臻:《互联网金融:机理·特征·监管·趋势》,载《当代经济研究》2014 年第 14 期。

长期来看,统一的综合监管体制更有助于应对混业经营趋势的挑战,但是,“考虑到我国分业式金融监管体制的建立时间不长,短期内进行大范围的机构调整也不利于金融监管工作的开展和金融市场的稳定。因此,我国的集中统一监管模式应该有计划、有步骤地推进”。① 自2018年中共中央发布的《深化党和国家机构改革方案》实施之后,我国从“一行三会”的金融监管体制改为“一行两会”的金融监管体制。从“一行三会”到“一行两会”的金融监管体制变革,在一定程度上回应了混业经营趋势的挑战,向集中统一的监管模式迈进了一大步,但是“一行两会”的金融监管体制,分业监管的色彩更为浓厚些。

面对混业经营趋势的挑战,如何确定我国P2P网贷的监管模式?有人认为,不宜采取分业监管模式而应当采取统一监管模式,主要理由体现在两个方面:一是分业监管会导致多头监管、无头监管、提高平台运行成本和监管成本、因监管过度而抑制P2P网贷创新的不足,并以美国SEC监管P2P网贷平台阻碍美国P2P网贷行业发展为证;二是统一监管有利于节约监管成本、我国金融业正在从分业经营转向混业经营、P2P网贷平台具有金融媒介属性、我国具有统一监管的制度传统。② 笔者以为,正如该学者所言,从长远来看,统一监管模式在应对混业经营趋势挑战方面较之于分业监管模式具有制度优势。但是,这个长远目标不可能一蹴而就。此外,需要指出的是,以美国SEC监管P2P网贷平台作为论证P2P网贷监管应采取统一监管模式的理由不能成立。恰恰相反,尽管在2008年全球金融危机之后,美国进行了以突出维护金融稳定为目标的宏观审慎监管的金融监管改革,但是美国金融监管体制仍然是基于分业的多头监管体制。

当下比较具有现实意义的讨论,是在混业经营趋势和“一行两会”的金融监管体制下,如何确定我国P2P网贷监管主体。具体而言,主要问题就是投资型众筹中的两类——股权众筹与借贷型众筹由“一行两会”的哪一个部门监管。股权众筹由中国证监会监管没有争议,争议的问题是作为借

---

① 武长海、张娟、涂晟:《P2P网络借贷法律规制研究》,中国政法大学出版社2016年版,第119页。

② 参见武长海、张娟、涂晟:《P2P网络借贷法律规制研究》,中国政法大学出版社2016年版,第120~135页。

贷型众筹的P2P网贷,是由中国人民银行、中国银监会(银保监会)和中国证监会中的哪个机构监管？有人认为,尽管在美国法上借贷型众筹与股权众筹的资金提供者均以获得投资收益为目的,可以纳入证券法的调整范围,但是我国的P2P网贷,“多数已从纯粹信息中介转化为信用中介,甚至进行了期限转换、流动性转换,将其纳入金融中介机构的范畴监管更为合理”。[①]2016年中国银监会、工业和信息化部、公安部及国家互联网信息办公室等制定的《网贷管理暂行办法》规定,P2P网贷的中央金融监管部门是中国银监会。其监管依据是将P2P网贷机构作为金融信息中介机构归入影子银行。

以上两种思路都是基于P2P网贷行业的性质与特点来确定其监管机构,遵循的是“分业经营、分业监管”的原则,却又对P2P网贷行业的法律性质存在分歧。主张将P2P网贷作为一种投资活动纳入证券法的调整范围,与美国不区分股权众筹和借贷型众筹而将所有投资型众筹作为证券纳入证券法的做法一致,显然是深受美国证券法影响的结果。然而,“法律是特定民族的历史、文化、社会的价值与一般意识形态与观念的集中体现”,[②]美国金融监管制度是美国特定的历史、文化与社会价值以及政治意识形态的集中体现。有学者在反思美国次贷危机的法律根源时,就对美国金融监管制度及其思想的先进性提出了质疑,认为在我国金融法制建设中应当警惕“唯美(美国)主义”倾向,并立足本国实际推进金融创新。[③] 同样,在我国众筹法律制度构建的进程中,也要警惕和克服“唯美(美国)主义”倾向。虽然美国的众筹监管法律制度之于我国不无借鉴意义,但是这种借鉴必须立足我国本土特有的制度传统,不能脱离我国特定的历史、文化与社会价值及现实基础。笔者以为,鉴于我国金融体系是以银行主导的间接金融体系,资本市场等直接金融体系在整个金融体系中尚不占主导地位,因此,不宜盲目将P2P网贷这一与银行信贷具有相同性质的法律关系——借贷关系的众

---

① 彭冰:《股权众筹的法律构建》,载《财经法学》2015年第3期。

② [美]格伦顿、戈登、奥萨魁:《比较法律传统》,米健、贺卫方、高鸿钧译,中国政法大学出版社1993年版,第6~7页。

③ 参见许多奇:《次贷危机法律根源探究——美国金融监管制度及思想先进性质疑与启示》,载《交大法学》2011年第1期。

筹纳入《证券法》的调整范围。此外，在金融业混业经营趋势下，P2P作为一种互联网金融创新，原本就是要突破“分业经营、分业监管”的限制，故基于业务性质来确定其监管机构注定会陷入一场无谓的纷争。从制度经济学的视角看，互联网金融创新必然会诱致金融监管制度变迁。“在制度变迁中存在着路径依赖性，制度系统会在相当程度上顺从惯性。它们通常会遵循相当稳定的路径缓慢演变。演化性调整，而非痉挛性转换，对于制度发挥节约信息成本的基本功能来讲是必不可少的。”①与其说是基于P2P在我国异化为金融中介机构的事实而依据业务性质确定由银监会监管，不如说是我国既有的“一行三会”金融监管体制的惯性使然。如果将P2P网贷交由证监会监管，一方面需要对我国《证券法》调整范围的相关规定作出重大修改，这与我国银行主导型的间接金融体系传统不相符；另一方面会从根本上动摇“一行三会”的监管体制，那样的话，制度变革的成本会非常巨大，且不一定能够获得期望的收益。“毕竟，新制度要使人们付出学习成本，并可能在转型期导致协调不良。”②因此，出于应对混业经营趋势挑战的需要，基于监管制度变革的成本收益衡量，在合理划分中央与地方之间的P2P网贷监管权的前提下，在中央层面对P2P网贷监管权作如下配置：股权众筹由中国证监会监管，P2P网贷主要由中国银保监会监管；中国银保监会制定网贷机构业务活动监督管理制度，指导和配合地方人民政府做好网络借贷信息中介机构的监管和风险处置工作，建立跨地区监管协调机制；作为宏观审慎监管机构的中国人民银行负责将规模较大、具有系统重要性特征的P2P网贷机构的业务活动纳入宏观审慎监管框架。

---

① [德]柯武刚、史漫飞：《制度经济学：社会秩序与公共政策》，韩朝华译，商务印书馆2000年版，第476页。

② [德]柯武刚、史漫飞：《制度经济学：社会秩序与公共政策》，韩朝华译，商务印书馆2000年版，第476页。

第三节　构建全国统一的法治化 P2P 网贷平台市场准入与退出机制

一、构建全国统一的法治化 P2P 网贷平台市场准入机制

(一)改备案登记为行政许可以实现 P2P 网贷平台市场准入机制的法治化

首先,从 P2P 网贷机构的功能定位看,其市场准入应当实行行政许可。2000 年 9 月 25 日国务院公布施行的《互联网信息服务管理办法》第 3 条规定:"互联网信息服务分为经营性和非经营性两类。经营性互联网信息服务,是指通过互联网向上网用户有偿提供信息或者网页制作等服务活动。非经营性互联网信息服务,是指通过互联网向上网用户无偿提供具有公开性、共享性信息的服务活动。"P2P 网贷机构是通过网贷平台为借款人和出借人提供信息服务,并获取业务酬金的信息中介机构,其所提供的服务无疑是经营性互联网信息服务。依据《互联网信息服务管理办法》第 4 条,"国家对经营性互联网信息服务实行许可制度;对非经营性互联网信息服务实行备案制度。未取得许可或者未履行备案手续的,不得从事互联网信息服务",P2P 网贷平台市场准入显然应当实行许可制度而非备案制度。

其次,从 P2P 网贷行业的特点看,网贷平台市场准入应当实行行政许可。P2P 网贷行业是新兴的互联网金融业态之一,互联网金融并未改变金融的本质,改变的只是金融业的形式,创造了有别于传统金融业的资金融通渠道。它是"以互联网为主要渠道,为借款人与出借人(即贷款人)实现直接借贷提供信息搜集、信息公布、资信评估、信息交互、借贷撮合等服务"。[①]"金融市场所履行的最基本的功能是,从那些由于支出少于收入而积蓄了盈余资金的家庭、公司和政府那里,将资金引导到那些由于支出超过收入而

---

① 《网贷管理暂行办法》第 2 条。

资金短缺的经济主体那里。”[①]作为金融信息中介机构的P2P网贷机构就是在履行金融市场的基本功能。因此，无论是将P2P网贷机构定位为金融信息中介机构，还是信用中介机构，都不能否认P2P网贷行业具有金融业属性，[②]P2P网贷机构是互联网金融从业机构。而金融业的市场准入一般都实行许可制，即从事金融活动的金融机构，应当由金融监管部门批准设立。

正是基于P2P网贷机构是互联网金融从业机构的逻辑前提，国务院办公厅印发的《互联网金融风险专项整治工作实施方案》才将P2P网贷业务列为重点整治问题，并将“严格准入管理”作为首要的整治措施。《互联网金融风险专项整治工作实施方案》规定：“设立金融机构、从事金融活动，必须依法接受准入管理。未经相关有权部门批准或备案从事金融活动的，由金融管理部门会同工商部门予以认定和查处，情节严重的，予以取缔。”在互联网金融风险专项整治中，P2P网贷机构的备案登记兑变成为实质上的行政许可，就是金融监管部门“严格准入管理”的结果。这种蜕变，源于大量P2P网贷平台“跑路”背景下P2P网贷领域金融风险规制的现实需求，是金融监管部门为防范化解P2P网贷领域金融风险的合理选择。就此而言，这种蜕变无疑具有实质合理性，却不符合形式法治要求。

最后，改备案登记为行政许可有助于明确备案登记申请人的法律救济方式。P2P网贷备案登记实质上是行政许可。既然如此，不如改备案登记为行政许可以实现P2P网贷平台市场准入的法治化。而且，改为行政许可之后，有助于明确P2P网贷备案登记申请人的法律救济方式。无论是《网贷机构备案登记指引》，还是各个地方的网贷机构备案登记规定均没有明确，网贷机构在备案登记申请不被受理或者不予备案时，可以采取何种法律救济手段维护自身的合法权益。从上位法来看，《行政复议法》第6条规定，公民、法人或者其他组织“认为符合法定条件，申请行政机关颁发许可证、执照、资质证、资格证等证书，或者申请行政机关审批、登记有关事项，行政机关没有依法办理的”，可以申请行政复议。依据以上规定，网贷机构

---

① [美]弗雷德里克·S.米什金：《货币金融学》(第7版)，郑艳文译，中国人民大学出版社2006年版，第25页。

② 即使将P2P网贷机构的功能定位为信息中介机构，也不能否认它不是一般的信息中介机构，而是金融信息中介机构。

备案登记属于“登记有关事项”，其在申请未被依法受理或者不予备案时，可以申请行政复议。《行政诉讼法》第 12 条规定，公民、法人或者其他组织申请行政许可，“行政机关拒绝或者在法定期限内不予答复，或者对行政机关作出的有关行政许可的其他决定不服的”，申请人可以提起行政诉讼。依据该规定，作为备案登记申请人，网贷机构能否就备案登记事项提起行政诉讼存在疑问。从形式上看，网贷机构备案登记名义上是事实行为，不是行政许可，不属于行政诉讼的受案范围；从实质上看，网贷机构备案登记对网贷机构的权利义务产生重大实际影响，实质上又是行政许可，且 2018 年 2 月 8 日实施的最高人民法院《关于适用〈中华人民共和国行政诉讼法〉的解释》（以下简称《行政诉讼法司法解释》）规定，“对公民、法人或者其他组织权利义务不产生实际影响的行为”不属于行政诉讼的受案范围，对《行政诉讼法司法解释》的相关规定作反向解释，网贷机构备案登记对于网贷机构的经营活动活动会产生实际影响，甚至有些地方性规定将其作为申请增值电信业务许可证的前置程序，当属于行政诉讼的受案范围。①

诚然，依据《行政诉讼法司法解释》的相关规定，通过法律解释的方法可以将 P2P 网贷备案登记事项纳入行政诉讼的受案范围。不过，如日本民法学者尾高朝雄教授所言，“法的解释，不是对法单纯的理论认识，是以法规的形式向外部标识的价值体系具体形成、发展的工作”。“法的解释，作为科学附加而成立。所附加的价值观，是价值判断。法解释学的争论，不仅是关于真理的论争，而是价值观上的争斗。”②法的解释所附加的价值判断使其深受解释主体的主观性制约，从而影响法解释的客观性，使法解释的结果充满了不确定性。在网贷机构备案登记纠纷案件中，P2P 网贷备案登记

---

① 明确规定行政备案事项属于行政诉讼的受案范围的地方性立法有《广州市行政备案管理办法》第 24 条规定。该条规定：“公民、法人或者其他组织发现行政机关违法或者不适当实施行政备案事项的活动，有权向上级行政机关、同级政府监察机关或者法制机构投诉。受理投诉的行政机关应当及时核实、处理，并在受理之日起 30 日内予以答复。公民、法人或者其他组织认为行政备案影响其合法权益的，可以依法申请行政复议或者提起行政诉讼。”《广州市行政备案管理办法》的上述规定值得借鉴，即使不将备案登记改为行政许可，各个地方在制定网贷机构备案登记规定时，也应当明确网贷机构认为备案登记影响其合法权益的，可以依法申请行政复议或者提起行政诉讼。

② 转引自梁慧星：《民法解释学》，中国政法大学出版社 2000 年版，第 168 ~ 169 页。

事项是否属于行政诉讼之受案范围的法律适用问题有赖于对《行政诉讼法》以及《行政诉讼法司法解释》的相关规定的解释。与其依赖于附加了价值判断和充满不确定性的法解释,不如直接改备案登记为行政许可,以实现 P2P 网贷平台市场准入机制的法治化。

(二)构建全国统一的平台市场准入机制以防范监管套利和消解制度竞争

如前文所述,P2P 网贷平台的非法集资行为具有监管套利性,而各个地方的网贷平台市场准入条件的差异使网贷机构可以从事区域性的监管套利,因此,为了有效地防范 P2P 网贷市场风险,尤其是有效防止 P2P 网贷平台市场准入条件差异所引发的平台非法集资风险,消解地方政府在网贷平台市场准入方面的制度竞争,应当提高市场准入门槛,构建全国统一的 P2P 网贷市场平台准入条件。具体而言,可以借鉴《商业银行法》、《证券法》及《保险法》等有关商业银行、证券公司及保险公司的市场准入条件,规定设立网贷机构应当具备以下条件:(1)有符合网贷机构监管规定和《公司法》规定的公司章程;(2)有符合规定的注册资本最低限额,注册资本最低限额为 5000 万元人民币,注册资本应当是实缴资本,中国银保监会可以根据审慎监管的要求调整注册资本最低限额,但不得少于前款规定的限额;(3)有具备任职专业知识和业务工作经验的董事、高级管理人员,并不得存在以下情形:因犯有贪污、贿赂、侵占财产、挪用财产罪或者破坏社会经济秩序罪,被判处刑罚,或者因犯罪被剥夺政治权利的;担任破产清算的公司、企业的法定代表人、董事、监事经理等高级管理人员,且被认定对该公司、企业的破产负有个人责任的;担任因违法被吊销营业执照、责令被关闭的公司、企业的高级管理人员,并负有个人责任的;个人所负数额较大的债务到期未清偿的;(4)有健全的组织机构和管理制度;(5)有符合要求的营业场所、安全防范措施和与业务有关的其他设施。

考虑到 P2P 网贷机构的日常经营活动主要由地方金融监管部门负责监管,为了便于发挥地方金融监管部门履行监管职责,可以在资金存管银行、监管信息系统接入等方面由地方金融监管部门自行决定。至于网贷机构的投资者适当性义务,不属于市场准入方面的事前监管范畴,属于网贷机构设立之后的事中监管范畴,因此不宜在 P2P 网贷机构市场准入法律制度中加以规定。

二、构建全国统一的法治化 P2P 网贷平台市场退出机制

(一)构建全国统一的 P2P 网贷平台市场退出机制

为了保障 P2P 网贷机构有序退出市场,抑制其在市场退出过程中的道德风险,防止其利用各个地方的网贷平台市场退出机制的差异进行监管套利,防止地方政府在 P2P 网贷平台退出中的相互推诿,协调地方政府在 P2P 网贷平台退出中的利益冲突,应当建立全国统一的 P2P 网贷平台市场退出机制。鉴于 P2P 网贷行业的金融业属性,P2P 网贷机构的市场退出应当适用与银行、证券公司、保险公司等金融机构一样的市场退出机制。依据《立法法》第 8 条、第 9 条的规定,"基本经济制度以及财政、海关、金融和外贸的基本制度"只能制定法律,尚未制定法律的,由全国人民代表大会及其常务委员会授权国务院根据实际需要,先制定行政法规。我国金融机构的市场退出机制实际上就遵循了此种制度模式。我国的《商业银行法》、《证券法》及《保险法》分别规定了银行接管和终止制度、①证券公司接管制度、②以及保险公司接管制度。③ 我国《企业破产法》第 134 条规定,国务院金融监督管理机构可以依法对出现重大经营风险的金融机构采取接管、托管等措施,同时授权国务院制定有关金融机构破产的实施办法。因此,在法律层

---

① 《商业银行法》第 7 章专章规定了"接管和终止",该法第 64 条第 1 款规定:"商业银行已经或可能发生信用危机,严重影响存款人的利益时,国务院银行业监督管理机构可以对该银行实行接管。"

② 《证券法》第 154 条规定,"在证券公司被责令停业整顿、被依法指定托管、接管或者清算期间,或者出现重大风险时,经国务院证券监督管理机构批准,可以对该证券公司直接负责的董事、监事、高级管理人员和其他直接责任人员采取以下措施:(一)通知出境管理机关依法阻止其出境;(二)申请司法机关禁止其转移、转让或者以其他方式处分财产,或者在财产上设定其他权利。"2008 年 4 月 23 日国务院公布的《证券公司风险处置条例》第 2 章专门规定了"停业整顿、接管、托管、行政重组"。依据该条例第 8 条规定,证券公司有下列情形之一的,国务院证券监督管理机构可以对其证券经纪等涉及客户的业务进行托管,情节严重的,可以对其进行接管:(1)治理混乱,管理失控;(2)挪用客户资产且不能自行弥补;(3)在证券交易中多次发生交收违约或者交收违约数额较大;(4)风险指标控制不符合规定,发生重大财务危机;(5)其他可能影响证券公司持续经营的情形。

③ 依据《保险法》第 144 条的规定,保险公司有下列情形之一的,国务院保险监督管理机构可以对其实行接管:(1)公司的偿付能力严重不足的;(2)违反法律规定,损害社会公共利益,可能严重危及或者已经严重危及公司的偿付能力的。

面上尚未就 P2P 网贷平台市场退出立法的情况下，应当由全国人民代表大会及其常务委员会授权国务院制定有关 P2P 网贷的行政法规，可以参考和借鉴既有的银行、证券公司及保险公司的市场退出机制，建立和完善 P2P 网贷平台市场退出机制，以保障 P2P 网贷平台市场退出机制的全国统一性。

（二）构建法治化的 P2P 网贷平台市场退出机制

构建法治化的 P2P 网贷平台市场退出机制，是防范和化解 P2P 网贷平台非法集资风险的治本之策。具体而言，可以从以下几个方面构建法治化的 P2P 网贷平台市场退出机制。

首先，坚持以市场化退出为主、行政式强制退出为辅的原则。在互联网金融风险专项整治中，为了“实现行业实施出清、扶优抑劣、规范纠偏，确保向常态化监管的稳步过渡”，我国对于 P2P 网贷平台的市场退出，实行以行政式强制退出为主的市场退出机制，所采取的行政式强制退出手段就是对网贷机构不予登记备案。显然，这种非常态化的市场退出状况不可能持续。常态化的 P2P 网贷平台市场退出机制应当是以市场化退出为主、行政式强制退出为辅的退出机制。所谓市场化退出机制，就是要发挥金融市场机制对 P2P 网贷机构的约束功能，让 P2P 网贷机构自负盈亏、自我发展。P2P 网贷机构是否退出网贷行业，应当由网贷机构的投资者自主决定；网贷机构资不抵债或者不能清偿到期债务的，可以依据《企业破产法》的规定按照破产程序退出市场。在网贷机构有重大违法违规行为，严重影响投资人的利益时，金融监管部门可以对其实行接管，在接管期内督促其整改；对于整改不到位的网贷机构，金融监管部门可以终止接管，撤销行政许可，责令其退出网贷市场。

其次，构建符合我国网贷行业实际情况的 P2P 网贷机构“生前遗嘱”式退出制度。“生前遗嘱”，是金融稳定理事会在 2008 年全球金融危机之后提出的一个新概念，旨在防范和化解大型金融机构破产给整个金融体系带来的风险问题。所谓“生前遗嘱”，“是指由金融机构拟订并向监管机构提交，当其陷入实质性财务困境或经营失败时快速有序的处置方案。由于这是金融机构在其经营失败之前制定的处置方案，因此被形象地称为‘生前遗嘱'"。[①]"金融机构的生前遗嘱计划本质上是监管者与金融机构之间签订的一个协议……并不是真正民法学意义上的遗嘱,金融机构的生前遗嘱只不过是一种形象说法,如果称之为金融机构的'恢复与处置计划'则更加科学与规范。"[②]美国《多德—弗兰克华尔街改革与消费者保护法案》第 165 条(d)款规定:"联邦储备理事会应要求联邦储备理事会监管的非银行金融公司或(a)款所述的银行控股公司定期向联邦储备理事会、委员会和联邦存款保险公司报告其实质性财务困境或失败时快速有序的解决方案。"[③]该规定是美国率先实施"生前遗嘱"的立法。[④] 英国金融行为监管局在 2014 年 3 月 6 日发布的《众筹监管规则》中规定,平台应当"设立一套机制以应对平台倒闭或存放客户资金的银行倒闭的情况","平台应当具备相应的安排来确保自己停止经营时贷款能得到有序管理。但与此同时,为了构建一个平衡监管成本和效益的恰当的监管框架,在现阶段并不强制规定平台必须引入这样的安排"。[⑤] 英国《众筹监管规则》的上述规定将主要适用于大型金融机构的"生前遗嘱"规定引入了 P2P 网贷领域,但是又基于监管成本的考量,还没有将其作为一项强制性规定。由于大量的 P2P 网贷平台"跑路"和爆雷,在我国 P2P 网贷领域实行"生前遗嘱"的呼声日高。《厦门市网贷机构良性退出通知》要求暂不选择退出的网贷机构设定"生前遗嘱"式退出计划。这是地方金融监管部门对 P2P 网贷平台市场退出机制的探索。笔者以为,为了防止问题网贷机构的风险传染,抑制网贷机构及其股东在市场退出中的道德风险,保护网贷市场投资者的合法权益,需要规范 P2P 网贷机

---

① 柳立:《金融机构为什么要制定"生前遗嘱"》,载《金融时报》2014 年 4 月 14 日,第 3 版。

② 李景杰:《论金融机构的生前遗嘱制度及其对我国的启示》,载《经济问题》2012 年第 4 期。

③ 参见董裕平、全先银等译:《多德—弗兰克华尔街改革与消费者保护法案》,中国金融出版社 2010 年版,第 34 页。

④ 美联储和 FDIC 在 2011 年共同发布了"生前遗嘱"的最终规则(联邦储备委员会称为 QQ 条例,联邦存款保险公司称为规则第 381 部分,DFA 规则)。此外,2012 年 FDIC 还根据《联邦存款保险法案》单独发布了适用于由其承保存款机构的"生前遗嘱"规则(IDI 规则)。DFA 规则适用于系统重要性金融机构;IDI 规则适用于在 FDIC 投保的资产不低于 500 亿美元的存款机构。

⑤ 张雨露:《英国借贷型众筹监管规则综述》,载彭冰主编:《互联网金融的国际法律实践》,北京大学出版社 2017 年版,第 226 ~ 229 页。

构的市场退出行为，确保其及时有序地退出网贷市场。旨在解决大型金融机构破产之道德风险的“生前遗嘱”式退出制度，对于解决我国 P2P 网贷行业中的上述问题具有现实的借鉴意义。同时，鉴于我国 P2P 网贷平台“跑路”和爆雷高发的实际情况，应当将“生前遗嘱”作为 P2P 网贷平台市场退出的强制性规定，所有的网贷机构都应当向金融监管部门提交其在实质性财务困境或经营失败时快速有序的解决方案。

最后，借鉴金融控股公司加重责任，加重 P2P 网贷机构股东的责任，以抑制其道德风险。我国不少地方金融监管部门或互联网金融协会为了规范 P2P 网贷机构的市场退出行为，抑制网贷机构股东的道德风险行为，在出台或拟出台的网贷机构业务退出指引中纷纷要求网贷机构股东承担特别的责任。不妨将这些规定整理见表 6－1。

表 6－1　各地关于 P2P 网贷平台退出时网贷机构股东的责任规定

文件名称	关于网贷机构股东义务的规定	备注
《深圳市网络借贷信息中介机构业务退出指引（征求意见稿）》	具有国有企业、上市公司、集团等背景的网贷机构，应由国有企业、上市公司、集团等提供合理范围内的资金援助，协助网贷机构尽量缩小不良贷款余额和待偿余额之间的差额	特定股东的资金援助义务
《济南市网络借贷信息中介机构业务退出指引（试行）》	对于具有集团等特殊背景的网贷机构，集团可为机构退出提供帮助	股东基于自治原则向网贷机构提供帮助
《浙江省网络借贷信息中介机构业务退出指引（试行）》	具有国有企业、上市公司、集团等背景的网贷机构，应由国有企业、上市公司、集团等提供合理范围内的资金援助，协助平台尽量缩小不良贷款余额和待偿余额之间的差额	特定股东的资金援助义务

续表

文件名称	关于网贷机构股东义务的规定	备注
《安徽省网络借贷退出指引(试行)》	对于平台股东出资不足或出资不实的,或者股东、高管等侵害公司或投资人利益的,按公司法及司法解释和相关法律办理。涉及犯罪的,由司法机关处理。对于最终不履行相关义务或判决结果的法人和自然人,依法纳入失信被执行人名单管理	股东出资义务
	具有国有企业、上市公司、集团等背景的网贷机构,应由国有企业、上市公司、集团等提供合理范围内的资金援助,协助网贷机构尽量缩小不良贷款余额和待偿余额之间的差额	特定股东的资金援助义务
《广东省网络借贷信息中介机构业务退出指引(试行)》	网贷机构的股东违反法律法规规定,应承担相应的法律责任	网贷机构股东的一般性义务
	股东认缴资本不到位的,在非法经营过程中不当得利的,应实缴到位,返还不当得利	
	具有集团公司背景的股东,应对旗下网贷机构项目处置提供帮助,必要时可直接提供资金援助,以降低网贷机构在退出中可能出现的严重流动性风险	特定股东的资金援助义务
《大连市网络借贷信息中介机构业务退出指引(试行)》	部分股东认缴资本不到位的,在非法经营过程中不当得利的,应实缴到位,返还不当得利	网贷机构股东的一般性义务
	具有集团公司背景机构的股东,应对旗下机构项目处置提供帮助,必要时直接提供资金援助	特定股东的资金援助义务
《关于做好厦门市网络借贷信息中介机构良性退出工作的通知》	网贷机构的股东违反法律法规规定,应承担相应的连带责任	网贷机构股东的一般性义务
	在退出过程中网贷机构自身运营资金不足时,股东应对网贷机构提供资金援助,确保机构正常运转,顺利完成良性退出工作	网贷机构股东的资金援助义务

以上各地关于网贷机构股东义务或责任的规定,可以分为两类:一是一般性的义务或责任,即依据《公司法》等一般性的法律规定,网贷机构股

东应当承担的法律义务,以及不履行这些义务所应当承担的法律责任,如网贷机构股东的出资义务、不当得利返还义务;二是网贷机构股东的特别义务或责任。各地关于网贷机构股东的特别义务又分为两种模式:一种模式是要求特定的网贷机构股东承担特别的义务,例如,有的要求具有国有企业、上市公司、集团等背景的网贷机构在退出网贷行业时,应由国有企业、上市公司、集团等提供合理范围内的资金援助,实质上是要求作为网贷机构股东的国有企业、上市公司、集团公司等承担资金援助义务;另一种模式是要求所有的网贷机构股东在网贷机构退出市场的过程中出现资金不足时承担资金援助义务。网贷机构股东承担的一般性义务是所有公司股东均应承担的法律义务,具有法律依据,其实质合理性与形式合法性无须再行论证。真正需要检讨和反思的是各地关于网贷机构股东之特别义务的规定。法律作为一种"制度的事实",其正当性"取决于'正当化的过程'以及为了达到这一目的而运用的'说服的技术'","只有把合意与议论、程序统一起来、从整体上来把握,才能超脱以往的自然法论与法律实证主义的争执,使'应然'和'实然'得以在制度层次上结合,使制度的正当性从实质和形式这两个方面得到保障。"①P2P 网贷机构股东特别义务规定的正当性同样需要从实质和形式这两个方面加以保障。这些规定出台的现实背景是大量的网贷平台"跑路"和爆雷事件。在这些事件中,一些网贷机构股东的道德风险显露无遗。网贷平台的非法集资行为本质上就是网贷机构股东及其高级管理人员的道德风险行为。为了抑制网贷机构股东的道德风险,防范 P2P 网贷平台的非法集资风险,对网贷机构股东课以特别义务具有实质合理性。因此,从应然层面上看,应当突破股东有限责任的一般性规定,对网贷机构股东课以特别义务。具体而言,可以借鉴美国法上的金融控股公司加重责任制度,②要求网贷机构股东完全或部分地保证其所管理的网贷机构的清偿能力,向

① 季卫东:《"应然"与"实然"的制度性结合》(代译序),载[英]尼尔·麦考密克、[奥]奥塔·魏因贝格尔:《制度法论》,周叶谦译,中国政法大学出版社 2004 年版。

② 美国金融控股公司加重责任制度,"要求金融控股公司完全或部分地保证其所管理的子公司的清偿能力,向其不能清偿债务的子公司重新注入资金,或向政府机构赔偿因子公司经营失败而给公众债权人造成的损失,或赔偿公共保险基金"。姜立文:《美国金融控股公司加重责任制度研究与启示》,载《环球法律评论》2006 年第 6 期。

不能清偿债务的网贷机构重新注入资金等；网贷机构股东是否承担上述加重义务，不应当以其是否具备国有企业、上市公司、集团公司等身份作为判断标准，而应当以其是否实际参与网贷机构的经营管理为标准。

从形式方面保障 P2P 网贷机构股东特别义务的正当性，就应当通过立法活动，将应然层面的网贷机构股东特别义务创制为实然层面的强制性规定，因为“所有法律都应当可预期、公开且明确”。[①] 法律虽然具有指引其主体行为的能力，但是法律主体不受追溯法的指引。这是法治的形式理性的基本要求。而且，作为社会制度的法律，在特定的社会中，“是拥有最高权威的指引系统和审判系统，在它具有功效的地方，它拥有有效权威”。[②] 因此，在实然层面上由立法机关创制公开、明确的网贷机构股东特别义务，有助于明确网贷机构股东的义务范围及其责任限度，更好地指引其行为，也可以为法院裁判 P2P 网贷纠纷案件提供权威的法律支持。

第四节　构建 P2P 网贷平台信息披露的公私法合作机制

一、我国 P2P 网络借贷平台信息披露制度现状与问题

(一)我国 P2P 网络借贷平台信息披露制度现状

2015 年 7 月中国银监会等发布的《指导意见》强调，要健全信息披露、风险提示和合格投资者制度，以加强金融消费者保护；要求从业机构对客户进行充分的信息披露，及时向投资者公布其经营活动和财务状况等。《指导意见》有关信息披露和消费者权益保护的规定较为笼统，操作性并不强。

2016 年，中国银监会等发布的《网贷管理暂行办法》对 P2P 网络借贷平台信息披露和消费者权益保护进行了更具体的规定。《网贷管理暂行办法》通过专门的一章对网络借贷信息披露进行规定，具体包括：平台应该披露的信息内容、具体的披露办法；还要求平台聘请会计师事务所对本机构的

① [英]约瑟夫·拉兹：《法律的权威：法律与道德文集》，朱峰译，法律出版社 2005 年版，第 187 页。

② [英]约瑟夫·拉兹：《法律的权威：法律与道德文集》，朱峰译，法律出版社 2005 年版，第 39 页。

重点环节实施审计,聘请有资质的信息安全测评认证机构定期对信息安全设施认证测评,要求网贷机构引入律师事务所、信息系统安全评价等第三方机构,对网贷机构合规和信息系统稳健情况进行评估,将相关文件报送地方金融监管部门;还强调网贷平台高级管理人员要忠实、勤勉地履行职责,保证披露的信息真实、准确、完整、及时、公平。《网贷管理暂行办法》的可操作性比《指导意见》强,但是其关于信息披露的规定仅有三条,并不全面,而且有些规定解释的空间比较大,在具体操作方面还是有欠缺。例如,它仅规定了 P2P 网络借贷平台应尽的义务,并没有规定平台违反信息披露义务需要承担的责任。

2017 年 8 月 25 日,中国银监会下发《信息披露指引》。《信息披露指引》全文共计四章 28 条,并附有信息披露内容说明(共计 68 条,其中平台需披露信息共计 63 项)。根据《信息披露指引》,P2P 网贷平台应向公众披露如下信息:备案信息,包括备案登记、电信业务经营许可、资金存管、公安机关核发的网站备案图标及编号、风险管理等信息;组织信息,包括工商信息、股东信息、组织架构及从业人员概况、分支机构工商信息、官方网站、官方手机应用及其他官方互联网渠道信息;审核信息,包括上一年度的财务审计报告、经营合规重点环节的审计结果、上一年度的合规性审查报告。P2P 网贷平台应当于每年 1 月 10 日前披露平台的备案信息、组织信息;应当于每年 4 月 30 日前披露平台审核信息;若信息发生变更,平台应当于变更后 10 个工作日内更新披露信息。

《信息披露指引》规定,平台应当及时向出借人披露以下信息内容:“截至借款前 6 个月内借款人征信报告中的逾期情况、借款人在其他网络借贷平台借款情况”;在发生重大事件时,网贷机构应当于事件发生之日起 48 小时内向公众披露事件的起因、目前的状态、可能产生的影响和采取的措施。

另外,《信息披露指引》不再要求 P2P 网贷平台披露金额逾期率、项目逾期率,只要求其披露逾期金额和代偿金额,这里的逾期金额是指按合同约定,出借人到期未收到本金和预期参考利息的金额总和,而代偿金额是指因借款方违约等原因第三方(非借款人、非网贷机构)代为偿还的总金额。投资者掌握了这两个数据,结合平台的借贷余额就可以比较直观地判断这个平台当时的风险程度,降低了投资难度,有利于投资者降低投资风险。

通过上述分析可以看出,《信息披露指引》力求在保护投资者利益与给予 P2P 网贷平台合理发展空间之间实现平衡。对投资者而言,《信息披露指引》要求平台披露的信息真实、准确、及时、完整、有效,而且要求披露的信息更加直观,降低了投资难度并提高了投资者对信息的掌控力度,有利于投资者做出投资决策。对于 P2P 网贷平台而言,考虑到网贷行业正处于规范整顿期,《信息披露指引》给予 6 个月的整改期限,给了平台比较充裕的整改时间。这有利于 P2P 网贷平台梳理运营框架,有利于 P2P 网络借贷平台降低运营成本。

2015 年中国人民银行、中国证监会、中国银监会、中国支付清算协会等共同组建成立了中国互联网金融协会。中国互联网金融协会十分重视网络借贷行业的信息披露。2016 年 3 月中国互联网金融协会在互联网金融信息披露标准研讨会上,公布了《互联网金融信息规范(初稿)》(以下简称《规范》),要求 P2P 从业机构每天更新至少涉及交易总额、交易笔数、借款人数量、投资人数量、人均累计借款额度等 21 项平台运营信息。除此之外,《规范》还对借款项目、借款人、借款机构的信息披露作出了相应要求。

2016 年 8 月中国互联网金融协会向各会员单位下发了《互联网金融信息披露标准——P2P 网贷(征求意见稿)》(以下简称《信息披露标准》)和《中国互联网金融协会互联网金融信息披露自律管理规范(征求意见稿)》(以下简称《自律管理规范》)。其中,《自律管理规范》全文 30 条,定义并规范了 86 项披露指标。其中强制披露指标 65 个、鼓励性披露指标 21 项,分为从业机构信息、运营信息与项目信息 3 大方面披露信息。另外,两份征求意见稿对信息披露按照"分级分类"原则,大平台信息披露要求更加严格。一方面鼓励并支持常务理事单位、理事单位主动按照更高标准开展信息披露,另一方面对于业务规模较大的平台、风险更加突出的平台,将在标准框架下提出相对更高的披露要求。两份征求意见稿还强调,P2P 网贷平台作为居间人,应按照《合同法》有关规定承担如实披露借款人信息和项目信息的义务。另外,两份征求意见稿还规定,除会员单位外,协会还对想要入会的机构首度设立"信披门槛"——从业机构申请加入协会,需要按照《自律管理规范》和《信息披露标准》开展信息披露 3 个月以上。非会员单位有虚假和欺诈行为的,两年内不得入会。

按照《指导意见》和《网贷管理暂行办法》及《信息披露指引》等有关要求,中国互联网金融协会制定发布了《互联网金融信息披露个体网络借贷》标准,并于 2017 年 6 月建立了集中式、防篡改的全国互联网金融登记披露服务平台。登记披露服务平台上线以来,通过强化自律管理和宣传教育,促进各接入机构增强合规披露意识,提高定期披露信息的及时性、完整性和规范性,并接受社会的监督。全国互联网金融登记服务平台的通告内容以网络借贷类机构推广接入情况、上传披露内容的完整性、及时性为统计维度,仅对各从业机构披露信息进行展示,不做实质性审查,不提供真实性、准确性和发行的保证。[①] 这就意味着,全国互联网金融登记服务平台的信息披露的通告只对 P2P 网络借贷平台的信息披露起到形式监督的作用,没有实质监督的效力。

除了全国性的行业协会中国互联网金融协会外,许多省市还成立了地方性的互联网金融行业协会。地方行业协会对各地的 P2P 网络借贷行业的信息披露也作了一些地方性行业规定。这些规定对地方 P2P 网络借贷行业具有一定的监管作用。

(二)我国 P2P 网贷平台信息披露制度存在的主要问题

1.信息披露的全面性、真实性与有效性缺乏保障。P2P 网络借贷突破了熟人社会的范围,打破了传统民间借贷信息产生和传播的社会基础,出借人了解借款人信息很大程度上依赖于 P2P 网贷平台的信息披露。但是,我国当前的相关法律法规规定,并不能保障平台所披露信息的全面性、真实性与有效性。依据《信息披露指引》第 9 条规定,P2P 网贷平台应当及时向出借人披露借款人的基本信息,包括借款人主体性质(自然人、法人或其他组织)、借款人所属行业、借款人收入及负债情况、截至借款前 6 个月内借款人征信报告中的逾期情况、借款人在其他网络借贷平台借款情况。要求 P2P 网贷平台应当披露的上述信息中,尤其是“截至借款前 6 个月内借款人

① 参见中国互联网金融协会:《关于全国互联网金融登记披露服务平台网络借贷类机构 8 月信息披露情况的通告》,载 http://www.nifa.org.cn/nifa/2955675/2955763/2975591/index.html,2018 年 12 月 20 日访问。

征信报告中的逾期情况”等信息,能够比较全面和准确地反映借款人的信用状况与偿还能力。但是,由于《信息披露指引》并非法律法规,只是部门规章,法律位阶较低,其权威性明显不足。在实践中,《信息披露指引》更多地依赖于中国互联网金融协会这一自律性组织加以推进和落实。中国互联网金融协会虽然可以对P2P网贷行业起到一定的监督和引导作用,但是它以自律性监管为主。而且,其自律性监管存在以下不足:其一,协会规定,除会员单位外,申请加入协会的从业机构,需要按照《自律管理规范》和《信息披露标准》开展信息披露3个月以上。非会员单位有虚假或欺诈行为的,两年内不得入会。目前P2P网络借贷行业能够满足协会的披露要求的机构并不多,能够申请加入成为协会会员的机构并不多,这导致协会能够监管的机构比较少,限制了协会自律性监管的全面性。其二,协会对P2P网络借贷平台披露的信息只作形式审查,不作实质真实性的保证,无法保证P2P网络借贷平台披露的信息的真实性,因而不能实质上消除P2P平台与投资者的信息不对等,会员平台可能存在虚假披露的情况。总之,我国P2P网贷平台信息披露的全面性、真实性与有效性缺乏制度保障。

2. 我国P2P网贷平台信息披露未能实现与现行征信系统的有效对接。征信是指对企业的信用信息和个人的信用信息进行采集、整理、保存、加工,并向信息使用者提供的专业活动。征信对于消弭金融领域的信息不对称、改善金融生态系统等具有重要的作用。在互联网金融环境下,运用大数据技术采集、整理、保存和加工之后形成的征信数据,是支撑互联网金融发展和控制互联网金融市场风险的重要手段。然而,我国现有的征信体系建设严重滞后于互联网金融发展的实际需求。“目前我国互联网金融征信系统建设缺位,互联网金融的信用信息尚未被纳入人民银行征信系统。征信系统的数据主要来源并服务于银行业金融机构等传统意义上的信贷机构,P2P、电商小额贷款机构等新型信贷平台的信贷数据游离于征信体系之外,无法利用征信系统共享和使用征信信息。”①就P2P网贷行业而言,完善的征信体系无疑有助于降低P2P网贷平台的信息披露成本。因此,《网贷管

① 杜晓峰:《我国互联网金融征信体系建设研究》,厦门大学2014年硕士学位论文,第13~14页。

理暂行办法》第 21 条规定，网贷机构应当加强与金融机构信用信息基础数据库运行机构、征信机构等的业务合作，依法提供、查询和使用有关的金融信用信息。不过，依据现行征信制度，P2P 网络借贷接入央行征信系统存在制度障碍。《征信业管理条例》第 28 条第 1 款规定："金融信用信息基础数据库接收从事信贷业务的机构按照规定提供的信贷信息。"《征信业管理条例》第 30 条规定："不从事信贷业务的金融机构向金融信用信息基础数据库提供、查询信用信息以及金融信用信息基础数据库接收其提供的信用信息的具体办法，由国务院征信业监督管理部门会同国务院有关金融监督管理机构依法制定。"《网贷管理暂行办法》规定，P2P 网络借贷平台属于信息中介，不是金融机构，这就使 P2P 网络借贷平台接入金融信用信息基础数据库存在制度障碍。这些制度障碍使我国 P2P 网贷平台的信息披露未能实现与现行征信系统的有效对接。

3. 信息披露责任追究机制不完善。对于 P2P 网络借贷平台未按规定开展信息披露的行为，《信息披露指引》并未设置专门的责任条款，仅在第 21 条规定由相关监管部门按照《网贷管理暂行办法》第 40 条、第 41 条等予以处罚。《信息披露指引》的上述规定存在以下不足：第一，从责任形式来看，尚未建立起有效保护投资者权益的民事责任制度。在 P2P 网贷纠纷中，投资者与网贷平台不存在借贷关系，只能通过提起侵权诉讼向网贷平台寻求民事赔偿。然而投资者在资金、技术、管理方面处于弱势，依据一般侵权的构成要件及举证规则来认定平台的侵权责任，投资者的利益诉求难以实现。第二，从责任承担主体来看，按照《信息披露指引》的规定，信息披露义务人包括平台及其董事、监事、高级管理人员和借款人。《网贷管理暂行办法》第 40 条、第 41 条分别针对平台和借款人规定了法律责任，但对平台的董事、监事、高级管理人员如何承担责任缺乏规定。第三，以欺诈为目的的不当信息披露规定模糊。《网贷管理暂行办法》第 40 条第 2 款规定，网络借贷信息中介机构违反法律规定从事欺诈的，"按照相关法律法规和工作机制处理；构成犯罪的，依法追究刑事责任"。其措辞相当笼统模糊，在司法适用中操作困难。

二、公私法合作规制 P2P 网贷信息披露的路径分析

美国 Lending Club 的欺诈事件和我国 P2P 网贷平台的“跑路”事件，凸显了 P2P 网贷行业的信息披露问题。解决 P2P 网贷行业普遍存在的虚假信息问题，规范 P2P 网贷市场秩序，需要公私法合作规制。首先，片面强调公法规制会窒息互联网金融市场的活力，影响 P2P 网贷行业的发展，而单纯依靠私法规制则难以保障 P2P 网贷行业的投资者安全与金融消费者权益。公私法合作规制 P2P 网贷信息披露，就是通过互联网金融中的私法自治与国家强制，实现互联网金融中的市场调节与国家干预之平衡。其次，从理性的视角看，公私法合作规制体现了对生态理性与建构理性的追求——私法规制 P2P 网贷信息披露追求的是一种演化的生态理性，依赖于 P2P 网贷行业主体自发的理性选择，该自发理性会在长期的市场活动中不断演化，最终成为私法规则；公法规制 P2P 网贷信息披露追求的是建构理性，依赖于作为外部人的规制者的理性决策。最后，从法价值目标看，公私法合作规制 P2P 网贷信息披露，旨在实现金融安全、金融效率与金融公平之平衡。

（一）公法规制 P2P 网贷信息披露的路径分析：基于强制的信息披露

首先，全面梳理公法上的信息披露基本理论与制度，如关于证券市场信息披露的受托责任理论、反欺诈理论和公平理论；金融监管中的信息披露制度，如巴塞尔协议中有关商业银行的信息披露规定。为了克服金融市场的信息不完全所致的市场失灵，政府金融监管部门往往要求金融机构加强信息披露。例如，在银行监管和证券监管中，信息披露就是一项重要的金融监管措施。“单个储户和其他银行债权人没有足够的动机生产有关银行资产质量的私人信息。为了确保市场和储户能够获取准确和充分的信息，监管者要求银行服从标准会计准则和披露一系列信息，帮助市场评估银行资产组合的质量和风险程度。向公众提供更多的有关银行风险和资产组合质量的信息，可以帮助股东、债权人和储户对银行予以评估和监督，防止银行过度冒险。”①巴塞尔银行监管委员会为了实施《巴塞尔资本协议Ⅲ》制定了流

---

① ［美］弗雷德里克·S. 米什金：《货币金融学》（第 7 版），郑艳文译，中国人民大学出版社 2006 年版，第 268 页。

动性监管披露标准和杠杆率监管披露标准。按照流动性监管披露标准要求,“银行流动性信息的披露必须与其财务报表发布的频率(通常为每季度或每半年)和时点(发布时间)保持一致”。[①] 在杠杆率的信息披露上,“要求商业银行在计算杠杆率时采用的业务指标要能够与定期财务报表中的项目相对应,做到监管披露与财务披露的对比”。[②] 新西兰自1996年以来就实施了银行信息披露制度,其《银行监管手册》确定了必要的信息披露程度,明确了需要披露的信息范围:损益表和资产负债表;董事和他们的利益;资产质量和备付金;相对于银行的股权测算来说大的暴露(包括银行监管暴露)的数量;部门暴露;资本充足率,包括表外项目;市场风险暴露以及信用评级。[③] 新西兰法律规定,若银行违反了信息披露规定,签署了披露报告的该银行董事要承担罚金等责任,并对投资者“因根据银行所披露的包含错误或误导性的信息的财务报表,购买任何由银行发行的债务证券(包括银行存款)而发生的损失,承担无限的个人民事责任”。[④] 这些信息披露要求有利于促进银行业务信息的透明化。信息披露制度也是确保证券发行和交易公开、公平与公正的重要制度。我国《证券法》第63条规定:“发行人、上市公司依法披露的信息,必须真实、准确、及时、完整,不得有虚假记载、误导性陈述或者重大遗漏。”这些既有的信息披露制度,无疑是加强P2P网贷信息披露制度建设的重要资源。

其次,通过前文对美国、英国等发达国家的P2P网贷信息披露制度的比较研究可以发现,各国构建P2P网贷信息披露制度具有不同的路径和重点内容。例如,由于美国资本市场的发达及其在美国经济社会中的重要影响,美国主要从证券法视角构建P2P网贷信息披露制度;英国则充分发挥其自律性监管的传统,行业协会在P2P网贷信息披露方面发挥着重要

① 巴曙松、金玲玲:《巴塞尔资本协议Ⅲ的实施:基于金融结构的视角》,中国人民大学出版社2014年版,第146页。

② 巴曙松、金玲玲:《巴塞尔资本协议Ⅲ的实施:基于金融结构的视角》,中国人民大学出版社2014年版,第156页。

③ 参见[芬兰]大卫·G.梅斯、丽莎·海尔姆、阿诺·柳克西拉:《改进银行监管》,方文、周济等译,中国人民大学出版社2006年版,第149~150页。

④ [芬兰]大卫·G.梅斯、丽莎·海尔姆、阿诺·柳克西拉:《改进银行监管》,方文、周济等译,中国人民大学出版社2006年版,第188页。

作用。

最后，以权利义务为中心，以法律责任为归宿从公法上构建 P2P 网贷信息披露法律制度：一是确定 P2P 网贷信息披露义务主体，包括 P2P 网贷的融资者、P2P 网贷平台及其实际控制人等都应当履行信息披露义务；二是要以金融消费者知情权、受教育权等为重点加强对 P2P 网贷业的信息披露监管；三是要协调处理好 P2P 网贷信息披露与平台经营者及融资者的商业秘密、知识产权等之间的冲突；四是借鉴证券法上的信息披露制度，确定 P2P 网贷信息披露的标准，如哪些信息属于对投资者决策具有重要性影响从而应当纳入强制性披露的范围，如何认定 P2P 网贷信息披露的真实、完整、准确、及时；五是确定违反 P2P 网贷信息披露规定所应当承担的法律责任，不仅包括行政责任，还应当包括刑事责任和民事责任。

（二）私法规制 P2P 网贷信息披露的路径分析：以先合同义务为中心

在我国管制型的金融环境下，P2P 网贷信息披露的私法制度阙如使融资方缺乏进行信息披露的制度激励，投资方的信息需求也难以得到满足。为了达成交易，P2P 网贷平台不得不提供担保或者变相提供担保，平台担保事实上在一定程度上替代了信息披露。然而，这又触及了非法集资的法律红线。反之，随着问题平台的日渐增加，加强信息披露成了严格监管平台的重要手段，公法规制 P2P 网贷平台信息披露的用武之地大增。网贷行业又担心矫枉过正，担心过于严格的信息披露会制约行业的发展活力。因此，从公私法合作规制的视角完善我国 P2P 网贷信息披露制度，不仅要从公法规制角度借鉴证券信息披露、银行业信息披露及金融消费者保护等方面的制度完善 P2P 网贷信息披露，而且要加强和完善 P2P 网贷信息披露的私法规制。

首先，基于信息的私人性与公共性，确定 P2P 网贷信息披露义务的社会最优水平。如在缔结合同的时候，当事人常常会拥有与合同有关的私人信息。私人信息的存在使法律不可能迫使当事人在缔结合同时披露他们所知的全部信息，信息披露义务的社会最优水平取决于交易当事人的信息占有状况、交易当事人获取信息的积极性以及信息的社会价值与私人价值。可以运用法律经济学方法，以上述三个因素为变量，研究如何确定 P2P 网贷信息披露义务的社会最优水平。

其次，以先合同义务为中心，构建P2P网贷信息披露的私法制度设计。如《欧洲私法的原则、定义和示范规则：欧洲示范民法典草案》在第三章“营销行为和先合同义务”中规定，经营者在向他人提供货物、其他资产及服务的合同缔约前，该经营者有义务向相对人披露被提供货物、其他资产及服务的相关信息以此符合相对人的合理预期；在消费者处于重要信息缺失地位的交易中，由于技术方法在缔结合同中的运用，经营者与消费者之间的空间距离，或是交易的本质属性，经营者有义务在适当的条件下，提供较为明确的关于被供应的一切货物、其他财产或服务的主要特性的信息。[①] 无疑，P2P网贷属于营销行为，P2P网贷经营者在缔约前，负有披露相关信息以满足相对人合理预期的先合同义务。P2P网贷经营者不履行信息披露的先合同义务，给相对人造成损失的，应当承担相应的民事责任。

① 参见[德]克里斯蒂安·冯·巴尔、[英]埃里克·克莱夫：《欧洲私法的原则、定义与示范规则：欧洲示范民法典草案》，高圣平等译，法律出版社2014年版，第197页。

主要参考文献

一、著作

（一）中文著作

[1]巴曙松、金玲玲：《巴塞尔资本协议Ⅲ的实施：基于金融结构的视角》，中国人民大学出版社2014年版。

[2]陈云良：《中国经济法的国际化路径》，中国政法大学出版社2004年版。

[3]陈雨露、汪昌云：《金融学文献通论》（宏观金融卷），中国人民大学出版社2006年版。

[4]冯果、李安安：《收入分配改革的金融法进路：以金融资源的公平配置为中心》，法律出版社2016年版。

[5]傅勇：《中国的金融分权与经济波动》，中国金融出版社2016年版。

[6]关保英：《行政法的私权文化与潜能》，山东人民出版社2003年版。

[7]李爱君：《〈网络借贷信息中介机构业务活动管理暂行办法〉解读》，法律出版社2016年版。

[8]《经济法学》编写组：《经济法学》，高等教育出

版社 2016 年版。

[9]霍学文:《新金融,新生态:互联网金融的框架分析与创新思考》,中信出版集团 2015 年版。

[10]李步云:《走向法治》,湖南人民出版社 1998 年版。

[11]梁慧星:《民法解释学》,中国政法大学出版社 2000 年版。

[12]梁家全:《商业银行监管套利的法律规制》,法律出版社 2016 年版。

[13]刘远、姜涛、周国强:《金融诈骗罪立案追诉标准与司法认定实务》,中国人民公安大学出版社 2010 年版。

[14]彭冰:《投资型众筹的法律逻辑》,北京大学出版社 2017 年版。

[15]王作福主编:《刑法分则实务研究》(第 5 版)(上),中国方正出版社 2013 年版。

[16]王泽鉴:《民法总则》,北京大学出版社 2009 年版。

[17]武长海、张娟、涂晟:《P2P 网络借贷法律规制研究》,中国政法大学出版社 2016 年版。

[18]徐国栋:《民法基本原则解释——成文法局限性之克服》,中国政法大学出版社 2001 年版。

[19]谢在全:《民法物权论》,中国政法大学出版社 1999 年版。

[20]杨明基主编:《新编经济金融词典》,中国金融出版社 2015 年版。

[21]杨仁寿:《法学方法论》(第 2 版),中国政法大学出版社 2013 年版。

[22]张文显:《二十世纪西方法哲学思潮研究》,法律出版社 2006 年版。

[23]张守文:《经济法理论的重构》,人民出版社 2004 年版。

[24]张明楷:《刑法学》(第 5 版),法律出版社 2016 年版。

[25]张明楷:《外国刑法纲要》(第 2 版),清华大学出版社 2007 年版。

[26]张明楷:《刑法格言的展开》,法律出版社 1999 年版。

(二)译著及英文著作

[1][美]保罗 · 西罗尼:《金融科技创新》,马睿、汪吕杰译,中信出版集团 2017 年版。

[2][美]本杰明·N·卡多佐:《法律的成长——法律科学的悖论》,董炯、彭冰译,中国法制出版社2002年版。

[3][美]平狄克、鲁宾费尔德:《微观经济学》(第4版),张军、罗汉等译,中国人民大学出版社2000年版。

[4][美]E.博登海默:《法理学:法律哲学与法律方法》,邓正来译,中国政法大学出版社2004年版。

[5][美]弗雷德里克·S.米什金:《货币金融学》(第7版),郑艳文译,中国人民大学出版社2006年版。

[6][美]格伦顿、戈登、奥萨魁:《比较法律传统》,米健、贺卫方、高鸿钧译,中国政法大学出版社1993年版。

[7][美]凯斯·R.孙斯坦:《自由市场与社会正义》,金朝武、胡爱平等译,中国政法大学出版社2002年版。

[8][美]诺内特、塞尔兹尼克:《转变中的法律与社会:迈向回应型法》,张志铭译,中国政法大学出版社1994年版。

[9][美]罗伯特·席勒:《新金融秩序:如何应对不确定的金融风险》,束宇译,中信出版社2014年版。

[10][美]罗伯特·席勒:《金融与好的社会》,束宇译,中信出版社2012年版。

[11][美]罗斯科·庞德:《通过法律的社会控制》,沈宗灵译,商务印书馆1984年版。

[12][美]罗斯科·庞德:《法理学》(第2卷),封丽霞译,法律出版社2007年版。

[13][美]罗伯特·D.考特、托马斯·S.尤伦:《法和经济学》(第3版),施少华、姜建强等译,上海财经大学出版社2002年版。

[14][美]罗纳德·德沃金:《认真对待权利》,信春鹰、吴玉章译,中国大百科全书出版社1998年版。

[15][美]理查德·A.波斯纳:《法律的经济分析》(上),蒋兆康译,中国大百科全书出版社1997年版。

[16][美]莱瑞·D.索德奎斯特:《美国证券法解读》,胡轩之、张云辉译,法律出版社2004年版。

[17][美]斯蒂格利茨:《经济学》(第2版),梁小民、黄险峰译,中国人民大学出版社2000年版。

[18][美]史蒂芬·布雷耶:《规制及其改革》,李洪雷、宋华琳等译,北京大学出版社2008年版。

[19][美]约瑟夫·E.斯蒂格利茨、[印度]阿玛蒂亚·森、[法]让-保罗·菲图西:《对我们生活的误测:为什么GDP增长不等于社会进步》,阮江平、王海昉译,新华出版社2014年版。

[20][美]詹姆斯·托宾、斯蒂芬·S.戈卢布:《货币、信贷与资本》,张杰、陈未译,中国人民大学出版社2015年版。

[21][英]道恩·奥利弗:《共同价值与公私划分》,时磊译,中国人民大学出版社2017年版。

[22][英]亨利·梅因:《古代法》,沈景一译,商务印书馆1959年版。

[23][英]菲利普·莫利纽克斯、尼达尔·沙姆罗克:《金融创新》,冯健、杨娟、张玉仁等译,中国人民大学出版社2003年版。

[24][英]克里斯·斯金纳:《FinTech,金融科技时代的来临》,杨巍、张之材、黄亚丽译,中信出版社2016年版。

[25][英]尼尔·麦考密克、[奥]奥塔·魏因贝格尔:《制度法论》,周叶谦译,中国政法大学出版社2004年版。

[26][英]约瑟夫·拉兹:《法律的权威:法律与道德文集》,朱峰译,法律出版社2005年版。

[27][英]亚当·斯密:《国民财富的性质和原因的研究》(下卷),郭大力、王亚南译,商务印书馆1974年版。

[28][德]弗里茨·里特纳、迈因哈德·德雷埃尔:《欧洲与德国经济法》,张学哲译,法律出版社2016年版。

[29][德]考夫曼:《法律哲学》,刘幸义等译,法律出版社2004年版。

[30][德]卡尔·拉伦茨:《法学方法论》,陈爱娥译,商务印书馆2003年版。

[31][德]柯武刚、史漫飞:《制度经济学:社会秩序与公共政策》,韩朝华译,商务印书馆2000年版。

[32][德]克里斯蒂安·冯·巴尔、[英]埃里克·克莱夫:《欧洲私法

的原则、定义与示范规则:欧洲示范民法典草案》,高圣平等译,法律出版社2014年版。

[33][德]魏德士:《法理学》,丁晓春、吴越译,法律出版社2005年版。

[34][法]让·梯若尔:《公司金融理论》(上),王永钦、许海波等译,中国人民大学出版社2015年版。

[35][芬兰]大卫·G·梅斯、丽莎·海尔姆、阿诺·柳克西拉:《改进银行监管》,方文、周济等译,中国人民大学出版社2006年版。

[36][美]R.科斯、A.阿尔钦、D.诺斯等:《财产权利与制度变迁——产权学派与新制度学派译文集》,刘守英等译,上海人民出版社1994年版。

[37][德]柯武刚、史漫飞:《制度经济学:社会秩序与公共政策》,韩朝华译,商务印书馆2000年版。

[38]董裕平、全先银等译:《多德—弗兰克华尔街改革与消费者保护法案》,中国金融出版社2010年版。

[39]Neil Gunningham, Peter Grabosky, Darren Sinclair, *Smart Regulation: Designing Environmental Policy*, Oxford Clarendon Press, 1998.

二、论文

(一)中文论文

[1]贝多广、张锐:《包容性增长背景下的普惠金融发展战略》,载《经济理论与经济管理》2017年第2期。

[2]蔡友莉:《国内外网贷平台运营模式比较》,载《华北金融》2016年第1期。

[3]柴瑞娟:《监管沙箱的域外经验及其启示》,载《法学》2017年第8期。

[4]曹建华、高泽潮:《从规则到原则——FSA监管方法改革及对我国银行业监管的启示》,载《中国金融》2007年第13期。

[5]陈兴良、胡建生、朱平等:《"先刑后民"司法原则问题研究》,载《北京市政法干部管理学院学报》2004年第2期。

[6]陈冠华:《英国"监管沙盒"项目对我国金融创新监管的启示》,载《证券法律评论》2017年第1期。

[7]戴霞:《市场准入的法学分析》,载《广东社会科学》2006 年第 3 期。

[8][美]丹尼尔·高凡:《“众投”引发大众关注》,李丹译,载《金融市场研究》2013 年第 10 期。

[9]邓建鹏:《英国 P2P 网贷行业内部治理模式及借鉴》,载《清华金融评论》2017 年第 1 期。

[10]杜晓峰:《我国互联网金融征信体系建设研究》,厦门大学 2014 年硕士学位论文。

[11]冯果、蒋莎莎:《论我国网络贷款平台的异化及其监管》,载《法商研究》2013 年第 5 期。

[12]封延会、贾晓燕:《“人人贷”的法律监管分析——兼谈中国的影子银行问题》,载《华东经济管理》2012 年第 9 期。

[13]傅郁林:《法学研究方法由立法论向解释论的转型》,载《中外法学》2013 年第 1 期。

[14]傅勇:《财政—金融关联与地方债务缩胀:基于金融调控的视角》,载《金融评论》2012 年第 4 期。

[15]高俊杰:《论行业自治的正当性》,载《深圳大学学报》(人文社会科学版)2017 年第 3 期。

[16]高圆:《P2P 网络借贷平台市场准入法律制度研究》,天津工业大学 2017 年硕士论文。

[17]高憬宏:《审理金融犯罪案件的若干问题——全国法院审理金融犯罪案件工作座谈会综述》,载《法律适用》2000 年第 11 期。

[18]郭雳:《创寻制度“乔布斯”(JOBS)红利——美国证券监管再平衡探析》,载《证券市场导报》2012 年第 5 期。

[19]郭薇、秦浩:《行业协会与政府合作治理市场的可能性及限度》,载《东北大学学报》(社会科学版)2013 年第 1 期。

[20]浩川:《金融科技创新的容错监管创新——基于监管沙盒与金融试点的比较》,载《证券法苑》2017 年第 3 期。

[21]何德旭、苗文龙:《金融排斥、金融包容与中国普惠金融制度的构建》,载《财贸经济》2015 年第 3 期。

[22]黄勇、蒋潇君:《互联网产业中“相关市场”之界定》,载《法学》

2014 年第 6 期。

[23]黄勇、杨利华:《第三方支付企业掠夺性定价的反垄断法分析》,载《河北法学》2016 年第 4 期。

[24]黄玲、周勤、岳中刚:《众筹平台的双边市场性质与竞争策略:分析框架及研究进展》,载《外国经济与管理》2015 年第 11 期。

[25]黄震、蒋松成:《监管沙盒与互联网金融监管》,载《中国金融》2017 年第 2 期。

[26]惠平:《积极适应行为监管的新理念》,载《中国金融》2017 年第 17 期。

[27]胡田野:《最新欧盟消费者权益指令的解读与借鉴》,载《河北法学》2012 年第 12 期。

[28]江伟、范跃如:《刑民交叉案件处理机制研究》,载《法商研究》2005 年第 4 期。

[29]江乾坤、常梦瑶、陈文瑶:《O2O 模式下我国 P2P 网贷平台风险控制研究——以宜人贷为例》,载《生产力研究》2017 年第 8 期。

[30]姜立文:《美国金融控股公司加重责任制度研究与启示》,载《环球法律评论》2006 年第 6 期。

[31]蒋岩波:《互联网产业中相关市场界定的司法困境与出路——基于双边市场条件》,载《法学家》2012 年第 6 期。

[32]蒋建湘、李沫:《治理理念下的柔性监管论》,载《法学》2013 年第 10 期。

[33][美]R. 科斯:《社会成本问题》,载[美]R. 科斯、A. 阿尔钦、D. 诺斯等:《财产权利与制度变迁——产权学派与新制度学派译文集》,刘守英等译,上海人民出版社 1994 年版。

[34]孔陆宏、邸建国:《基于金融中介理论的金融脱媒综论》,载《商业经济研究》2017 年第 14 期。

[35]赖丽华:《我国网络借贷监管制度的缺陷、危害及其完善路径》,载《南昌大学学报》(人文社会科学版)2016 年第 6 期。

[36]梁清华:《我国众筹的法律困境及解决思路》,载《学术研究》2014 年第 5 期。

[37]刘宪权:《金融犯罪刑法理论与实践》,北京大学出版社 2008 年版。

[38]刘宏光:《小额发行注册豁免制度研究——美国后 JOBS 法案时代的经验与启示》,载《政治与法律》2016 年第 11 期。

[39]刘澜飚、宫跃欣:《影子问题研究述评》,载《经济学动态》2012 年第 2 期。

[40]刘新民:《关于"非法"吸储罪立法政策的反思》,载《华东师范大学学报》(哲学社会科学版)2017 年第 1 期。

[41]刘明:《美国〈众筹法案〉中集资门户法律制度的构建及其启示》,载《现代法学》2015 年第 1 期。

[42]刘力臻:《互联网金融:机理·特征·监管·趋势》,载《当代经济研究》2014 年第 14 期。

[43]刘媛:《金融领域的原则性监管》,载《法学家》2010 年第 3 期。

[44]黎四奇:《对后危机时代影子银行监管的冷思考》,载《暨南学报》2014 年第 8 期。

[45]黎娟:《"试验性立法"的理论建构与实证分析——以我国〈立法法〉第 13 条为中心》,载《政治与法律》2017 年第 7 期。

[46]李剑:《双边市场下的反垄断法相关市场界定——"百度案"中的法与经济学》,载《法商研究》2010 年第 5 期。

[47]李敏:《金融科技的监管模式选择与优化路径研究——兼对监管沙盒模式的反思》,载《金融监管研究》2017 年第 11 期。

[48]李有星、柯达:《我国监管沙盒的法律制度构建研究》,载《金融监管研究》2017 年第 10 期。

[49]李永升、胡冬阳:《P2P 网络借贷的刑法规制问题研究——以去了近三年的裁判文书为研究样本》,载《政治与法律》2016 年第 5 期。

[50]李景杰:《论金融机构的生前遗嘱制度及其对我国的启示》,载《经济问题》2012 年第 4 期。

[51]林越坚:《非法集资与民间借贷的刑民界分》,载《财经科学》2013 年第 1 期。

[52]马玲、谭中明:《P2P 网贷业务模式比较》,载《经济研究导刊》2016

年第15期。

[53]毛智琪、杨东:《日本众筹融资立法新动态及借鉴》,载《证券市场导报》2015年第4期。

[54]毛海栋:《美国〈众筹条例〉评述》,载彭冰主编:《互联网金融的国际法律实践》,北京大学出版社2017年版。

[55]孟娜娜、蔺鹏:《监管沙盒机制与我国金融科技创新的适配性研究——基于包容性监管视角》,载《南方金融》2018年第1期。

[56]孟小龙:《中国(上海)自贸区外商投资备案管理研究——以现行〈备案管理办法〉为视角》,载《上海政法学院学报(法治论丛)》2014年第4期。

[57]彭冰:《P2P网贷与非法集资》,载《金融监管研究》2014年第6期。

[58]彭冰:《非法集资活动规制研究》,载《中国法学》2008年第4期。

[59]彭冰:《股权众筹的法律构建》,载《财经法学》2015年第3期。

[60]邱甲贤:《我国网贷平台的双边市场特征》,载《系统管理学报》2017年第2期。

[61]沈伟:《中国的影子银行风险及规制工具选择》,载《中国法学》2014年第4期。

[62]宋怡欣、吴弘:《P2P金融监管模式研究:以利率市场化为视角》,载《法律科学》2016年第6期。

[63]宋鱼水:《有关"先刑后民"思想的灵活适用及其意义》,载《北京政法职业学院学报》2004年第2期。

[64]宋旺、钟正生:《理解金融脱媒:基于金融中介理论的诠释》,载《上海金融》2010年第6期。

[65]孙武军、冯雪岩:《P2P网络借贷平台具有双边市场特征吗?——来自"人人贷"的经验数据》,载《北京工商大学学报》(社会科学版)2016年第3期。

[66]施慧洪、黄艺伟:《我国P2P网贷的主要模式、案例分析及比较》,载《商业经济研究》2015年第34期。

[67]苏永钦:《以公法规范控制私法契约——两岸转介条款的比较与

操作建议》,载《人大法律评论》2010 年卷。

[68]谭中明、朱文瑶:《我国 P2P 网贷行业典型运营模式比较研究》,载《武汉金融》2014 年第 9 期。

[69]谭思瑶、陈嘉希、袁义萍译:《美国 SEC〈众筹条例〉》,载彭冰主编:《互联网金融的国际法律实践》,北京大学出版社 2017 年版。

[70]王利明:《论无效合同的判断标准》,载《法律适用》2012 年第 7 期。

[71]王拓:《P2P 网贷平台债权转让模式的刑事风险分析》,载《中国检察官》2016 年第 24 期。

[72]王昭武:《经济案件中民刑交错问题的解决逻辑》,载《法学》2019 年第 4 期。

[73]王兰:《商事登记与市场准入关系的法经济学思辨》,载《现代法学》2010 年第 2 期。

[74]王宏宇、刘刊:《证券公司行政备案监管的权责及边界研究》,载《金融监管研究》2018 年第 5 期。

[75]王修华、何梦、关键:《金融包容理论与实践研究进展》,载《经济学动态》2014 年第 11 期。

[76]王曙光:《互联网金融的哲学》,载《中共中央党校学报》2013 年第 6 期。

[77]吴汉洪、孟剑:《双边市场理论与应用述评》,载《中国人民大学学报》2014 年第 2 期。

[78]星焱:《普惠金融:一个基本理论框架》,载《国际金融研究》2016 年第 9 期。

[79]肖凯:《论众筹融资的法律属性及其与非法集资的关系》,载《华东政法大学学报》2014 年第 5 期。

[80]谢俊贵:《网上虚拟社会:必要与设想》,载《社会科学研究》2010 年第 6 期。

[81]谢俊贵:《网络社会的信息灾难及治理思路》,载《广州大学学报》(社会科学版)2014 年第 10 期。

[82]许多奇:《互联网金融风险的社会特性与监管创新》,载《法学研

究》2018 年第 5 期。

[83]许多奇:《金融科技的"破坏性创新"本质与监管科技新思路》,载《东方法学》2018 年第 2 期。

[84]许多奇:《次贷危机法律根源探究——美国金融监管制度及思想先进性质疑与启示》,载《交大法学》2011 年第 1 期。

[85]于改之:《刑民交错案件的类型判断与程序创新》,载《政法论坛》2016 年第 3 期。

[86]徐冬根:《论网络股权众筹集资门户的法律地位:以美国法为视角》,载许多奇主编:《互联网金融法律评论》,法律出版社 2016 年版。

[87]姚海放:《网络平台借贷的金融法规制路径》,载《法学家》2013 年第 5 期。

[88]杨东:《互联网金融的法律规制——基于信息工具的视角》,载《中国社会科学》2015 年第 4 期。

[89]杨建、庞正:《法律原则与法律规则的界限——以德沃金与阿列克西的原则理论为主线》,载《河北法学》2009 年第 11 期。

[90]杨兴培:《刑民交叉案件的类型分析和破解方法》,载《东方法学》2014 年第 4 期。

[91]阳建勋:《央地分权博弈视野下小额贷款公司的困境与出路》,载《西南金融》2015 年第 5 期。

[92]叶文辉:《英国"监管沙箱"及对我国金融监管的启示》,载《金融理论探索》2017 年第 1 期。

[93]易军:《"法不禁止皆自由"的私法精义》,载《中国社会科学》2014 年第 4 期。

[94]袁达松:《对影子银行加强监管的国际金融法制变革》,载《法学研究》2012 年第 2 期。

[95]赵晓男、黄坤、郑春梅:《基于双边市场理论的网络借贷平台定价模式研究》,载《商业研究》2015 年第 4 期。

[96]曾粤兴:《民刑诉讼关系的辩证思考》,载《甘肃政法学院学报》2008 年第 5 期。

[97]张影:《P2P 网贷债权转让模式的法律风险与防范》,载《哈尔滨商

业大学学报》(社会科学版)2015 年第 2 期。

[98]张卫平:《民刑交叉诉讼关系处理的规则与法理》,载《法学研究》2018 年第 3 期。

[99]张军、金煜:《中国的金融深化和生产率关系的再检测:1987—2001》,载《经济研究》2005 年第 11 期。

[100]张建伟:《地方债治理的宪政经济学分析》,载《法学》2012 年第 10 期。

[101]张红:《论行政备案的边界》,载《国家行政学院学报》2016 年第 3 期。

[102]张雨露:《英国借贷型众筹监管规则综述》,载彭冰主编:《互联网金融的国际法律实践》,北京大学出版社 2017 年版。

[103]张海洋:《信息披露监管与 P2P 借贷运营模式》,载《经济学(季刊)》2016 年第 1 期。

[104]张景智:《"监管沙盒"的国际模式和中国内地的发展路径》,载《金融监管研究》2017 年第 5 期。

[105]张红:《监管沙盒及与我国行政法体系的兼容》,载《浙江学刊》2018 年第 1 期。

[106]郑庆寰:《基于逆向选择理论的 P2P 网贷平台模式比较研究》,载《华东理工大学学报》(社会科学版)2015 年第 4 期。

[107]郑扬扬、汪炜:《国内外 P2P 平台角色差异及对我国监管的启示》,载《现代经济探讨》2016 年第 4 期。

[108]郑仁荣:《英国借贷众筹平台的法律规制及对我国的启示》,载《行政与法》2016 年第 3 期。

[109]周黎安:《中国地方官员的晋升锦标赛模式研究》,载《经济研究》2007 年第 7 期。

[110]周立:《渐进转轨、国家能力与金融功能财政化》,载《财经研究》2005 年第 2 期。

[111]周佑勇:《裁量基准的正当性问题研究》,载《中国法学》2007 年第 6 期。

[112]周仲飞、李敬伟:《金融科技背景下金融监管范式的转变》,载《法

学研究》2018 年第 5 期。

[113]朱最新、曹延亮:《行政备案的法理界说》,载《法学杂志》2010 年第 4 期。

[114]朱宝丽:《行政备案制度的实践偏差及其矫正》,载《山东大学学报》(哲学社会科学版)2018 年第 5 期。

[115]朱太辉、陈璐:《Fintech 的潜在风险与监管应对研究》,载《金融监管研究》2016 年第 7 期。

[116]朱娟:《我国区块链金融的法律规制——基于智慧监管的视角》,载《法学》2018 年第 11 期。

[117]邹积超:《互联网金融竞争秩序的规制策略——基于双边市场理论的分析》,载《经济体制改革》2015 年第 2 期。

(二)英文论文

[1] Bradford, C. Steven, "The New Federal Crowdfunding Exemption: Promise Unfulfilled", *Securities Regulation Law Journal*, Vol. 40, No. 3, Fall 2012.

[2] Andrew Verstein, "The Misregulation of Person-to-Person Lending", *University of California, Davis*, Vol. 45, 2011.

[3] Eugenia Macchiavello, "Peer-to-Peer Lending and the 'Democratization' of Credit Markets: Another Innovation Puzzling Regulators", *Columbia Journal of European Law*, Vol. 21, 2015.

[4] Kleemann, Frank & Voss, Guenter & Rieder, Kerstin, "Un(der) Paid Innovators: The Commercial Utilization of Consumer Work through Crowdsourcing", *Science, Technology & Innovation Studies (STI-Studies)*, Vol. 4, 2008.

[5] Joan MacLeod Heminway & Sheldon Ryan Hoffman, "Proceed at Your Peril: Crowdfunding and the Securities Act of 1933", *Tennessee Law Review*, Vol. 78, 2011.

[6] Kathryn Judge, "Information Gaps and Shadow Banking", *Virginia Law Review*, Vol. 103, 2017.

[7] Frank Partnoy, "Financial Derivatives and the Cost of Regulatory

Arbitrage", *Journal of Corporation Law*, Vol. 22, 1997.

[8] Lawrence G. Baxter, "Adaptive Financial Regulation and RegTech: A Concept Article on Realistic Protection for Victims of Bank Failures", *Duke Law Journal*, Vol. 66, 2016.

[9] Douglas W. Arner, Jànos Barberis & Ross P. Buckley, "FinTech, RegTech and the Reconceptualization of Financial Regulation", *Northwestern Journal of International Law & Business*, Vol. 37, No. 3, 2017.

[10] Mark Fenwick, Wulf A. Kaal, Erik P. M. Vermeulen, "Regulation Tomorrow: What Happens When Technology Is Faster than the Law", *American University Business Law Review*, Vol. 6, No. 3, 2017.

[11] Luke G. Thomas, "The Case for a Federal Regulatory Sandbox for Fintech Companies", *North Carolina Banking Institute*, Vol. 22, 2018.

[12] Christopher G. Bradley, "FinTech's Double Edges", *Chicago-Kent Law Review*, Vol. 93, 2018.

[13] Kern Alexander, "Principles v. Rules in Financial Regulation: Re-assessing the Balance in the Credit Crisis Symposium at Cambridge University", *European Business Organization Law Review*, Vol. 10, 2009.

[14] Thomas L. Hazen, "Crowdfunding or Fraud funding-Social Networks and the Securities Laws-Why the Specially Tailored Exemption Must Be Conditioned on Meaningful Disclosure", *North Carolina Law Review*, Vol. 90, 2012.

[15] Stuart R. Cohn, "The New Crowdfunding Registration Exemption: Good Idea, Bad Execution", *Florida Law Review*, Vol. 64, 2012.

[16] Stepan Wood & Lynn Johannson, "Six Principles for Integrating Non-Governmental Environmental Standards into Smart Regulation", *Osgoode Hall Law Journal*, Vol. 46, 2008.

[17] Sofia Ranchorddis, "Innovation-friendly Regulation: The Sunset of Regulation, the Sunrise of Innovation", *Jurimetrics*, Vol. 55, No. 2, 2015.

[18] Dirk A. Zetzsche, Ross P. Buckley, Janos N. Barberis, Douglas W. Arner, "Regulating a Revolution: From Regulatory Sandboxes to Smart

Regulation", *Fordham Journal of Corporate and Financial Law*, Vol. 23, 2008.

三、资料文献

[1]胡中彬、张颖馨:《P2P"爆雷潮"与"挤兑潮"交织预计3年后九成平台将消失》,载《经济观察报》2018年7月22日。

[2]戴蕾蕾:《陈志武:余额宝不是金融寄生虫更不是第二个央行》,载《法治周末》2014年3月5日。

[3]邓雄鹰:《信用保险担保P2P违约:尝鲜P2P现风控隐忧》,载《21世纪经济报道》2014年8月25日。

[4]叶琪:《保险公司接棒P2P担保业务,保平台还是保项目意见不一》,载《华夏时报》2014年7月18日。

[5]杨佼:《P2P联姻信托公司转型输血地方融资平台》,载《第一财经日报》2013年8月2日。

[6]金微:《江西打造县级网贷平台支持企业转贷当P2P靠上政府》,载《华夏时报》2016年6月3日。

[7]柳立:《金融机构为什么要制定"生前遗嘱"》,载《金融时报》2014年4月14日。

四、网络文献

[1] Brian Knight, "Innovation Will Stall without a Regulatory FinTech Sandbox", https://www.americanbanker.com/opinion/innovation-will-stall-without-a-regulatory-fintech-sandbox, 2019-05-30.

[2] Penny Crosman, "Players Wanted: FinTech Sandbox Seeking Bank Partners", https://www.americanbanker.com/news/players-wanted-fintech-sandbox-seeking-bank-partners, 2019-05-30.

[3] Guzik, Samuel, "SEC Crowdfunding Rulemaking Under the Jobs Act—An Opportunity Lost?" Available at SSRN: https://ssrn.com/abstract=2393897, 2019-05-30.

[4] Andrew Fink, "Protecting The Crowd and Raising Capital through The JOBS Act", Available at SSRN: https://ssrn.com/abstract=2046051, 2014-

05 - 06.

[5] Chicago Tribune, "An American Growth Bill", https://www.chicagotribune.com/opinion/ct-xpm-2012-03-21-ct-edit-investors-20120321-story.html,2019-05-30.

[6] Freedman, Seth and Jin, Ginger Zhe, "Do Social Networks Solve Information Problems for Peer-to-Peer Lending? Evidence from Prosper.com", Available at SSRN: https://ssrn.com/abstract=1936057 or http://dx.doi.org/10.2139/ssrn.1936057,2019-05-30.

[7]艾媒咨询:《2016年中国P2P网贷市场研究报告》,载http://www.iimedia.cn/45175.html,2017年9月12日访问。

[8]零壹财经:《2016年P2P网贷行业年度报告》,载http://www.01caijing.com/topic/1015.htm,2017年9月12日访问。

[9]徐锻:《2016年P2P平台交易额百强榜:行业累计交易额超3万亿》,载http://www.01caijing.com/article/13037.htm,2017年9月12日访问。

[10]萌萌、静雯:《零壹P2P网贷月报:行业整体成交继续下降监管发文直指清退、整改》,https://www.01caijing.com/article/36370.htm,2019年2月21日访问。

[11]《2017年拍拍贷2季度业绩报告》,载http://www.ppdai.com/event/2017q2report.html,2017年9月21日访问。

[12]郑常怀:《有保险提供保障的P2P平台摸底全国共8家》,载http://news.p2peye.com/article-481993-1.html,2017年9月22日访问。

[13]陈志武:《互联网金融到底有多新》,载http://finance.ifeng.com/a/20140104/ 11401914_0.shtml,2018年5月10日访问。

[14]刘双霞:《e租宝案宣判网贷行业已步入严监管时代》,载北京商报网:http://www.bbtnews.com.cn/2017/0912/210549.shtml,2018年5月14日访问。

[15]钮文新:《取缔余额宝》,载新浪博客:http://blog.sina.com.cn/s/blog_470dbd1d0102e9tc.html,2018年5月11日访问。

[16]麦子研究院:《网贷行业十年监管政策的演变》,载http://www.

licaizhijia. com/article – 35791 – 1. html,2018 年 10 月 12 日访问。

[17]中国互联网金融协会:《关于全国互联网金融登记披露服务平台网络借贷类机构 8 月信息披露情况的通告》,载 http://www. nifa. org. cn/nifa/2955675/2955763/2975591/index. html,2018 年 12 月 20 日访问。

后　记

本书是本人主持的教育部人文科学规划基金项目的最终成果。本成果的撰写分工如下：阳建勋：本项目负责人，撰写除赵一旭同学撰写部分之外的所有内容；赵一旭：厦门大学法学院2017级经济法学专业硕士研究生，现为上海通力律师事务所律师，撰写第六章第一节的“监管沙盒：应对金融科技的金融监管创新”和“监管沙盒的内涵与本质”等部分的内容。

从关注P2P网贷行业，到申请教育部人文社会科学规划基金项目，再到本书的交稿付印，已经近5年了。在此，作为项目负责人，我要衷心感谢大力支持本项目研究的教育部社科司；要衷心感谢资助本项目研究成果出版的厦门大学法学院；要特别感谢厦门大学法学院金融法研究中心主任刘志云教授，他从其课题经费中慷慨解囊，补足出版费用，并将本研究成果纳入其主编的《金融法学文库》，这无疑有助于扩大本研究成果的学术影响力；还要感谢我的妻子肖雪英女士，在写作本书期间，长子从小学升入初中，次子出生，她无怨无悔地承担起全部家务，让我能够安心工作。正是她默默的付出，我才能在学术之路上奋力前行。

2019年10月16日，湖南省地方金融监督管理局发布公告称,将取缔辖内全部网贷机构的 P2P 业务,原因是没有一家平台完全合规通过验收。两天后,山东省地方金融监督管理局发布“网络借贷行业风险提示函”称,至今尚无一家平台完全合规通过验收,将取缔未通过验收的平台。这两则消息被媒体称为投向我国 P2P 网贷行业的两枚深水炸弹。其实不然,它是对我国 P2P 网贷行业初期放任式市场准入的纠偏,也印证了本研究成果提出的将 P2P 网贷平台市场准入从备案登记改为行政许可的观点;它标志着我国 P2P 网贷平台市场准入迈入制度化、法治化轨道,也有利于整个 P2P 网贷行业的风险出清。不经历风雨怎么见彩虹?在网贷平台市场准入法治化的推动下,我国 P2P 网贷行业一定会迎来新的春天。本人将继续致力于 P2P 网贷法律问题研究,为加强和完善我国 P2P 网贷法律制度贡献微薄之力。

阳建勋

2019 年 10 月 29 日于咸阳

图书在版编目(CIP)数据

我国P2P网贷平台非法集资风险的法律规制研究 / 阳建勋著. -- 北京 : 法律出版社,2020
ISBN 978-7-5197-4283-6

Ⅰ. ①我… Ⅱ. ①阳… Ⅲ. ①互联网络-金融法-研究-美国 Ⅳ. ①D922.280.4

中国版本图书馆CIP数据核字(2020)第031534号

金融法学文库	我国P2P网贷平台非法集资风险的法律规制研究 WOGUO P2P WANGDAI PINGTAI FEIFA JIZI FENGXIAN DE FALÜ GUIZHI YANJIU	阳建勋 著	策划编辑 黄琳佳 责任编辑 黄琳佳 装帧设计 马 帅

出版 法律出版社
总发行 中国法律图书有限公司
经销 新华书店
印刷 三河市龙大印装有限公司
责任校对 周合芝
责任印制 陶 松

编辑统筹 学术·对外出版分社
开本 710毫米×1000毫米 1/16
印张 14.5
字数 218千
版本 2020年4月第1版
印次 2020年4月第1次印刷

法律出版社/北京市丰台区莲花池西里7号(100073)
网址/www.lawpress.com.cn
投稿邮箱/info@lawpress.com.cn
举报维权邮箱/jbwq@lawpress.com.cn
销售热线/400-660-8393
咨询电话/010-63939796

中国法律图书有限公司/北京市丰台区莲花池西里7号(100073)
全国各地中法图分、子公司销售电话:
统一销售客服/400-660-8393/6393
第一法律书店/010-83938432/8433 西安分公司/029-85330678 重庆分公司/023-67453036
上海分公司/021-62071639/1636 深圳分公司/0755-83072995

书号:ISBN 978-7-5197-4283-6 **定价**:68.00元
(如有缺页或倒装,中国法律图书有限公司负责退换)